Passer de la réflexio

collection
MOBILISATIONS
M
ÉDITEUR

Que ce soit dans le monde arabe, en Amérique latine, en Amérique du Nord, en Europe, particulièrement là où s'imposent des politiques d'austérité draconiennes, mais aussi en Afrique et en Asie, que soit sur le plan international ou national, on assiste depuis plus d'une décennie à une résurgence des mobilisations de celles et de ceux « d'en bas ». Ces mobilisations sont plus nécessaires que jamais devant les graves problèmes qui secouent le monde : crise internationale du capitalisme, mondialisation néolibérale, dégradation de l'écosystème, accentuation des inégalités sociales, appauvrissement, guerre sans fin, renouvellement et renforcement du patriarcat et du racisme, montée de l'extrême droite, etc.

Le monde bouge rapidement et les gens sont avides de le comprendre. C'est la raison pour laquelle la collection « Mobilisations » est consacrée aux problèmes sociaux et économiques ainsi qu'aux questions d'actualité, et cela, du point de vue des dominéEs et des exploitéEs.

Passer de la réflexion à l'action

Les grands enjeux de la coopération et de la solidarité internationale

Pierre Beaudet, Raphaël Canet et Amélie Nguyen

coordination

Catalogage avant publication de Bibliothèque et Archives nationales du Québec et Bibliothèque et Archives Canada

Vedette principale au titre :

Passer de la réflexion à l'action : les grands enjeux de la coopération et de la solidarité internationale

(Collection Mobilisations)

Comprend des références bibliographiques.

ISBN 978-2-923986-55-5

1. Coopération internationale. 2. Solidarité. 3. Engagement. 4. Développement économique. I. Beaudet, Pierre, 1950- . II. Canet, Raphaël, 1974- . III. Nguyen, Amélie, 1982- . IV. Collection : Collection Mobilisations.

JZ1318.P372 2013   327.1'7   C2013-940990-4

M éditeur
1858, chemin Norway
Ville de Mont-Royal (Québec)
Canada H4P 1Y5
m.editeur@editionsm.info
www.editionsm.info/

Distribution au Canada :
Prologue Inc.
1650, boul. Lionel-Bertrand
Boisbriand, QC,
Canada J7H 1N7
Tél. : 450 434.0306 / 1 800 363.2864
Téléc. : 450 434.2627
prologue@prologue.ca
www.prologue.ca
www.prologuenumerique.ca/

Distribution en Europe :
Distribution du Nouveau-Monde/
Librairie du Québec
30, rue Gay-Lussac,
75005 Paris, France
Tél. : 01 43 54 49 02
Téléc. : 01 43 54 39 15
direction@librairieduquebec.fr
www.librairieduquebec.fr/

Lecture des épreuves : Marie-Hélène Boulay

M éditeur remercie le Conseil des arts du Canada et la Sodec de l'aide accordée à son programme de publication ainsi que celle de l'AQOCI pour la publication de cet ouvrage.

Dépôt légal : Bibliothèque et Archives nationales du Québec
            Bibliothèque et Archives Canada

Table des matières

Introduction 9

   La solidarité internationale au Québec, ça vient de loin ! 11

Première partie : notre monde, uni et divisé 19

   La mondialisation : le grand marché planétaire 21

   Trois milliards de pauvres 31

   Un monde recomposé par la crise 43

   Les enjeux pour le Canada 51

Deuxième partie : Les peuples se prennent en main 65

   L'altermondialisme 67

   Lutter contre la pauvreté au Brésil ? 79

   Inde : le retour des exclues 91

   Le Printemps arabe 103

   Pachamama : le laboratoire bolivien 115

   Développement et démocratie au Mali 127

Troisième partie : Les nouveaux chemins de la solidarité 139

   Le paysage changeant de la coopération 141

   Le dilemme humanitaire 147

   Tisser l'économie solidaire du Nord au Sud 155

   Pour une autre mondialisation 161

   Un bateau pour Gaza 169

Remettre les femmes au centre du processus de développement 179

Valoriser les droits des peuples et des femmes autochtones 185

Occupez! 193

Penser, travailler et agir ensemble 197

QUATRIÈME PARTIE: S'ENGAGER : OÙ, QUAND, COMMENT? 205

Sauver des vies 207

Partir comme stagiaire 213

Démystifier la coopération volontaire 219

Comment influencer les gouvernements? 225

S'engager dans le combat contre la guerre et la militarisation 229

La communauté haïtienne au Québec: travailler ensemble 235

Lutter pour la souveraineté alimentaire 239

Communication, développement, démocratisation 247

Les prochaines générations 253

Du café sandiniste aux petits gestes du quotidien 259

Le développement et l'économie sociale 265

L'éducation aux droits humains pour le changement social 271

L'engagement du syndicalisme québécois dans la coopération
et la solidarité internationale 277

La défense des droits humains en Amérique latine 283

POUR NE PAS CONCLURE : LA SOLIDARITÉ INTERNATIONALE,
UN ENGAGEMENT CITOYEN! 289

Le Québec et le développement international 291

L'avenir du développement international 295

Les défis de la coopération et de la solidarité internationale 303

LES ORGANISMES MEMBRES DE L'AQOCI 313

LES AUTEURES 319

LISTE DES CARTES, DES ENCADRÉS, DES GRAPHIQUES, DES ILLUSTRATIONS
ET DES TABLEAUX 321

Remerciements 327

Elle lui demanda ce qu'il y avait de l'autre côté de la mer et il lui répondit : le monde.
Gabriel García Márquez

Laissez-moi vous dire, au risque de vous paraître ridicule,
que le véritable révolutionnaire est guidé par des sentiments d'amour.
Ernesto «Che» Guevara

Introduction

Pierre Beaudet, Raphaël Canet et Amélie Nguyen

La solidarité internationale au Québec, ça vient de loin!

Nous sommes un « petit » peuple qui n'est pas si « petit » que cela lorsque nous regardons ce que nous avons accompli jusqu'à maintenant! Depuis le début, la rencontre avec les autres peuples prend une grande place dans notre histoire collective.

Survivre et résister

Au début de la colonisation, sur les bords du fleuve Saint-Laurent, les Autochtones sauvent les Européens de la famine et du froid, ce qui permet à nos ancêtres d'assimiler les savoirs millénaires de ces peuples. Par la suite, la colonie tente d'expulser les Autochtones du territoire, mais ceux-ci tiennent bon, tellement qu'ils obligent les Français à signer la Paix des Braves en 1704. Cela permet la mise au monde dans le métissage et la lutte pour la survie d'un nouveau peuple « canadien-français ». Après la conquête britannique, nos ancêtres résistent. En 1837, ils luttent pour une république incluant aussi bien les Anglophones que les Francophones, et même les Autochtones, à qui les patriotes promettent d'accorder les pleins droits. Plus tard, au moment de la naissance de l'État fédéral, la répression frappe le peuple métis, dans l'ouest du pays, « coupable » d'être à la fois francophone et autochtone.

Au début du XXe siècle, les Canadiens français refusent de servir de chair à canon au profit des impérialistes dans leurs guerres de pillage un peu partout dans le monde. En 1918, l'armée tire sur des manifestantEs pacifiques à Montréal et à Québec. Plus tard, des internationalistes comme Norman

Béthune se mettent au service des luttes populaires contre le fascisme en Espagne et l'impérialisme en Chine.

Encadré 1
On se souvient de Louis Riel (1844-1885)

Louis Riel naît dans une communauté métisse de la Rivière Rouge (près de Winnipeg) et organise la résistance contre les colons qui tentent de s'emparer de leurs terres. En 1869, les Métis mettent en place un gouvernement provisoire, mais un conflit armé éclate à la suite du refus du gouvernement fédéral de négocier. Exilé aux États-Unis, Riel revient en Saskatchewan en 1881 où il constate le mépris subis par les Autochtones et les Métis qui souffrent de la famine. En 1885, la Police montée du Nord-Ouest (l'ancêtre de la Gendarmerie royale du Canada) l'emprisonne. Il est jugé par un jury où aucun de ses membres ne comprend le français. Le premier ministre, John A. Macdonald, refuse de l'amnistier malgré les demandes répétées des leaders politiques et religieux du Québec. Peu après l'exécution de Riel par pendaison, 50 000 personnes manifestent au Champ-de-Mars à Montréal.

Des robes noires aux coopérants

DE LA COLONIE FRANÇAISE jusqu'à la modernité, les Canadiens français se battent pour sauvegarder leur identité contre des régimes qui les veulent minoritaires et asservis. Leur attachement à la religion catholique fait partie de cette résistance, malgré un certain nombre d'ambiguïtés. Des milliers de jeunes quittent le pays pour les missions à travers le monde. Un peu partout, les jeunes missionnaires, qui sont partis « civiliser les barbares », découvrent des peuples magnifiques comme les Autochtones d'Amérique du Sud.

Somme toute, ce sont souvent ces missionnaires qui sont « convertis » par les « sauvages » avec leurs valeurs humanistes de dignité et de solidarité.

Au retour de leurs périples, plusieurs de ces «robes noires» se joignent aux secteurs populaires et progressistes de l'Église qui contribuent à relancer la lutte d'émancipation, notamment grâce aux partisanEs de la théologie de la libération. Au moment où survient la Révolution dite tranquille au Québec, au début des années 1960, des mouvements populaires et des intellectuelLEs regardent du côté des luttes de libération nationale en Afrique, en Asie et en Amérique du Sud. Les QuébécoisEs découvrent un Nouveau Monde, le tiers-monde, qui cherche à se libérer des grandes puissances coloniales et impérialistes.

De la solidarité à la coopération

Au cours des années qui suivent, la société québécoise change sur tous les plans et s'ouvre sur le monde. De jeunes laïcs remplacent les missionnaires et vont travailler en Algérie, au Sénégal, en Bolivie... La solidarité devient coopération sous le parrainage d'organisations non gouvernementales (ONG) comme SUCO, Développement et Paix et plusieurs autres.

Dans un tel contexte, des personnalités tentent de modifier les rapports entre les peuples. Un des architectes de la Révolution tranquille, Paul Gérin-Lajoie, profite d'une ouverture de l'État fédéral, lequel veut affirmer une certaine indépendance du Canada en matière de relations internationales. Gérin-Lajoie relance alors l'Agence canadienne de développement

---

Encadré 2
Le Québec doit prendre sa place

Le Québec n'est pas souverain dans tous les domaines : il est membre d'une fédération. Mais il forme, au point de vue politique, un État. Il en possède tous les éléments : territoire, population, gouvernement autonome. Il est, en outre, l'expression politique d'un peuple qui se distingue, à nombre d'égards, des communautés anglophones habitant l'Amérique du Nord. [...] C'est pourquoi, dans une fédération comme le Canada, il est maintenant nécessaire que les collectivités membres, qui le désirent, participent activement et personnellement à l'élaboration des conventions internationales qui les intéressent directement. [...] Il n'est plus admissible non plus que l'État fédéral puisse exercer une sorte de surveillance et de contrôle d'opportunité sur les relations internationales du Québec.

Paul Gérin-Lajoie

< http://actionsouverainiste.org/fluxrss/allocution_paul_gerin-lajoie.html >

international (ACDI) qui, au début, tente de répondre aux appels des pays du tiers-monde en faveur d'une nouvelle coopération internationale. Sous sa gouverne, l'ACDI connaît plusieurs années de croissance et d'expérimentations en mettant en place entre autres choses une structure de partenariat avec les ONG.

Gérin-Lajoie se fait également connaître en étant favorable à une présence autonome et dynamique du Québec dans le domaine international.

En 1970, l'ONU lance la décennie du développement en proposant une restructuration en profondeur des rapports Nord-Sud. Les pays du tiers-monde, récemment indépendants, réclament un « nouvel ordre économique international » pour rétablir les équilibres et transformer les rapports traditionnels, basés sur la domination du Nord, en des relations d'égalité et de partage. Des mouvements populaires dans le monde et au Québec s'identifient à ce discours.

Le grand retournement

Dans les années 1980 cependant, les portes se referment. Regroupés dans le G7 et l'OTAN, les pays dominants renient leur promesse des années 1970 de porter les niveaux de l'aide publique au développement (APD) à 0,7 % de leur revenu national brut (RNB). Plus encore, ils réclament des pays du tiers-monde le remboursement de dettes à des conditions insupportables, ce qui entraînent des coupes draconiennes dans les services publics, créant une formidable régression pour les populations touchées. Des institutions comme la Banque mondiale et le Fonds monétaire international (FMI) sont mandatés pour « discipliner » les pays du Sud dans le cadre des « programmes d'ajustement structurel ».

Des ONG et divers mouvements populaires réclament un moratoire sur la dette et lancent de vastes campagnes de solidarité. Ils participent également aux combats pour la démocratie contre des dictatures appuyées par les pays riches, notamment le régime de l'apartheid d'Afrique du Sud. De grandes manifestations font converger des milliers d'ONG partout dans le monde. Peu à peu émerge l'idée que le développement et la solidarité n'ont de sens que dans une approche « globale » articulée à une lutte d'émancipation à l'échelle planétaire.

Cela prend une configuration spectaculaire au tournant des années 1990 lorsqu'une nouvelle idée est formulée : l'altermondialisme. Faisant suite à l'insurrection des zapatistes au Mexique au milieu des années 1990, puis aux grandes manifestations populaires contre l'Organisation mondiale du commerce (OMC) à Seattle (1999), aux États-Unis, ou contre le G7 à Gênes (2001), en Italie, les organisations et les mouvements de la société civile mondiale se mobilisent pour enrayer l'engrenage de la mondialisation néolibérale et proclamer haut et fort qu'un autre monde est possible. Lors du Sommet des peuples des Amériques, tenu à Québec en avril 2001, se forme une grande coalition réunissant des mouvements des 35 pays de l'hémisphère, ce qui oblige les gouvernements à reculer sur le projet d'intégration économique néolibérale de 34 pays des Amériques (la Zone de libre-échange des Amériques – ZLÉA), à l'exception de Cuba. La même année se tient le premier Forum social mondial (FSM) à Porto Alegre au Brésil afin de permettre à touTEs les partisanEs de l'altermondialisme de se rassembler et de construire ensemble une solution de rechange au monde dans lequel nous vivons.

Cependant, pendant cette même année, après les attentats du 11 septembre aux États-Unis, commence la « guerre sans fin » de l'administration états-unienne. L'invasion et l'occupation subséquente de plusieurs pays créent des clivages considérables. Au Québec et dans le monde, en 2003, des millions de personnes se mobilisent contre la guerre. De nouvelles solidarités se créent entre les mouvements populaires de différents pays pour combattre une mondialisation de plus en plus militarisée et inégalitaire. La question de la Palestine occupe dans cette solidarité antiguerre une place particulière.

Les conflits qui déchirent l'Afrique (voir la Carte 1 à la page 16) suscitent également beaucoup d'attention au Québec d'autant que plusieurs entreprises minières canadiennes sont présentes sur le terrain et sont pointées du doigt à cause de leurs pratiques très controversées sur les questions des droits de la personne et de la protection de l'environnement.

Les grands défis

Nous en sommes là aujourd'hui. Les ONG, les mouvements populaires et les campagnes de solidarité sont partagés entre l'espoir du renouveau et la crainte devant des menaces de plus en plus graves contre l'intégrité de la vie humaine et, plus largement, contre « *Pachamama* », notre Terre-Mère, comme le disent les Autochtones des Andes. En effet, les espoirs sont ravivés avec l'essor d'un mouvement populaire planétaire qui est en mesure non seulement de mettre des « grains de sable » dans la machine d'un pouvoir aux multiples visages, mais qui construit aussi des alternatives sociales, économiques, politiques, culturelles, écologistes à petite et

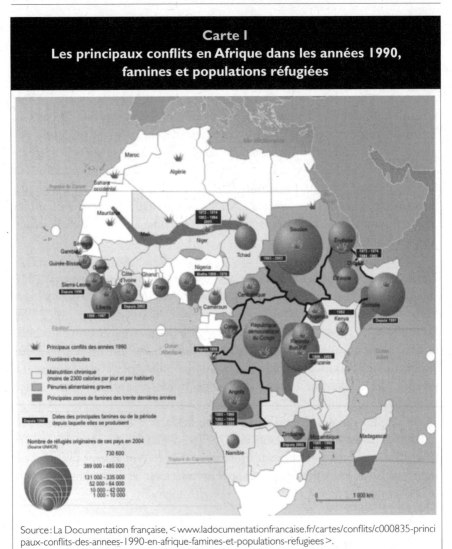

Carte I

Les principaux conflits en Afrique dans les années 1990, famines et populations réfugiées

Source : La Documentation française, < www.ladocumentationfrancaise.fr/cartes/conflits/c000835-princi paux-conflits-des-annees-1990-en-afrique-famines-et-populations-refugiees >.

grande échelle. De jeunes QuébécoisES sont sur le terrain pour accompagner et apprendre de ces luttes ainsi que pour nourrir la réflexion de ceux et celles qui cherchent à édifier une société qui répond aux aspirations populaires.

Cependant, les craintes sont également fort répandues devant l'ampleur de la crise économique et écologique, laquelle se conjugue à de très violents conflits aux quatre coins de la planète. La famine s'accroît de manière extrêmement inquiétante et les inégalités sociales, qui se creusent au sein des pays, créent des clivages dangereux.

La planète est menacée par les politiques de prédation, lesquelles sont endossées par les principaux États du monde. Au Québec, comme dans la plupart des pays dits développés, la condition des couches populaires et moyennes est fragilisée. C'est sans compter la situation dramatique des Premières Nations – elles continuent à subir une oppression séculaire. Néanmoins, les projets prolifèrent et quelque chose comme une « deuxième » Révolution tranquille est en gestation. Plus que jamais, la solidarité doit guider nos actions, chez nous comme ailleurs.

C'est cet impératif de solidarité qui constitue le fil conducteur de l'ouvrage que vous avez entre les mains. Cet ouvrage a été écrit par plusieurs personnes, pratiquement de trois générations différentes. Il est le fruit d'expériences et d'engagements, d'espoirs et d'aspirations. Il se veut un outil pour les personnes qui souhaitent s'engager dans cette belle aventure de la solidarité internationale, mais avec les pieds bien ancrés dans notre réalité nationale, car changer le monde commence par se changer soi-même, puis changer son entourage, sa communauté, sa société... Partir à la rencontre de l'autre conduit souvent à se découvrir soi-même.

Nous avons rédigé ce livre avec l'objectif de vous guider sur le chemin de la solidarité et de la coopération internationale. Il comprend quatre parties pensées pour vous accompagner dans votre évolution de la réflexion à l'action.

- Dans la première partie, vous lirez une vaste radiographie des grandes tendances qui traversent notre monde – lequel est à la fois uni et divisé – unifié par l'économie et les puissances qui la manipulent, mais également divisé par les immenses fractures qui polarisent les sociétés tant au Nord qu'au Sud.

- Dans la deuxième partie, vous apprendrez à voir ces grands défis contemporains par l'autre bout de la lorgnette, au niveau des peuples un peu partout dans le monde, lesquels développent des solutions de rechange et construisent de nouveaux outils.

- Dans la troisième partie, vous serez informés des nouvelles relations qui s'échafaudent entre le Québec et les pays du tiers-monde à travers des réflexions et des propositions de militantEs engagéEs dans l'action.

- Enfin, dans la quatrième partie, vous aurez accès à une multitude d'idées sur la façon de s'impliquer concrètement et, comme le titre de l'ouvrage le suggère, de « passer à l'action » pour concrétiser cet élan de solidarité qui a des racines au Québec, mais qui prend de plus en plus d'ampleur dans le monde.

Une remarque finale s'impose. Cet ouvrage n'a pas été écrit par des personnes qui se prétendent « neutres » dans les débats actuels. Notre subjectivité s'inscrit dans un travail intellectuel et rigoureux que pratiquent des jeunes de corps et des jeunes de cœur dans les ONG, les mouvements populaires, le monde de l'enseignement et tous les milieux désirant changer le monde, par un travail très patient et très humble, pas à pas… Car la solidarité entre les peuples, nous y croyons!

JUST DO

Première partie
Notre monde,
uni et divisé

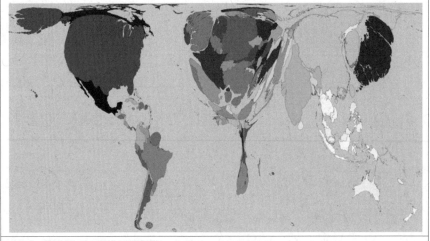

Carte 2
La richesse des nations

Si le monde était façonné selon la richesse des différentes régions, l'Afrique, l'Amérique latine et l'Asie (sauf le Japon) seraient bien minces, tandis que l'Amérique du Nord, l'Europe de l'Ouest et les pays du golfe Persique seraient exagérément gonflés…

Source : *La richesse des nations*, < www.antagoniste.net/2008/04/29/la-richesse-des-nations/ >.

Raphaël Canet

La mondialisation : le grand marché planétaire

LORSQUE *le terme « mondialisation » se propage au début des années 1990, il se réfère essentiellement à la construction d'un marché étendu à l'échelle de la planète. Qu'est-ce que cela veut dire concrètement ? Les acteurs économiques doivent pouvoir investir, produire, vendre et acheter partout à travers le monde, sans aucune entrave. L'activité économique est ainsi « libérée » des frontières des États, donc des lois mises en place par les autorités politiques pour réglementer l'activité économique. En signant des accords de libre-échange (libéralisation), en vendant leurs entreprises publiques (privatisation) et en supprimant des lois contraignantes (déréglementation), les États acceptent de ne plus imposer de restrictions aux acteurs économiques, principalement aux entreprises multinationales. Ce processus se fonde sur la croyance que le secteur privé est plus efficace que le secteur public pour produire de la richesse et que la libéralisation de l'activité économique stimule la croissance et améliore le sort de la population. C'est cette croyance que l'on nomme le néolibéralisme et qui sert de fondement idéologique à la mondialisation.*

L'émergence

LA MONDIALISATION et son idéologie néolibérale ne se sont pas imposées en un jour. Elles sont le fruit d'un lent processus qui a progressivement amené les élites politiques des pays occidentaux à se faire les promoteurs des intérêts des élites économiques.

Le choc pétrolier et la crise de l'État-providence. Le choc pétrolier de 1973 met fin à trente ans de croissance continue dans les pays occidentaux. La crise économique engendrée par la brusque augmentation du prix du baril de pétrole par les pays producteurs en pleine guerre israélo-arabe ébranle les fondements de l'État-providence mis en place au lendemain de la Seconde Guerre mondiale. En effet, avec la fin de ces Trentes Glorieuses, plusieurs commencent à voir dans les dépenses sociales de l'État (éducation, santé, assurance sociale, retraite, salaire minimum) un lourd fardeau pour les acteurs économiques. Dès lors, réduire les dépenses publiques apparaît comme une solution pour diminuer le fardeau fiscal des entreprises et ainsi libérer des capitaux pour que celles-ci réinvestissent dans leurs activités économiques plutôt que dans des programmes sociaux jugés superflus. L'impératif de la compétitivité économique prend le pas sur celui de la solidarité sociale.

Encadré 3
L'État-providence

L'expression « État-providence » signifie un État qui intervient très activement dans la société pour offrir toute une gamme de services à sa population afin de garantir une série de droits économiques et sociaux reconnus. La plupart des États occidentaux se sont tournés vers le providentialisme au lendemain de la Seconde Guerre mondiale. Au Québec et au Canada, cela s'est traduit notamment par l'adoption du régime universel de pension de vieillesse (1952), par la Loi sur l'assurance-chômage (1956) ou encore la Loi sur l'aide sociale (1969) et, surtout, la prise en charge des secteurs de la santé et de l'éducation au Québec avec la Révolution tranquille.

Le triomphe du néolibéralisme. Cette conjoncture s'accompagne d'un changement politique afin de permettre l'imposition du néolibéralisme au détriment de l'interventionnisme social. Cela se fait d'abord par la force, notamment au Chili, où le général Pinochet renverse par les armes le régime du président socialiste Salvador Allende, le 11 septembre 1973. Le dictateur impose une profonde libéralisation de l'économie du pays, avec l'aide de ses conseillers états-uniens, les fameux *Chicago Boys*, des économistes formés à l'idéologie néolibérale de Milton Friedman à l'Université de Chicago. C'est paradoxalement par un coup d'État que le néolibéralisme, exaltant la liberté d'entreprise et les libertés individuelles, s'installe aux commandes pour mettre en œuvre un premier programme d'ajustement structurel (PAS). Peu après, le néolibéralisme devient dominant dans deux pays très influents du monde occidental, le Royaume-Uni et les États-Unis. L'élection de Margaret Thatcher en Grande-Bretagne (1979) et celle de Ronald Reagan aux États-Unis (1980) font basculer les pays du bloc de l'Ouest dans l'optique néolibérale. Dès lors, la libéralisation des échanges, d'une part, et la réduction des dépenses publiques, d'autre part, s'imposent comme les leitmotivs des politiques gouvernementales.

Tableau I Les chiffres de la dette extérieure des pays d'Afrique (en dollars)		
	Moyen-Orient et Afrique du Nord	Afrique sub-saharienne
Stock de la dette en 1970	5 milliards	7 milliards
Stock de la dette en 2010	144 milliards	205 milliards
Remboursements de 1970 à 2010	536 milliards	391 milliards

Source : Damien Millet, Daniel Munevar et Éric Toussaint, *Les chiffres de la dette 2012*, Liège, CADTM, novembre 2012, < http://cadtm.org/Les-Chiffres-de-la-dette-2012 >

L'arme de la dette. En même temps, la crise de la dette frappe les pays du tiers-monde et permet d'ouvrir au néolibéralisme de nouveaux territoires. En effet, ces pays se sont lourdement endettés après leurs indépendances. Ils se retrouvent dans l'incapacité de payer leurs dettes dès que les taux d'intérêt augmentent. Ils se retrouvent alors dans l'obligation d'emprunter encore plus seulement pour payer le service de leur dette, c'est-à-dire les intérêts. S'enclenche alors un cercle vicieux. Jusqu'à maintenant, les pays du tiers-monde auraient remboursé l'équivalent de 110 fois ce qu'ils devaient en 1970. Entretemps, leur dette a été multipliée par 50. Pris dans la spirale de l'endettement, ces pays tombent à la merci des institutions comme le Fonds monétaire international (FMI) et la Banque mondiale, qui conditionnent l'octroi de nouveaux crédits à la mise en œuvre de politiques visant à ajuster leurs économies au dogme néolibéral (privatisation, libéralisation, déréglementation). C'est ce qui devient plus tard ledit *Consensus de Washington* et autour duquel se profilent les programmes d'ajustement structurel.

La chute de l'URSS et la fin de la guerre froide. La chute du mur de Berlin, le 9 novembre 1989, et la dissolution de l'Union soviétique deux ans plus tard, symbolisent la faillite d'un modèle alternatif au capitalisme libéral, soit celui du socialisme à la Soviétique. Cette implosion du bloc de l'Est enflamme d'enthousiasme les plus ardents promoteurs de la mondialisation néolibérale. Pour ceux-ci, le monde a enfin surmonté ses divisions, le Nord contre le Sud, l'Est contre l'Ouest. L'humanité serait réunifiée sous un même modèle triomphant : celui de la société libérale de marché dont

l'exemple le plus achevé est les États-Unis d'Amérique. Selon le politico-
logue états-unien Francis Fukuyama, c'est la fin de l'Histoire et le début de
l'ère de la mondialisation heureuse.

Les trois dimensions de la mondialisation économique

Au-delà des fantasmes, qu'est-ce que le marché mondial libéralisé ? C'est
un vaste espace où peuvent circuler sans restriction biens, services, capitaux et unités de production (usines, bureaux, centres d'appel). C'est un
immense terrain de jeu pour les acteurs économiques qui ont la capacité
d'être suffisamment mobiles pour saisir les occasions d'affaires se présen-
tant constamment aux quatre coins du monde, pour vendre plus, dépenser
moins et accumuler toujours davantage. Ce marché mondial en expansion
repose sur trois piliers où se regroupent des acteurs économiques différents,
mais complémentaires.

Commerce. Le premier pilier est le commerce par lequel s'échangent biens
et services dans une proportion de plus en plus grande à l'échelle mondiale.
C'est cette intensification du commerce mondial qui fait que nous man-
geons des fraises en hiver au Québec, que nous nous habillons à faible coût
grâce à l'industrie textile chinoise, que nous consommons toujours plus de
matériel informatique, lequel coûte de moins en moins cher. Cette intensification du commerce touche une grande diversité d'acteurs économiques :
les entreprises (ainsi que leurs filiales), les sous-traitants et les fournisseurs,
qui produisent biens et services, qui prennent en charge le transport et les
communications, qui en assurent la distribution, de la grande surface au
petit détaillant. L'expansion du commerce mondial constitue ainsi une
constante du processus de mondialisation. Depuis 1980, le volume global
des échanges commerciaux a été multiplié par six.

Investissement. Le deuxième pilier, ce sont les investissements qui visent
à développer de nouvelles unités de production dans des endroits stratégiques jugés rentables. Avec la mondialisation se multiplient les investissements directs étrangers (IDE) qui engendrent ainsi la mobilité de la
production. Selon cette logique, les entreprises qui en ont les moyens, soit
les multinationales, font migrer leurs unités de production vers des pays
qui offrent de meilleures occasions de profit, à cause du faible coût de la
main-d'œuvre, de la disponibilité des ressources naturelles et énergétiques,
d'une faible fiscalité ou d'une législation complaisante. Cette libération
des flux d'investissements constitue le moteur de ce que nous appelons les
délocalisations, c'est-à-dire le transfert des unités de production des pays

riches, où la main-d'œuvre est souvent syndiquée et chère, vers les pays pauvres (Sud-Est asiatique, Amérique latine, Afrique du Nord, Europe de l'Est), où les salaires sont faibles et les conditions de travail difficiles. Alors que les IDE étaient de 50 milliards de dollars (courants) en 1980 sur l'ensemble de la planète, en 2010, ils représentaient plus de 1 200 milliards.

Finance. Finalement, le troisième pilier, c'est la finance qui cherche à accroître la rentabilité du capital par des placements judicieux. Des détenteurs de capitaux prêtent de l'argent à des entrepreneurs, qui n'ont pas suffisamment de liquidité pour financer leurs ambitions, ou à des États, qui en ont besoin pour honorer leurs dépenses publiques. Ils achètent en grande quantité toutes sortes de produits (or, pétrole, blé, actions d'entreprises, hypothèques privées, dettes publiques) dans l'espoir de les revendre rapidement à un meilleur prix sur les marchés boursiers. Nous sommes ici dans le domaine de la spéculation, laquelle profite de cette mobilité nouvelle des capitaux. C'est le domaine de l'économie virtuelle où règnent des institutions financières (banques, fonds spéculatifs, investisseurs institutionnels), qui ne produisent pas de biens et de services, mais qui font de l'argent avec l'argent. La finance occupe un poids de plus en plus important dans l'activité économique mondiale. C'est ce qu'on appelle la financiarisation de l'économie. Un peu à la manière dont les bailleurs de fonds internationaux imposent par le biais des PAS leur ligne de conduite aux gouvernements des pays endettés, les institutions financières dictent aux entreprises leurs modèles de gestion. Ce pouvoir grandissant de la finance s'exerce par les assemblées d'actionnaires, lesquelles imposent des taux de rendement très élevés aux gestionnaires d'entreprises qui, pour les satisfaire, cherchent sans cesse à réduire les coûts de production pour accroître les marges de profit. Cette pression à la rentabilité est accentuée par la volatilité des capitaux (fonds spéculatifs) qui se déplacent sans cesse à la recherche d'aubaines. Cette spéculation débridée conduit à un décalage entre l'économie réelle (celle des entreprises qui produisent des biens et des services tangibles) et l'économie virtuelle (celle de la finance qui développe des produits financiers dits dérivés dont la valeur est totalement spéculative). Deux indicateurs permettent aujourd'hui de prendre la mesure du poids disproportionné de la finance dans l'économie mondiale. Tout d'abord, la valeur estimée de tous les produits financiers, qui alimentent le marché de la finance mondialisée, est dix fois plus élevée que le produit mondial brut (PMB), soit autour de 700 000 milliards de dollars. Ensuite, moins de 1 % des entreprises multinationales (essentiellement des institutions financières) contrôlent au moyen de leur pouvoir actionnarial près de 80 % de la production mondiale. Parmi les 50 plus influentes institutions financières au monde, 50 % sont originaires des États-Unis.

Les accords de libre-échange :
les mailles de la mondialisation

LA MONDIALISATION se caractérise donc par la mobilité à l'échelle planétaire des biens et services, des unités de production et des capitaux. Mais comment la chose est-elle possible ? Essentiellement grâce à la signature, entre les États, d'accords de libre-échange, lesquels tissent des réseaux d'obligations et d'engagements entre les États afin de garantir l'ouverture de leurs frontières à ces produits. Ce sont donc les États qui construisent la mondialisation.

Le multilatéralisme. C'est le niveau le plus général. Il rassemble la plupart des pays de la planète. Après la Seconde Guerre mondiale, ces accords sont conclus dans le cadre du GATT (Accord général sur les tarifs douaniers et le commerce). Depuis 1994, l'Organisation mondiale du commerce (OMC) remplace le GATT pour servir d'enceinte aux négociations commerciales et économiques mondiales. Ces accords multilatéraux visent à imposer des règles de libéralisation devant être appliquées mondialement. Notons cependant qu'en ce moment, le multilatéralisme est en déclin. Le dernier cycle de négociations commerciales menées sous le parrainage de l'OMC, ledit Programme de Doha pour le développement, est aujourd'hui en panne. Lancé en 2001 à l'apogée de la mondialisation, ce cycle de négociations, qui devait se conclure en 2005, n'a toujours pas abouti et bloque en ce moment sur la question de l'agriculture, question qui oppose les pays développés aux pays en développement.

Encadré 4
L'agriculture

La question de l'agriculture est une source profonde de discorde entre les pays industrialisés et les pays en développement. L'agriculture est en effet souvent le secteur d'activité économique le plus important des pays en développement. Cependant, ces pays ne peuvent pas rivaliser avec les produits agricoles des pays industrialisés qui sont vendus moins chers puisqu'ils bénéficient d'importantes subventions de la part de leurs gouvernements. À titre d'illustration, les pays de l'OCDE financent près de deux fois plus leurs agriculteurs (près de 250 milliards de dollars en 2011) qu'ils donnent en Aide publique au développement (130 milliards de dollars en 2012).

Le régionalisme. Étant donné qu'aucun accord n'est possible sur le plan mondial et que certains pays souhaitent se renforcer sur une base régionale avant de s'ouvrir à la concurrence internationale, les États font la promotion d'accords régionaux de libre-échange. On pense ici à l'Accord de libre-échange nord-américain (ALÉNA) signé en 1992 entre les États-Unis, le Canada et le Mexique, ou à l'Union européenne. Là encore, ces formes d'intégration économique régionales semblent, dans le contexte actuel, s'essouffler. Depuis l'échec du projet de Zone de libre-échange des Amériques (ZLÉA), qui visait l'intégration économique de 34 pays du continent américain, les pays de l'hémisphère se sont repliés sur des stratégies bilatérales. Dans un même ordre d'idée, la crise de la dette publique, qui secoue à l'heure actuelle l'Union européenne, mine considérablement la légitimité de ce projet d'intégration, notamment dans sa dimension monétaire (fragilité de la zone euro).

Le bilatéralisme. Finalement, il peut s'avérer que les négociations, même celles sur le plan régional entre États, achoppent, comme cela a été le cas de la ZLÉA. Il ne reste alors qu'à se tourner vers des ententes bilatérales. Par ces ententes, deux pays souscrivent à la libéralisation de certains secteurs clés de leurs économies respectives. On peut penser ici aux accords que le Canada a signés avec la Colombie ou avec Israël, ou qu'il négocie en ce moment avec la Corée, l'Inde ou le Maroc. En diminuant le nombre d'acteurs en présence, cela facilite l'issue des négociations. Cependant, cela limite la portée des accords et exige un processus fastidieux pour aboutir à la construction du marché mondial unifié. En ce sens, la tendance actuelle à la multiplication des accords bilatéraux au détriment des ententes régionales et multilatérales témoigne d'un essoufflement de la mondialisation.

Les acteurs de la mondialisation économique

À QUI PROFITE cette mondialisation de l'économie et qui en sont les artisans? Évidemment, ce sont les acteurs économiques, mais pas n'importe lesquels: en fait, ce sont les plus gros. Plusieurs institutions internationales à caractère économique interviennent aussi pour contribuer à la mise en place de ce marché mondial, ainsi que des groupes plus informels et de pression.

Les firmes multinationales et les institutions financières. Une firme multinationale est une entreprise qui a des activités dans plus d'un pays. Elle cherche à tirer le meilleur parti de chaque territoire où elle s'implante pour être la plus concurrentielle dans son domaine sur le marché mondial. Prenons le cas de l'iPhone que vous achetez dans une boutique Apple de Montréal. Il est formé de semi-conducteurs qui proviennent d'Allemagne, de mémoires du Japon, d'écrans et de câblage de la Corée et de Taïwan, de

puces d'Europe, etc., et il est assemblé en Chine pour l'entreprise américaine. Aujourd'hui, plus de 70 000 firmes multinationales contrôlent plus
des deux tiers du commerce mondial et, parmi ces firmes multinationales,
les institutions financières sont celles qui contrôlent la plus grande partie du
chiffre d'affaires mondial.

Les institutions économiques internationales. Plusieurs institutions internationales jouent un rôle important dans la construction du marché mondial.
Le FMI et la Banque mondiale, créés au lendemain de la Seconde Guerre
mondiale, imposent aux pays qui font appel à leurs services une restructuration de leur économie afin qu'ils se conforment aux besoins du marché mondial dans une logique néolibérale. L'Organisation mondiale du commerce
(OMC), née des accords de Marrakech en 1994, est une autre institution
importante pour la construction de la mondialisation néolibérale. C'est en
son sein que se négocient les accords multilatéraux de libre-échange, qui
vont ensuite dicter les politiques économiques et commerciales des pays.
C'est aussi l'OMC qui tranche les litiges entre pays lorsque des accords
ne sont pas respectés. C'est une des rares organisations internationales à
disposer d'un pouvoir de contrainte sur les États membres. L'Organisation
pour la coopération et le développement économique (OCDE) contribue,
elle aussi, à la mise en place du marché mondial, même si son autorité est
strictement « morale ». L'OCDE constitue un lieu de rencontre privilégié
pour que les puissances économiques puissent harmoniser leurs intérêts et
s'entendre sur des politiques communes sur le plan mondial. L'OCDE est
aussi une source importante d'information et de savoir sur l'économie mondiale, par les nombreuses études qu'elle publie et qui influencent ensuite
plusieurs politiques.

Le Forum économique mondial. On ne peut traiter des acteurs de la mondialisation néolibérale sans parler de l'influence des *think tanks* et, surtout,
de ce qui est devenu le rendez-vous annuel de l'élite politique et économique
mondiale : le Forum économique mondial (FEM). Les *think tanks* sont des
cercles de réflexion privés qui regroupent des experts de toutes sortes (professeurs, chercheurs, journalistes, décideurs politiques, chefs d'entreprises).
Ce sont des laboratoires privés d'idées qui réfléchissent sur la manière dont
devraient agir les États. Ils ne cherchent pas à influencer directement les
gouvernements lorsque ceux-ci élaborent des lois – ce qui serait davantage le
rôle du lobby ou du groupe de pression. De préférence, ils souhaitent le faire
indirectement en imposant leur manière de voir le monde, en somme, en
imposant leur idéologie. Il existe plus de 6 500 *think tanks* dans le monde,
dont plus de la moitié sont situés en Amérique du Nord et en Europe.
Le Forum économique mondial (FEM) s'est aujourd'hui imposé comme

le lieu de rencontre privilégié des puissants de ce monde. Créé en 1971, il rassemble chaque année à Davos (une station de ski des Alpes suisses) l'élite économique et politique mondiale, soit entre 2000 et 3000 personnes triées sur le volet afin de débattre des enjeux de l'heure et de proposer des solutions qui ne vont pas à l'encontre de leurs intérêts. Le FEM fonde sa légitimité non pas sur une représentation démocratique des peuples, mais sur l'expertise, le prestige et la réussite économique. Il possède des ramifications régionales (en Asie, en Amérique, en Afrique) et nationales. C'est aujourd'hui une organisation internationale qui emploie plus de 400 personnes à travers la planète.

Pour en savoir plus :

ATTAC-Québec, *La bourse contre la vie, dérive et excroissance des marchés financiers*, Montréal, Multimondes, 2010.

Susan George, *Leurs crises, nos solutions*, Paris, Albin Michel, 2010.

Éric Toussaint, *La crise, quelles crises?*, Bruxelles et Liège, Aden / CADTM / Cetim, 2012.

Sur la toile :

Centre d'études sur l'intégration et la mondialisation de l'UQAM, <www.ceim.uqam.ca/ >.

Comité pour l'annulation de la dette du tiers-monde (CADTM), <http://cadtm.org/ >.

Entrevue avec Hervé Kempf, *Crise financière, crise écologique*, <www.youtube.com/watch?v=OApHhSRcpFc >.

Raphaël Canet

Trois milliards de pauvres

SORTIR DE LA PAUVRETÉ signifie pour bon nombre de personnes une réussite sur le chemin du développement. Or, aujourd'hui, après soixante ans de coopération internationale, le bilan est très mitigé en matière de lutte contre la pauvreté. Par ailleurs, un autre phénomène attire de plus en plus l'attention dans notre monde désormais mondialisé : l'approfondissement des inégalités sociales. La double dynamique de pauvreté et d'inégalité demeure centrale dans tout questionnement sur le développement. Nous aborderons ces deux enjeux majeurs afin de mieux saisir dans quel contexte nous pouvons penser, aujourd'hui, l'impératif de la solidarité internationale.

La pauvreté, qu'est-ce que c'est ?

LE TAUX DE PAUVRETÉ est souvent utilisé comme un indicateur de réussite ou d'échec des politiques de développement. Qu'est-ce que la pauvreté ? Se réduit-elle à un manque de ressources matérielles ? Ne possède-t-elle pas aussi une dimension sociale ? Compte tenu de cette ambivalence dans la définition, comment pouvons-nous mesurer l'étendue de la pauvreté dans le monde ? Comment mesurer la pauvreté elle-même ? Tout le monde s'accorde aujourd'hui pour considérer la pauvreté comme un phénomène complexe et multidimensionnel non réductible à sa seule dimension pécuniaire. On peut être économiquement pauvre, mais socialement riche. Ainsi, si l'approche matérielle domine généralement notre manière de concevoir et de mesurer la pauvreté, nous ne pouvons pas nous limiter à ce seul aspect. Voici donc trois manières de concevoir la pauvreté.

- *La pauvreté : un manque de ressources.* Une personne pauvre est une personne qui ne dispose pas des ressources matérielles nécessaires pour subvenir à ses besoins fondamentaux (se nourrir, se vêtir, se loger). On peut alors définir plusieurs niveaux ou seuils de pauvreté en deçà desquels des besoins plus ou moins fondamentaux sont satisfaits ou non. C'est ainsi que la Banque mondiale distingue l'extrême pauvreté (moins de 1,25 dollar par jour) de la pauvreté (moins de deux dollars par jour). Or, à côté de cette mesure *absolue* de la pauvreté a été aussi développée une mesure *relative* de la pauvreté, laquelle consiste à comparer les revenus d'une personne au revenu moyen de la société. Selon cette seconde conception, unE pauvre serait la personne qui aurait moins que les autres dans une société donnée. Que ce soit en terme absolu ou relatif, l'approche privilégie ici la dimension pécuniaire de la pauvreté, généralement mesurée à partir du niveau de vie estimée des gens grâce au *Revenu national brut* (RNB) par habitantE, très proche du *Produit intérieur brut* (PIB) par habitantE.

- *La pauvreté : une insuffisance sur le plan des capacités.* Il s'agit ici d'aller au-delà de la dimension pécuniaire de la pauvreté pour prendre en compte d'autres aspects non économiques, notamment la liberté de choisir sa vie. Selon cette perspective, une personne pauvre serait privée de ses capacités élémentaires de survivre et de se développer de manière digne et décente. C'est notamment l'approche privilégiée par le Programme des Nations unies pour le développement (PNUD) qui distingue l'*extrême pauvreté*, la *pauvreté générale* et la *pauvreté humaine*. La première forme de pauvreté renvoie à l'incapacité de subvenir à ses besoins alimentaires essentiels. La seconde est relative à l'incapacité de satisfaire ses besoins essentiels non alimentaires (se vêtir, se loger, se chauffer). Finalement, la pauvreté humaine caractérise le manque de capacités de base pour accéder à une vie saine, digne et décente, soit l'alphabétisation et l'éducation primaire, la santé maternelle et la lutte contre les maladies, une alimentation saine et l'accès à l'eau potable. Depuis 1997, le PNUD utilise l'*Indice de pauvreté humaine* (IPH) pour mesurer la pauvreté autrement que par le revenu. L'IPH est construit à partir de trois indicateurs : l'espérance de vie, l'accès aux connaissances de base et aux ressources publiques et privées permettant de vivre une vie décente. L'IPH a été remplacé en 2010 par l'*Indice de pauvreté multidimensionnel* (IPM), qui reprend la même logique que l'IPH tout en précisant les indicateurs pour en faciliter la mesure. L'IPM aborde la pauvreté selon trois dimensions : la santé, l'éducation et la qualité de vie.

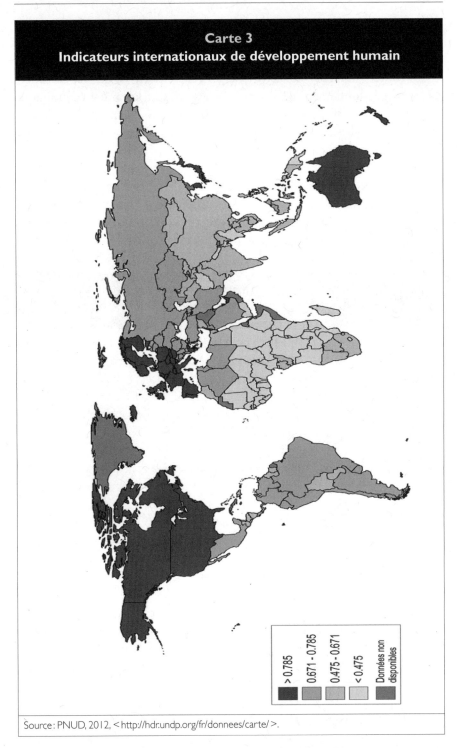

Carte 3
Indicateurs internationaux de développement humain

> 0.785
0.671 - 0.785
0.475 - 0.671
< 0.475
Données non disponibles

Source : PNUD, 2012, < http://hdr.undp.org/fr/donnees/carte/ >.

- *La pauvreté : un rapport social.* Pour le dire simplement, selon cette conception, il y a des pauvres parce qu'il y a des riches. La personne pauvre est celle qui ne possède pas ce que la riche a accumulé, ce qui lui confère un statut social privilégié. Peu importe ce qui est considéré comme le fondement de la richesse, que ce soit le capital économique (l'argent et les biens), le capital social (les réseaux d'amiEs, la famille) ou le capital culturel (le savoir, la culture, les connaissances), la personne riche est celle qui cumule ce capital, la pauvre est celle qui en est dépourvue. Selon cette perspective, les notions de richesse et de pauvreté sont fortement liées au concept d'inégalité sociale. C'est l'inégale répartition du capital dans la société, sous ses différentes formes, qui créerait la richesse et la pauvreté. Dans cette perspective, lutter contre les inégalités et promouvoir une répartition plus juste et équitable du capital dans

---

Encadré 5
Développement : un concept contesté

Depuis son apparition au lendemain de la Seconde Guerre mondiale, dans le dessein de distinguer les pays développés des pays sous-développés, le concept de développement ne cesse d'être contesté. Le problème est double. D'une part, le mot a plusieurs sens, et tous ne s'entendent pas sur les définitions. Pour certains, le développement se limite à la dimension *économique* (développement des infrastructures de production, croissance du PIB et des investissements), pour d'autres, il doit comprendre une dimension *politique* (développement des institutions démocratiques, État de droit, bonne gouvernance opposée à États fragiles) ou encore *sociale* et *communautaire* (l'accent est alors mis sur le développement des capacités et les actions locales comme le microcrédit). Aujourd'hui, on parle de plus en plus de développement *durable* pour caractériser un modèle de développement qui tient compte à la fois des dimensions économique, sociale et environnementale du processus. D'autre part, dès son origine, le terme a été utilisé pour hiérarchiser les pays et les classer en fonction des différentes étapes de leur évolution, en prenant cependant pour modèle de référence l'Occident industrialisé, libéral et capitaliste. Cela conduit à toute la terminologie employée par les institutions des Nations unies avec les pays développés, les pays en voie de développement, les pays les moins avancés… Cette vision évolutionniste du monde, qui place les pays pauvres au bas de l'échelle, est critiquée depuis l'époque des indépendances nationales. Différentes dénominations alternatives sont employées (pays du tiers-monde, pays émergents, monde majoritaire…) pour remettre en question cette vision occidentalo-centrée du développement.

la société, de même que ne plus survaloriser certains « marqueurs » de richesse (voitures, maisons, bijoux, habits), qui suscitent le désir chez ceux et celles qui en sont dépourvus, permettrait d'en finir avec la pauvreté. En conséquence, les indicateurs utilisés pour mesurer la pauvreté s'avèrent inadéquats. C'est ce que proposent des indicateurs alternatifs comme le *Bonheur national brut* (BNB) promu par le gouvernement du Bhoutan depuis 1972. Il mesure à la fois la croissance économique, la promotion de la culture nationale, la sauvegarde de l'environnement et une gouvernance responsable. Signe d'un changement de mentalité, l'Assemblée générale de l'ONU a adopté, en juillet 2011, une résolution demandant d'introduire la notion de bonheur dans les indicateurs de développement. Par ailleurs, l'Organisation pour la coopération et le développement économique (OCDE) a mis en place la même année un *Indicateur du vivre mieux*, lequel se présente comme un outil interactif permettant aux utilisateurs de comparer les pays en fonction de l'importance qu'ils accordent à différents critères de bien-être.

La pauvreté dans le monde : état des lieux

Selon la Banque mondiale, en 2008, la planète comptait 1,3 milliard de personnes extrêmement pauvres (moins de 1,25 dollar par jour), soit une personne sur cinq. Par ailleurs, le nombre de pauvres (moins de deux dollars par jour) s'élève à 2,5 milliards de personnes, soit plus de 40 % de la population mondiale. L'Afrique subsaharienne et l'Asie du Sud constituent les régions les plus durement touchées. En 2015, selon certaines prédictions, il y aura 27 % de pauvres de moins qu'en 1990. Dans une perspective plus large, les économistes considèrent que, grâce aux acquis de la révolution industrielle (en matière de capacité de production et de croissance économique), la pauvreté extrême, qui frappait près de 70 % de la population mondiale à la fin du XIXe siècle, a été considérablement réduite pour être ramenée à 20 % aujourd'hui.

En chiffres relatifs, la pauvreté extrême a donc reculé sur le plan mondial. En chiffres absolus (ne tenant pas compte de l'accroissement démographique), on constate que la situation ne s'améliore pas vraiment. La pauvreté extrême, qui touchait 1,4 milliard de personnes en 1929, affecte maintenant, selon les rapports du PNUD, 1,7 milliard de personnes. Toujours en se fiant à la Banque mondiale, la mondialisation a permis de réduire le nombre de pauvres. En effet, depuis les années 1990, le nombre de pauvres a baissé de 500 millions. En réalité, il faut regarder derrière les chiffres.

Dans une large mesure, cette diminution du nombre de pauvres est survenue dans quelques pays seulement, entre autres en Chine, en Inde et au Brésil. Ce sont des pays à forte démographie, donc cela fait une différence au plan mondial. Or, les conditions qui ont permis à ces pays de diminuer la pauvreté n'existent pas ailleurs : croissance économique rapide, réformes sociales de grande envergure, etc.

Lutter contre la pauvreté ?

Ces dernières années, la lutte contre la pauvreté est devenue l'un des thèmes centraux des stratégies de développement mises en œuvre par les organisations internationales. Regardons de plus près comment cette lutte s'organise à partir de deux exemples : celui des Objectifs du millénaire pour le développement des Nations unies (OMD) et celui des stratégies de la Banque mondiale.

Les Objectifs du millénaire pour le développement. Le XXIe siècle a commencé sur une note d'espoir. Réunis à l'occasion du Sommet du millénaire (septembre 2000), les États membres des Nations unies ont adopté des buts concrets afin de progresser collectivement, à moyenne échéance (d'ici 2015), pour améliorer substantiellement la condition humaine à l'échelle de la planète.

Encadré 6
Les Objectifs du millénaire pour le développement

Objectif 1 : réduire l'extrême pauvreté et la faim
Objectif 2 : assurer à tous l'éducation primaire
Objectif 3 : promouvoir l'égalité des genres et l'autonomisation des femmes
Objectif 4 : réduire la mortalité infantile
Objectif 5 : améliorer la santé maternelle
Objectif 6 : combattre le VIH/SIDA, le paludisme et les autres maladies
Objectif 7 : assurer un environnement humain durable
Objectif 8 : construire un partenariat mondial pour le développement

---

Les Objectifs du millénaire pour le développement (OMD) se composent de 21 cibles quantifiables mesurées par 60 indicateurs. Ils font l'objet d'une évaluation annuelle par l'ONU. Alors que l'échéance (2015) arrive à grands pas, l'atteinte des OMD demeure un véritable défi parce que les plus pauvres du monde semblent toujours aussi marginalisées et que subsistent de fortes disparités régionales. Pour l'objectif premier, qui visait à réduire de moitié l'extrême pauvreté et la faim dans le monde, la cible semble en passe d'être atteinte en Asie de l'Est et du Sud-Est, ainsi qu'en Afrique du Nord. Cependant, ce ne sera visiblement pas le cas dans la majeure partie du monde, soit l'Afrique subsaharienne, l'Asie du Sud et de l'Ouest, l'Océanie, l'Amérique latine et les Caraïbes, le Caucase et l'Asie centrale. Un des problèmes est que les engagements financiers adoptés par les pays donateurs à l'occasion du Sommet du millénaire n'ont pas été respectés.

La critique des OMD

LES OMD SONT CRITIQUÉS pour la dépolitisation qu'ils induisent en promouvant une approche gestionnaire et technique d'enjeux complexes, d'enjeux sociaux internationaux, dont les conséquences sont façonnées selon les rapports de force. Comme les résultats actuels le démontrent, sans une volonté politique réelle de remettre en cause les rapports économiques et politiques entre États et entre acteurs (les firmes multinationales en particulier), il sera impossible d'arriver aux cibles louables fixées par les OMD. En distançant le débat de la nécessaire pression populaire sur les gouvernements, les OMD et la lutte contre la pauvreté recréent une hiérarchie entre le Nord et le Sud et nous éloignent d'une réalisation des objectifs.

Tableau 2 — Manquements aux engagements d'aide des donateurs du Comité d'aide au développement de l'OCDE, 2010 et 2011		Pourcentage du RNB	Milliards de dollars de 2011
APD totale	Objectif des Nations Unies	0,7	300,3
	Respecté en 2011	0,31	133,5
	Écart en 2011	0,39	166,8
APD destinée aux PMA	Objectif des Nations Unies	0,15-0,20	63,7-84,9
	Respecté en 2010	0,11	46,5
	Écart en 2010	0,04-0,09	17,2-38,4

Source : Groupe de réflexion sur le retard pris dans la réalisation des Objectifs du millénaire pour le développement, *Le partenariat mondial pour le développement : traduire la théorie en pratique*, Rapport de 2012, <www.undp.org/content/dam/undp/library/MDG/english/MDG-Gap-Task-Force-2012-FR.pdf>.

La perspective de la Banque mondiale. De son côté, la Banque mondiale a lancé en 1999 une « stratégie de lutte contre la pauvreté » dont l'objectif déclaré est de renforcer le lien entre l'allègement de la dette des pays pauvres et la réduction de la pauvreté. Pour chaque pays, la Banque élabore un « document stratégique pour la réduction de la pauvreté » (DSRP), qui décline les politiques et les programmes macroéconomiques, structurels et sociaux qu'un pays doit mettre en œuvre pour promouvoir la croissance et réduire la pauvreté. La Banque promeut idéalement l'appropriation nationale des politiques de développement et de larges partenariats (publics-privés) pour les mettre en œuvre. Aujourd'hui, plus de 110 pays à faible revenu implantent cette stratégie DSRP. Deux critiques importantes sont formulées à l'égard de cette stratégie. À un premier niveau, on met en doute le caractère uniforme des méthodes proposées, qui tiennent peu compte des caractéristiques particulières des pays où ils sont appliqués. La seconde critique dénonce le fait de vouloir bricoler du neuf avec du vieux, car sur le fond, le DSRP reprend les vieilles recettes des politiques dites d'« ajustement structurel », lesquelles avaient forcé les pays pauvres à réduire leurs dépenses sociales, à rembourser leurs dettes et à augmenter leurs exportations.

L'accroissement des inégalités

LA LUTTE CONTRE LA PAUVRETÉ, dans ses multiples facettes, demeure ainsi aujourd'hui le défi prioritaire du développement. C'est paradoxal, car l'économie mondiale n'a jamais été aussi prospère. Le Produit mondial brut (PMB) a plus que quadruplé ces trente dernières années (de 15 000 milliards de dollars en 1980 à 70 000 milliards aujourd'hui). La mondialisation néolibérale créée de la richesse, c'est indéniable. Le problème, c'est que cette richesse est mal redistribuée dans les sociétés et entre les pays. Paradoxalement, les inégalités sociales ont fortement augmenté au cours des trente dernières années dans des contextes variables.

Le développement économique très rapide de pays fortement peuplés, comme la Chine, l'Inde ou le Brésil, a eu des impacts importants sur la mesure des inégalités mondiales. Alors que la révolution industrielle, qui est née en Europe au XIXᵉ siècle, avait conduit à l'approfondissement des inégalités entre les pays du monde, la mondialisation de l'économie a permis, ces vingt dernières années, un certain rattrapage des pays développés par les pays dits émergents. Ainsi, la révolution industrielle, qui a permis le décollage économique de l'Europe, puis de l'Amérique du Nord dès le début du XIXᵉ siècle, génère dans ces pays une croissance économique, qui conduit à une augmentation de la richesse nationale. Par contre, dans les pays qui demeurent à l'écart de ce processus de croissance industrielle, soit les quatre cinquièmes de la population mondiale, le niveau de vie demeure bas. C'est cet écart de croissance entre les pays industrialisés et les autres, qui a creusé les inégalités sur le plan mondial durant deux siècles. En effet, entre 1820 et 1980, l'écart entre les 10 % les plus riches du monde et les 10 % les plus pauvres a été multiplié par trois.

Durant la deuxième moitié du XXᵉ siècle, d'autres pays ont augmenté leur revenu national par habitant comme le Japon, les « dragons asiatiques » (Corée du Sud, Hong-Kong, Singapour, Taïwan), de même que certains pays d'Amérique latine. Sous l'influence de l'ouverture commerciale et du renforcement des capacités économiques de certains pays comme la Chine, l'Inde, le Brésil, l'Afrique du Sud, le Mexique, l'Indonésie, la Turquie et quelques autres, l'accès aux marchés et aux technologies du Nord, conjugué à la délocalisation des facteurs de production au Sud, a conduit à une inversion des rythmes de croissance alors que les pays émergents sont en croissance et que les pays du G7 sont en déclin. Une telle conjoncture entraîne une réduction des inégalités entre pays, un phénomène tout à fait nouveau qui traduit une redéfinition de la carte économique du monde. Cependant, le paradoxe de notre époque, c'est que cette baisse de l'inégalité internationale s'accompagne d'une hausse des inégalités sociales au sein même des pays. Pour le dire autrement, alors que la différence de revenu entre les CanadienNEs et les ChinoisES s'est globalement réduite, celle entre les riches CanadienNEs et les pauvres CanadienNEs, de même que celle entre les riches ChinoisES et les pauvres ChinoisES, s'est accrue.

Les transformations en cours

L'accroissement des inégalités s'inscrit dans la logique de la mondialisation néolibérale. En effet, l'entrée de la Chine et des autres pays qualifiés d'« émergents » dans les échanges commerciaux internationaux a permis l'entrée de plus d'un milliard de travailleurs et de travailleuses dans une économie mondiale de plus en plus ouverte. Cette soudaine abondance de main-d'œuvre bon marché a conduit au phénomène de la désindustrialisation relative des pays riches. Progressivement, une grande partie de la production de biens a été délocalisée vers les pays émergents, créant ainsi du chômage dans la catégorie de salariéEs peu qualifiéEs au Nord. Le secteur manufacturier, qui employait de 20 à 30 % de la main-d'œuvre des pays développés il y a trente ans, est aujourd'hui réduit à 10 %. Or, la concurrence internationale de la main-d'œuvre progresse et touche désormais les emplois qualifiés et bientôt ceux du secteur des services. Si la Chine est devenue l'usine du monde (secteur manufacturier), l'Inde est désormais son bureau (secteur des services) et le Brésil son grenier (secteur agricole).

La mondialisation a donc conduit à la précarisation des travailleurs et des travailleuses du fait de la migration des facteurs de production dans les pays émergents. Toutefois, pour bien comprendre en quoi ce processus conduit à l'aggravation des inégalités sociales à l'intérieur de pays, il faut le mettre en lien avec la logique de concentration de plus en plus grande de la richesse. Telle est la nouveauté du XXIe siècle. Si le nombre absolu de pauvres demeure relativement constant, en revanche, il n'y a jamais eu autant de milliardaires et de millionnaires sur la planète. En 2011, le 1 % plus riche de la population de la planète possédait près de 44 % de la richesse mondiale. Si on élargit aux 10 % les plus riches, ce chiffre monte à 83 %. Aux États-Unis, les 10 % plus riches gagnent 15 fois plus que les 10 % plus pauvres.

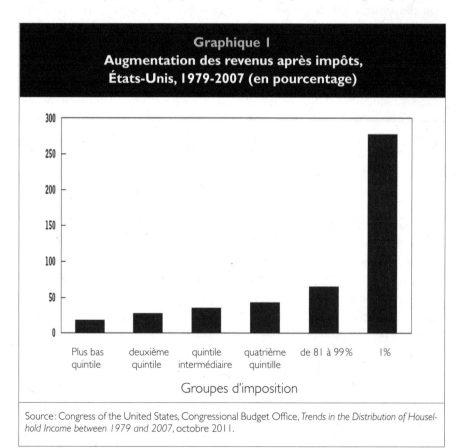

Graphique 1
Augmentation des revenus après impôts,
États-Unis, 1979-2007 (en pourcentage)

Groupes d'imposition

Source : Congress of the United States, Congressional Budget Office, *Trends in the Distribution of Household Income between 1979 and 2007*, octobre 2011.

Dans certains pays du tiers-monde comme le Brésil, les 10 % plus riches gagnent 40 fois plus que les 10 % plus pauvres.

Les gagnants

Plusieurs facteurs expliquent cette recrudescence des inégalités nationales. Tout d'abord, les États ont adopté un ensemble de mesures fiscales visant à réduire le taux d'imposition des riches. À titre d'exemple, le taux marginal supérieur d'imposition est passé de 70 à 40 % aux États-Unis sous l'ère du président Reagan. Même logique au Royaume-Uni où ce taux est passé de 83 à 60 %. Dans le même ordre d'idée, les taux d'imposition sur les revenus du capital (investissement et épargne), ainsi que sur les profits des entreprises, ont été réduits. Selon cette logique, plus on est riche, plus on détient du capital et moins on paie d'impôts.

Dans le processus d'ouverture et de libéralisation des économies, les investisseurs (ceux qui détiennent du capital et qui cherchent des occasions favorables pour faire fructifier leur argent) ont reçu la plus grande part du gâteau, tandis que la concurrence internationale de la main-d'œuvre, stimulée par les délocalisations, a exercé une pression à la baisse sur les salaires, augmentant par le fait même les marges de profit des entreprises et donc le retour sur les investissements des actionnaires. Pour le dire autrement, lorsque les salariéEs chinoisES produisent à une fraction du coût les biens de consommation courants que nous produisions jadis localement, les ouvriers et ouvrières canadienNEs perdent leurs emplois et les investisseurs du monde entier s'enrichissent. Certes, cette croissance de la production de biens exerce une pression à la baisse sur les prix, augmentant par le fait même le pouvoir d'achat. Cependant, la marge de profit réalisée par les investisseurs mondiaux est sans commune mesure avec ce qui reste dans la poche du travailleur ou de la travailleuse en Chine. Avec la mondialisation néolibérale, le rendement du capital a donc explosé au détriment de celui du travail, lequel a fortement été réduit.

Pour en savoir plus :

Samir Amin, *Sortir de la crise du capitalisme ou sortir du capitalisme en crise*, Paris, Le Temps des cerises, 2009.

Oxfam, *Un milliard de personnes ont faim*, 2009 < http://oxfam.qc.ca/sites/ oxfam.qc.ca/files/Un%20milliard%20de%20personnes%20ont%20 faim.pdf >.

Amartya Sen, *L'idée de justice*, Paris, Flammarion, 2010.

Sur la toile :
Observatoire des inégalités, < www.inegalites.fr/_>.
Le Programme des Nations unies pour le développement produit chaque
   année des rapports sur la pauvreté, < www.undp.org/ >.
La Banque mondiale, < www.banquemondiale.org/ >.
L'ONG ATD Quart Monde, < www.atd-quartmonde.org/ >

Raphaël Canet

Un monde recomposé par la crise

Depuis une dizaine d'années, la planète est entrée dans une zone de turbulences. Une multiplicité de crises touche la plupart des États et des sociétés, illustrant ainsi le fait que nous vivons actuellement une période de transition. Les notions de progrès et de développement sont mises en examen et certains peuples, notamment les Autochtones des Amériques, n'hésitent plus à parler d'une véritable crise de civilisation. Le monde est en train de se recomposer sous nos yeux, autour de nouvelles lignes de fractures et de rapports de force à la fois politiques, économiques et culturels.

Un monde de crises

Nous vivons dans un monde en transition, où le centre du pouvoir économique et politique mondial se déplace, ce qui engendre de nombreuses crises interreliées. Nous les aborderons une à une de manière à brosser un portrait des défis auxquels fait face la solidarité internationale.

La crise alimentaire. Commençons par celle dont on parle le moins et qui est pourtant la plus tragique. Alors que nous disposons des ressources et de la technologie nécessaires pour nourrir 12 milliards d'êtres humains, aujourd'hui, selon l'Agence des Nations unies pour l'agriculture et l'alimentation (FAO), près d'un milliard de personnes souffrent de la faim dans le monde. Par ailleurs, 50 % de la nourriture produite sur la planète est perdue, gaspillée ou jetée, selon une autre agence de l'ONU, le Programme des Nations unies pour l'environnement (PNUE). Telle est l'aberration de notre système agro-industriel mondial de production.

Prenons un exemple concret. En 2010, une terrible sécheresse s'abat sur l'Afrique, menaçant la vie de sept millions de personnes au Niger (la moitié de la population du pays). Avec les populations affamées au Tchad, au Mali et au Burkina Faso, c'est au total près de dix millions de personnes qui sont victimes de la crise alimentaire en Afrique sahélienne. Cette famine annoncée résulte de la baisse de 30 % de la production céréalière et de près de 70 % de la récolte fourragère due à la sécheresse, conjuguée à la hausse des prix des denrées alimentaires. Qu'est-ce qui a fait donc augmenter les prix des denrées alimentaires en Afrique ? La même année, la sécheresse et les incendies s'abattent également sur la Russie, troisième exportateur mondial de blé, qui décide de mettre un embargo sur ses exportations de blé jusqu'en 2011. La rareté alimente la spéculation, c'est une loi fondamentale de l'économie libérale. Cette annonce a eu pour effet de faire bondir le prix du blé à la bourse de Chicago – et cela se répercute sur les marchés locaux africains. En 2008, lors de la précédente crise alimentaire, qui avait donné lieu à de nombreuses « émeutes de la faim » en Afrique, en Asie et dans les Caraïbes, les prix des produits de base (blé, maïs, riz, soja), selon une logique similaire, avaient augmenté de 50 % dans les quatre mois précédents la crise. Cette tentation spéculative, qui touche les marchés céréaliers et les produits alimentaires, se trouve donc stimulée lors des crises climatiques. Il faut ajouter à cela le détournement de la vocation des terres agricoles, qui sont mises en culture à des fins d'exportation (le coton par exemple) et non pour nourrir les populations locales. Ce mécanisme est aujourd'hui renforcé par deux phénomènes nouveaux : l'engouement pour la production d'agrocarburant (pour « nourrir » les voitures de préférence aux humains), et l'accaparement des terres par des intérêts étrangers.

Toutes ces dynamiques concourent à l'approfondissement de la crise alimentaire et poussent bon nombre de pays à revendiquer une souveraineté alimentaire de manière à produire localement pour nourrir leur population et non pour les marchés d'exportation, dont les prix sont fixés ailleurs.

La crise environnementale. Cette crise est véritablement globale, dans le sens où elle n'épargnera personne. Elle adopte différentes formes (changements climatiques, perte de biodiversité, pollution de l'air, des eaux, des sols, des corps). Elle s'illustre par des catastrophes climatiques majeures et à répétition, qui se manifestent de différentes manières (inondations, sécheresses, cyclones, vagues de froid et de chaleur). Les inondations notamment frappent l'Europe orientale (2001 et 2005), l'Afrique (2008), l'Asie, en particulier le Pakistan (2010) et l'Australie (2010). Par ailleurs, des sécheresses extrêmes sévissent en Australie, en Afrique de l'Est, dans le bassin de l'Amazone et dans l'ouest des États-Unis. En 2003 et en 2010, deux

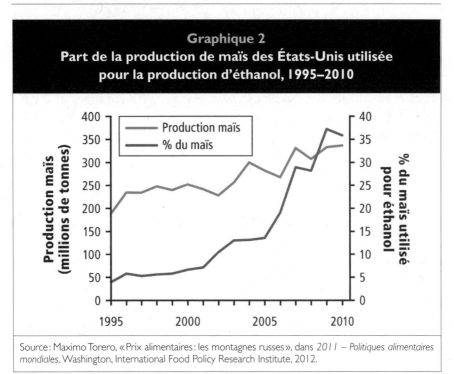

Graphique 2
Part de la production de maïs des États-Unis utilisée pour la production d'éthanol, 1995–2010

Source : Maximo Torero, « Prix alimentaires : les montagnes russes », dans *2011 – Politiques alimentaires mondiales*, Washington, International Food Policy Research Institute, 2012.

vagues de chaleur exceptionnelles frappent l'Europe, avec des conséquences catastrophiques (incendies de forêt dévastateurs). Plus tard, c'est le déchaînement de l'ouragan Katrina (2005), qui s'avère létal (1 800 victimes). En 2008, le cyclone tropical Nargis cause la mort de 80 000 personnes en Birmanie. Certes, les impacts sont plus destructeurs dans l'hémisphère sud. Ce qui fait dire à des organisations comme Greenpeace qu'un véritable *apartheid climatique* est en train de se mettre en place, pendant que les peuples du Sud souffrent de l'inconséquence des gouvernements du Nord, qui ne peuvent s'entendre pour réduire les émissions de gaz à effet de serre (GES). Fait à noter, le Canada renie les engagements (réduire les émissions de 6 %) qu'il avait pris à Kyoto et ne cesse d'augmenter ses émissions (+ 16,5 % depuis la dernière décennie). Lutter contre cette crise environnementale exige en fait une profonde réforme du mode de développement économique et, pour le moment, aucun gouvernement occidental n'a le courage de prendre de front ce problème. Pourtant, l'urgence d'agir apparaît de plus en plus clairement. Selon le rapporteur spécial des Nations unies sur les droits des migrantEs, d'ici 2050, 200 millions de personnes seront des « réfugiéEs climatiques » à cause des catastrophes environnementales qui se multiplient.

La crise économique et financière. En 2008, une grave crise bancaire ébranle la stabilité du système économique mondial. Elle tire son origine des États-Unis avec la crise des *subprimes* (produits financiers dits toxiques élaborés par les grandes institutions financières afin de spéculer sur les dettes immobilières des familles états-uniennes). La bulle finit par éclater et les faillites se multiplient. Peu à peu, la confiance est ébranlée, faisant ainsi plonger les bourses et les banques. Appelés à la rescousse, les États, les banques centrales et d'autres institutions internationales investissent près de 14 000 milliards de dollars pour sauver de la faillite le système financier et certains secteurs dits stratégiques (assurance, automobile). Au bout de quelques mois, les banques renouent avec des profits records. Entretemps, la dette des États atteint des sommes colossales. Ainsi, sous les effets conjugués de la spéculation, de la mondialisation de la finance et des plans de sauvetage gouvernementaux, la crise de la dette privée aux États-Unis s'est transformée en crise financière et bancaire mondiale, puis en crise de la dette publique et en crise sociale. Cette crise de la dette frappe maintenant l'Europe, particulièrement la Grèce, l'Espagne, l'Italie, le Portugal, l'Islande, Chypre et l'Irlande. Pour la première fois, le FMI intervient en Europe pour imposer un plan d'ajustement structurel à la Grèce (avril 2010), ce qui est imité un peu partout avec des plans d'austérité très impopulaires : réduction des dépenses publiques, baisses salariales, gel des embauches, allongement de la durée du travail, réduction des programmes sociaux et hausse des tarifs. En bref, la même médecine que le FMI et la Banque mondiale avaient imposée aux pays du Sud depuis les années 1980. Ces plans suscitent de nombreuses grèves et mouvements sociaux partout en Europe depuis 2010. Aujourd'hui, on assiste à un étrange retournement de la mondialisation. Les délocalisations, l'ouverture des marchés et le libre échange font perdre aux pays du Nord emplois et expertise. De leur côté, les pays émergents ne se contentent pas de développer des secteurs subalternes et se lancent dans la haute technologie et l'industrie des services. Les populations du Nord ne peuvent désormais soutenir leur niveau de vie qu'au moyen du crédit.

La crise sécuritaire. Finalement, on ne peut passer sous silence le climat de surenchère sécuritaire qui hante le monde depuis le 11 septembre 2001, avec les États-Unis et leurs alliés qui se sont lancés dans une coûteuse guerre mondiale, qui ne cesse de s'éterniser. Pour nombre d'analystes, il y a là une stratégie visant à remédier au déclin économique annoncé. En effet, la guerre permet à la fois de stimuler l'économie nationale avec les commandes (à crédit) passées auprès des entreprises liées au complexe militaro-industriel, tout en permettant de s'approprier par la force des ressources énergétiques stratégiques et de se créer des marchés contrôlés (la reconstruction des pays conquis). Or, cette stratégie ne peut-être que de courte durée ; elle devient intenable lorsque les conflits s'éternisent. Les États-Unis en ont fait récemment l'expérience en Irak. Cette guerre, qui a duré plus de sept ans, a coûté plus de 3 000 milliards de dollars et d'innombrables victimes du côté des États-Uniens, sans compter les victimes irakiennes. Si le conflit a permis de renverser Saddam Hussein, il laisse un pays ravagé, au bord de la guerre civile et où règne la violence. Dans ce pays, qui est le troisième producteur de pétrole du monde, les coupures de courant sont quotidiennes. Près de 30 % de la population est au chômage et le conflit a fait plus de trois millions de réfugiéEs. En Afghanistan, où la coalition internationale menée par les États-Uniens occupe le pays depuis 2001, la situation n'est guère plus reluisante. Les pays partenaires se retirent progressivement et on semble s'orienter vers un scénario à l'irakienne.

En dépit du désastreux bilan de ces conflits, la surenchère sécuritaire ne semble pas s'estomper. Les dépenses militaires mondiales ont augmenté de 50 % depuis 2000. En 2011, les dépenses militaires mondiales se sont chiffrées à 1 740 milliards de dollars. En tête de liste des pays militarisés, on retrouve les États-Unis, la Chine, la France et même le Canada (augmentation des dépenses militaires de 49 % depuis 2000). Selon le secrétaire général des Nations unies, on dépense deux fois plus d'argent chaque jour dans le monde pour acheter des armes que l'ONU n'en dépense chaque année pour ses missions de maintien de la paix, pour la protection des droits de la personne et pour la croissance économique. La question du développement doit aussi se poser en ces termes : quelles sont nos priorités et dans quels secteurs souhaitons-nous mobiliser nos ressources ?

La recomposition du monde

Les chimères entourant l'avènement de la mondialisation se sont aujourd'hui dissipées. Nous ne vivons pas dans un monde unifié. Certes, l'antagonisme entre l'Est et l'Ouest s'est estompé, mais il a laissé place à l'émergence de plusieurs puissances qui se disputent aujourd'hui le contrôle du monde. Notons plusieurs manifestations de cette évolution.

L'émergence de l'organisation BRICS ou BRICA. Plusieurs puissances régionales contestent la domination occidentale, dont les pays qu'on retrouve sous l'acronyme anglais BRICS (Brésil, Russie, Inde, Chine et Afrique du Sud) ou ABRIC et BRICA en français. Les quatre premiers pays représentent à eux seuls 42 % de la population mondiale et 15 % du Produit mondial brut (PMB) et sont maintenant les moteurs de la croissance économique mondiale. Selon le FMI, d'ici dix ans, les plus grandes économies du monde devraient être, dans l'ordre : la Chine, les États-Unis, l'Inde, le Japon, le Brésil et la Russie. Cela inquiète grandement les pays occidentaux. Dans cette recomposition actuelle du monde, l'Asie occupe une place de choix. En un siècle, le centre géopolitique du monde s'est déplacé de l'Europe vers l'Amérique du Nord (*ère atlantique*), puis de l'Amérique du Nord vers l'Asie (*ère pacifique*). Ce qui semble en fait un retour des choses puisque la Chine et l'Inde ont été jusqu'à la révolution industrielle du XIXe siècle les économies les plus puissantes de la planète. Aujourd'hui, le BRICA et plusieurs autres États du Sud entendent renforcer leurs liens directs, dans une forme nouvelle de coopération Sud-Sud (la Chine est devenue le premier partenaire commercial du Brésil). Ces pays envisagent de se libérer de l'emprise du dollar états-unien et même des institutions comme le FMI et la Banque mondiale pour créer leurs propres organisations de financement. Ils demandent également davantage de pouvoir dans les institutions comme le FMI, la Banque mondiale, le G20 et le Conseil de sécurité de l'ONU.

Illustration I
Dirigeantes du BRICA

Dilma Rousseff (Brésil), Vladimir Poutine (Russie), Manmohan Singh (Inde), Hu Jintao (Chine populaire) et Jacob Zuma (Afrique du Sud), à New Dehli (Inde), lors du 4e sommet du BRICA, en mars 2012.

© Roberto Stuckert Filho

La faillite de l'Europe. Rien ne va plus sur le Vieux Continent qui s'enfonce dans une crise de la dette publique, notamment les pays du « PIGS », acronyme péjoratif pour le Portugal, l'Irlande, la Grèce et l'Espagne (*Spain* en anglais). Le cas de la Grèce est désormais emblématique. À la suite de la croissance rapide du déficit public et à cause de la corruption endémique, la Grèce n'est plus considérée comme solvable, ce qui menace l'ensemble de la zone euro où, entre 2008 et 2010, la dette cumulée passe de 65 à 85 % du PIB. La Commission européenne impose des programmes d'aide financière conditionnels à l'adoption de plans d'ajustement structurel. Ces mesures fortement impopulaires suscitent de larges mouvements de protestation. Néanmoins, la dette passe de 130 % du PIB (2009) à près de 170 % (2012). Partout en Europe les problèmes s'accumulent. Le chômage frappe 26 millions de personnes (2012), dont plus de 23 % des jeunes. L'Europe redevient un continent d'émigration. L'Espagne, par exemple, a perdu près de 150 000 personnes en 2012. Sachant que ce sont surtout les jeunes, souvent diplôméEs, qui s'expatrient, cet exode des cerveaux n'augure rien de bon pour l'avenir du Vieux Continent.

Le clivage aux Amériques. Depuis le début du XIXᵉ siècle, les États-Unis considéraient avoir des responsabilités particulières à l'égard du continent, ce qui les a entraînés à mener une très longue série d'interventions militaires, notamment en Amérique centrale et dans les Caraïbes, particulièrement à Cuba. Jusqu'à récemment, les Amériques étaient structurées autour de cette puissance hégémonique. Encore dans les années 1990, les États-Unis rêvaient d'imposer au moyen de la Zone de libre-échange des Amériques (ZLEA) une vaste union commerciale. Or, rapidement, l'opposition s'est mobilisée contre ce processus d'intégration asymétrique. Le Sommet des Amériques à Québec, en avril 2001, a été l'un des moments forts de la mobilisation collective. Par la suite, plusieurs gouvernements progressistes d'Amérique latine sont arrivés au pouvoir. Aujourd'hui, dans les Amériques, un nouveau leadership se regroupe autour du Brésil, du Venezuela, de la Bolivie, de l'Équateur et de l'Uruguay, où les gouvernements démocratiques font preuve d'un certain volontarisme en s'appuyant sur les institutions étatiques afin d'infléchir le cours de la mondialisation en faveur de préoccupations plus sociales. À cet égard, le projet le plus combatif est celui de l'Alternative bolivarienne pour les Amériques (ALBA) endossée par le Venezuela, Cuba et plusieurs autres pays. Elle propose de substituer au projet néolibéral une intégration régionale des peuples. Parallèlement, mais sur un mode moins radical, émerge le projet de création d'une Union des nations sud-américaines. Devant ces avancées, les États-Unis et le Canada se replient sur des accords de libre-échange avec des États qui leur sont subordonnés tout en accélérant l'intégration au Nord au moyen du projet de « Partenariat pour la sécurité et la prospérité » (PSP). En réalité, la contestation de l'hégémonie renforce l'affirmation de la diversité, et l'Amérique cède la place aux Amériques.

POUR EN SAVOIR PLUS :

Pierre Beaudet, Paul Haslam et Jessica Schafer (dir.), *Introduction au développement international*, Ottawa, Presses de l'Université d'Ottawa, 2008.

Jean Ziegler, *Destruction massive. Géopolitique de la faim*, Paris, Le Seuil, 2011.

Pierre Beaudet

Les enjeux pour le Canada

De bien des façons, le Canada est un pays au parcours atypique. Ancienne colonie et, pourtant, colonisateur, allié indéfectible des États-Unis, disposant en même temps de relations relativement amicales avec tous les pays du monde, le Canada occupe une place politique et économique particulière dans le monde et joue un rôle relativement important dans le développement international.

À l'origine

Au tournant du XVIIIᵉ siècle, l'Empire britannique consolide son pouvoir en matant la rébellion des patriotes (1837-1838) et en subjuguant les populations autochtones et métisses de l'Ouest. En 1867, la colonie devient un État (un « Dominion ») tout en restant très liée à l'Empire britannique. Dans ces années, le Canada est une terre d'immigration pour des centaines de milliers d'EuropéenNEs qui fuient les crises et les guerres. Après la grande dépression des années 1930 et la Deuxième Guerre mondiale (1939-1945), l'État canadien s'autonomise du Royaume-Uni et adopte les politiques keynésiennes pour relancer l'économie, ce qui permet une amélioration de la vie des gens et provoquent de grandes réformes dans les domaines de la santé, de l'éducation, du travail, etc. Sous le nom de la Révolution tranquille, un processus similaire a lieu au Québec au cours des années 1960.

Une puissance secondaire

Dans les années 1950-1960, sur le plan international, le Canada s'affiche comme un solide allié des États-Unis, lesquels cherchent à consolider leur domination mondiale. Il participe à la fondation des Nations unies (1948), puis s'investit dans l'OTAN (1949), dont le mandat est de gérer la « Guerre froide » avec l'Union soviétique. En raison de son insertion particulière, le Canada joue un rôle d'«intermédiaire» entre les États-Unis et le reste du monde, surtout lors de crises majeures. Des «Casques bleus» canadiens sont déployés sous le drapeau de l'ONU pour pacifier les conflits, ce qui donne au Canada une réputation de pays pacifiste. Cette image est cependant ternie par le fait que, lors d'affrontements entre les peuples du tiers-monde et l'impérialisme états-unien (Viêt-nam, Palestine, Afrique australe, Amérique centrale, etc.), Ottawa appuie Washington en tant que fournisseur d'armes et allié diplomatique. En réalité, le rapprochement avec les États-Unis découle d'une intégration de l'économie canadienne au grand marché états-unien, où le Canada est un exportateur important de ressources naturelles et, en même temps, une terre d'accueil pour les grandes entreprises états-uniennes, qui investissent dans le secteur manufacturier. Les élites économiques canadiennes y trouvent leur compte en développant un puissant secteur financier et en devenant des joueurs importants en Amérique latine et dans les Caraïbes.

Le Canada acteur du développement international

Le Canada met sur pied un programme de coopération internationale en créant en 1968 l'Agence canadienne de développement international (ACDI). Cette intervention répond aux impératifs économiques et géopolitiques de l'État fédéral en s'orientant vers des régions où les intérêts canadiens sont importants. Cependant, sous l'impulsion de son président, Paul Gérin-Lajoie, le programme d'aide au développement s'autonomise en cherchant à offrir à des pays du tiers-monde (principalement en Afrique) une aide à la reconstruction économique et sociale. Le Canada devient avec les pays scandinaves et quelques autres nations un « champion » de la coopération internationale en promettant de consacrer 0,7 % de son revenu national brut à la cause (une revendication des pays du tiers-monde). Au même moment, les premières ONG apparaissent, mobilisant des jeunes qui veulent « aider » le tiers-monde et donc qui partent en coopération essentiellement dans le domaine de l'enseignement et de la santé. Ce côté positif de la politique canadienne fait en sorte que la réputation du Canada est rehaussée, ce qui facilite indirectement la présence canadienne dans le monde, de même que l'attractivité du Canada comme terre d'accueil pour de jeunes, diplômées ou non, qui veulent y immigrer.

De la mondialisation à la reconquête du monde

AU TOURNANT DES ANNÉES 1980, les États-Unis et leurs alliés-subalternes du G7 (le groupe des sept pays les plus riches du monde) restructurent leurs priorités tant sur le plan interne que sur le plan externe. L'Union soviétique n'est plus dans le paysage (elle a implosé en 1991). Les révolutions populaires qui ont déstabilisé les Occidentaux sont à bout de souffle (Viêtnam, Iran, Mozambique, Nicaragua, etc.). Sous le parapluie des politiques d'ajustement structurel et de la libéralisation des marchés s'esquisse alors un vaste programme pour réorganiser le monde en fonction du capitalisme mondialisé. Avec les États-Unis et le Mexique, le Canada signe un accord de libre-échange (l'ALÉNA). Plus tard, Washington et Ottawa tentent d'élargir cet accord à l'ensemble des Amériques. Simultanément, les pays riches essaient d'imposer l'ouverture des économies du tiers-monde au moyen de l'Organisation mondiale du commerce (OMC), qui est un peu l'extension à l'échelle mondiale du « modèle » de type ALÉNA.

Les politiques keynésiennes sont peu à peu abandonnées au profit de l'approche néolibérale, ce qui marque le début du mouvement descendant fragilisant les classes moyennes et populaires en même temps qu'on assiste à la montée en richesse du 1 % de la population. Le gouvernement (libéral) de l'époque sabre les budgets destinés à l'éducation, à la santé et à l'assurance-emploi. À côté de ces projets, les États-Unis prennent l'offensive sur le plan militaire. L'Irak est envahi une première fois (1991) par une vaste coalition armée commandée par les États-Unis. D'autres pays sont soumis à des opérations militaires de grande envergure de l'OTAN, notamment l'ex-Yougoslavie. Le Canada est partie prenante de ce virage militariste.

La perspective néolibérale se transpose sur le plan du développement international. L'ACDI perd près de 30 % de ses ressources. La politique d'aide au développement s'aligne par ailleurs sur les programmes d'ajustement structurel de la Banque mondiale. Le Canada insiste sur le rétablissement de la « stabilité macro-économique », ce qui, en langage clair, veut dire la réduction des budgets destinés aux services sociaux et à l'éducation, au profit du remboursement de la dette. Des pays africains comme le Zimbabwe et le Niger sont très durement touchés.

L'éveil de la solidarité

CE TOURNANT marque le début de la fin d'un certain consensus social. S'exprime alors le mécontentement de la population et des mouvements sociaux, qui se joignent à ce qui apparaît comme une nouvelle dynamique de mobilisation internationale. Au départ, quelques jeunes tissent des liens avec de petits collectifs critiques en Europe et aux États-Unis et éveillent l'opinion sur des processus de négociation des traités qui sont négociés secrètement par les gouvernements. En mai 1998, l'« Opération Salami » organisée par des militantEs communautaires permet la neutralisation à Montréal d'une rencontre officielle où est discuté l'« Accord multilatéral sur l'investissement » (AMI). L'année suivante, des manifestantEs (dont plusieurs du Québec) se regroupent à Seattle pour « accueillir » les représentants des États à la conférence de l'OMC. La Marche mondiale des femmes (2000) occupe une place importante dans un ensemble d'initiatives donnant corps à cette évolution. Des ONG, des mouvements sociaux, des syndicats et des groupes de femmes travaillent ensemble, élaborent des stratégies et réclament des changements. Ce vaste mouvement devient visible à Québec en avril 2001 lorsque 60 000 personnes, en provenance des quatre coins des Amériques, se réunissent en un Sommet des peuples pour faire contrepoids au Sommet des Amériques où est discuté le projet de la Zone de libre-échange des Amériques (ZLÉA).

Cette relance de la mobilisation sociale se poursuit avec le Forum social mondial (FSM), une initiative brésilienne qui devient bientôt internationale, et dont le but est de permettre aux mouvements sociaux et aux ONG d'échanger leurs expériences et d'envisager des solutions de remplacement, donc de passer de l'« antimondialisation » à l'« altermondialisation ». Plusieurs centaines de QuébécoisEs participent au FSM, qui a organisé plusieurs rendez-vous à Porto Alegre (Brésil), à Mumbai (Inde), à Bamako (Mali), à Caracas (Venezuela), à Dakar (Sénégal). Plus tard, le processus a été importé au Québec avec la tenue d'un Forum social québécois regroupant plusieurs milliers de participantEs.

Le virage

Au tournant du millénaire se produit une grande bifurcation. L'offensive états-unienne est relancée après les évènements du 11 septembre 2001. C'est le début de la « guerre sans fin ». Massivement, la population au Canada, particulièrement au Québec, descend dans la rue pour s'opposer à la guerre, ce qui empêche l'État fédéral d'appuyer ouvertement l'agression planifiée par les États-Unis contre l'Irak. Néanmoins, le Canada participe à la guerre en envoyant des navires dans la région du golfe Persique. Plus encore, il envoie plusieurs milliers de soldats canadiens en Afghanistan pour

---

Encadré 7
Non à la ZLEA! D'autres Amériques sont possibles!

Nous vivons dans des Amériques marquées par des inégalités intolérables et d'injustifiables asymétries politiques et économiques :

- une population de 800 millions de personnes, dont près de 500 millions vivent en Amérique latine et dans la pauvreté;
- une dette inacceptable de 792 milliards de dollars US due au Nord, dont 123 milliards en paiement pour le service de la dette pour la seule année 1999;
- une concentration des capitaux, des technologies et des brevets au Nord; et
- 80 % du poids économique détenu par les États-Unis et le Canada à eux seuls.

... Les accords de libre-échange aggravent les inégalités entre riches et pauvres, entre hommes et femmes, entre pays du Nord et pays du Sud; ils détruisent les liens écologiques entre l'espèce humaine et l'environnement. [...] Ces accords orientent l'économie vers l'exportation au détriment des besoins des communautés locales. [...] Nous voulons que soit assurée la primauté des droits humains et des droits collectifs, tels qu'ils sont définis dans les instruments internationaux, sur les accords commerciaux. [...] Nous voulons bâtir des ponts entre les peuples des Amériques, nous nourrir du pluralisme de nos histoires et de nos cultures, nous renforcer mutuellement dans l'exercice d'une démocratie représentative et participative. [...] Nous voulons des États promoteurs du bien commun, capables d'intervenir activement pour assurer le respect de tous les droits humains, y compris, pour les femmes, le droit à une maternité librement consentie; [...] pour assurer la production et la distribution de la richesse.

Extraits de la *Déclaration du Deuxième Sommet des peuples des Amériques*, 19 avril 2001, < http://cbcsq.qc.net/sites/1676/options/opt-21/p113.pdf >.

---

participer à l'occupation de ce pays. Simultanément, l'armée canadienne se déploie en Haïti avec celles des États-Unis et de la France pour obliger le président élu, Jean-Bertrand Aristide, de quitter le pays.

Dans une large mesure, ces différentes opérations militaires se font au nom de l'humanitarisme, pour sauver des vies et protéger les gens des régimes dictatoriaux. Peu sont dupes, car les puissances pratiquent la politique du « deux poids, deux mesures ». Certaines dictatures, qui violent les droits sont « acceptables », parce que leurs politiques convergent avec celles des États-Unis. D'autres ne le sont pas, non parce qu'elles violent les droits de la personne, mais parce qu'elles s'opposent aux objectifs états-uniens.

En 2006, l'évolution militariste s'accentue au Canada avec l'élection d'un gouvernement conservateur. Pour le nouveau premier ministre, Stephen Harper, le Canada se doit d'intervenir dans la « guerre sans fin » déclenchée par les États-Unis, à la fois pour sécuriser le pays contre d'éventuelles attaques terroristes et pour défendre le « monde libre ». Ces politiques se traduisent par une formidable croissance du budget de l'armée. Fait à noter cependant, la courbe ascendante des dépenses militaires a commencé à l'époque des gouvernements du Parti libéral du Canada.

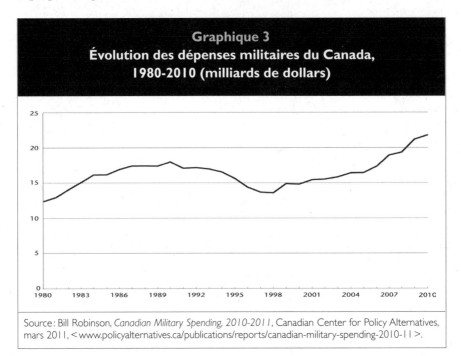

Graphique 3
Évolution des dépenses militaires du Canada, 1980-2010 (milliards de dollars)

Source : Bill Robinson, *Canadian Military Spending, 2010-2011*, Canadian Center for Policy Alternatives, mars 2011, < www.policyalternatives.ca/publications/reports/canadian-military-spending-2010-11 >.

Le déclin de l'aide au développement

En 2011, avec la réélection des conservateurs (cette fois en tant que gouvernement majoritaire), le tournant militariste s'accentue. En outre, l'État fédéral procède à une restructuration en profondeur de son programme de développement international. En termes budgétaires, le gouvernement envisage d'amputer l'enveloppe consacrée à l'aide au développement de 816 millions de dollars d'ici 2015. Par rapport aux plus importants donateurs (membres de l'OCDE), le Canada se range au 14e rang (sur 24), bien en dessous de la moyenne (0,5 % du revenu moyen brut) et extrêmement loin du niveau requis par les pays du tiers-monde et par l'ONU (0,7 %).

Tableau 3 De moins en moins… L'aide au développement du Canada		
Année	En milliards de dollars	En pourcentage du revenu national
1976	–	0,60
1991	3,1	0,50
1995	2,6	0,36
2000	2,5	0,25
2010	5,3	0,34
2012	5,0	0,32
Source : Compilation de Pierre Beaudet sur la base des rapports annuels de l'ACDI.		

Plusieurs des pays plus pauvres, particulièrement en Afrique, qui étaient les principaux bénéficiaires de l'aide canadienne (notamment le Burkina Faso, le Niger, le Rwanda, le Cameroun, le Bénin) sont délaissés au profit de partenaires commerciaux importants dans les Amériques (Colombie, Pérou) et en Asie (Indonésie, Viêt-nam) parce qu'en substance, la coopération devient ouvertement et totalement subordonnée aux priorités commerciales.

On note également qu'une grande partie des ressources de l'ACDI sont consacrées à l'Afghanistan, où l'aide devient partie prenante de la stratégie militaire, ce qui fait de l'ACDI et de certaines ONG des sortes de supplétifs de l'armée. Par ailleurs, les ONG, qui avaient été des partenaires de l'aide canadienne pendant de nombreuses années, sont contraintes de s'aligner sur les priorités politiques du gouvernement canadien. En ce qui concerne les organismes connus pour leurs prises de position politiques critiques à l'égard du gouvernement, les subventions sont carrément éliminées comme dans les cas d'Alternatives au Québec et de Kairos au Canada anglais.

Cette évolution négative du programme d'aide au développement canadien aboutit, au début de 2013, à l'intégration de l'ACDI dans le ministère des Affaires extérieures et du Commerce international (MAECI). Bien que le gouvernement affirme que le mandat de l'ACDI n'est pas modifié, plusieurs observateurs estiment que la lutte contre la pauvreté, qui était au cœur de la mission de l'ACDI, est amoindrie au profit d'une approche pri-

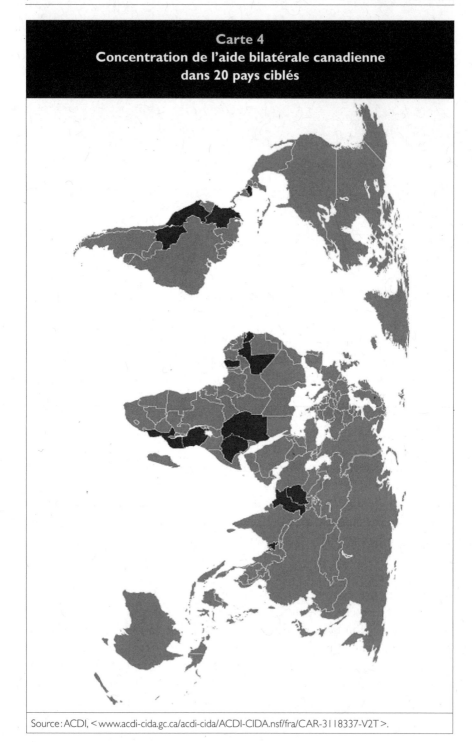

Carte 4
Concentration de l'aide bilatérale canadienne dans 20 pays ciblés

Source : ACDI, < www.acdi-cida.gc.ca/acdi-cida/ACDI-CIDA.nsf/fra/CAR-3118337-V2T >.

Encadré 8
Dérapage dans l'aide internationale
Le CISO, la FTQ, la CSN et la CSQ interpellent
le gouvernement Harper

Dans son dernier budget, [le gouvernement Harper] annonçait des coupures à l'ACDI de 319 millions de dollars pour les trois prochaines années, soit 8 % de son budget actuel ! [...] Les nouvelles politiques de l'ACDI sont de plus en plus marquées par les impératifs de la politique étrangère et commerciale du Canada et cherchent à associer de plus en plus le secteur privé – en particulier les entreprises minières canadiennes – au développement international.

Cette nouvelle façon de faire pousse l'ACDI dans des liaisons dangereuses lorsqu'on connaît le bilan désastreux de certaines entreprises canadiennes en matière de respect des droits humains et de l'environnement. [...]

Une telle vision du développement s'éloigne définitivement de celle fondée sur la coopération, la solidarité et la reconnaissance du droit et des droits (individuels et collectifs), valeurs que partage l'ensemble des syndicats québécois.

Déclaration conjointe de la CSN, de la FTQ, de la CSQ et du Centre international de solidarité ouvrière (CISO), 13 novembre 2012, < http://2009.jqsi.qc.ca/spip. php?page=article-psactualites&id_article=1341&lang=fr >.

---

vilégiant directement et explicitement les intérêts économiques et politiques de l'État canadien.

Un nouveau positionnement pour le Canada

EN S'ALIGNANT sur la « guerre sans fin », dont le centre de gravité est le Moyen-Orient, le gouvernement canadien s'adapte à une nouvelle réalité. Dans cette région, les États-Unis sont soucieux de sécuriser leur domination, mais sur le terrain, cet objectif s'avère périlleux. Les occupations de l'Irak et de l'Afghanistan sont mises à mal par la résistance des populations. Plus tard, le « printemps arabe » renverse des régimes soutenus par Washington (comme celui de Moubarak en Égypte). Des dictatures amies des États-Unis et du Canada sont menacées, l'Arabie saoudite par exemple. Dans le cas de la colonisation de la Palestine, le gel du processus de paix par Israël est également appuyé par les puissances, ce qui discrédite ces pays aux yeux des populations. Devant ces situations, la politique du gouvernement est à contre-courant des impératifs du droit et de la démocratie. Ensuite, Ottawa perd la face lorsque sa candidature comme membre du Conseil de sécurité des Nations unies est rejetée par les États membres. C'est la première fois de l'histoire de l'ONU! Depuis, le gouvernement canadien a été isolé à plusieurs reprises à cause de son appui outrancier à l'État israélien, y compris lorsque ce dernier commet des crimes contre les droits de la personne et est condamné par la grande majorité des États membres de l'ONU. Lors de l'Assemblée générale de l'ONU de l'automne 2012, alors que la Palestine a été reconnue comme « État associé », le Canada s'est retrouvé totalement isolé (avec les États-Unis et une poignée d'États clients de Washington), en votant contre 99 % des États dans le monde.

Dans plusieurs pays africains et latino-américains, la politique du Canada est suspecte parce qu'elle semble être inconditionnellement tournée vers des accords de libre-échange au profit de l'expansion des intérêts canadiens dans ces pays, notamment dans le secteur des mines, ce qui suscite controverses et conflits au sujet du respect des droits de la personne et de la protection de l'environnement. Enfin, sur le plan économique, la situation privilégiée du Canada comme premier partenaire commercial des États-Unis a été fragilisée par la crise financière qui éclate à Wall Street et se répand dans le monde en 2008. Les déficits accumulés par le gouvernement états-unien, le ralentissement général de l'économie et l'appauvrissement de millions de gens font en sorte que ce marché traditionnel des exportations canadiennes est en contraction.

Pendant ce temps, les rapports du Canada avec certains grands pays « émergents » comme la Chine ou le Brésil ne connaissent pas d'essor. Pour le Brésil, le géant de l'Amérique du Sud, le gouvernement canadien aurait une influence négative, puisqu'il appuie ou fomente des coups d'État contre des régimes démocratiques (Honduras, Paraguay) tout en consolidant ses relations militaires avec la Colombie, le principal allié des États-Unis dans l'hémisphère.

L'immigration dans l'étau

Pour terminer cette radioscopie de la politique canadienne, il importe de souligner les changements survenus dans le domaine de l'immigration, un domaine où l'interaction entre le Canada et le reste du monde reste très importante. Sous l'impact du virage de 2001, l'État fédéral aligne ses politiques d'immigration sur celles des États-Unis, notamment en ce qui concerne l'aspect de la sécurité des frontières et du contrôle des immigrantEs. Les dispositifs de contrôle se resserrent, ce qui fait que, par exemple, le Canada n'accepte plus de gens réclamant le statut de réfugiéEs en provenance des États-Unis, d'où le déclin important du nombre de réfugiéEs. La politique actuelle privilégie les travailleurs et les travailleuses migrantEs avec des contrats à forfait (comme dans le cas des ouvriers et des ouvrières agricolEs en provenance du Mexique), parce que ce système s'avère plus rentable (à court terme) par rapport à l'ancien modèle reposant sur des immigrantEs entrant au Canada avec un droit de résidence. Les migrantEs forfaitaires sont extrêmement vulnérables n'ayant pratiquement aucun recours contre leurs employeurs ; ces migrantEs doivent quitter le Canada à intervalle régulier.

Un autre aspect du virage des politiques d'immigration est le contrôle

---

Encadré 9
L'impact des dispositions antiterroristes

La « British Columbia Civil Liberties Association », le « Canadian Council on American-Islamic Relations », l'Association canadienne des libertés civiles, la Coalition pour la surveillance internationale des libertés civiles, l'Association canadienne des professeures et professeurs d'université et la Ligue des droits et libertés s'unissent pour s'opposer à la réintroduction dans le Code criminel du Canada de dispositions controversées en matière de sécurité. Toutes les associations sont unanimes à reconnaître que les pouvoirs actuels d'application de la loi permettent déjà aux organes de sécurité de poursuivre, d'enquêter, d'interrompre et de traduire en justice, avec succès, des crimes reliés au terrorisme. [...] Le projet de loi S-7, connu aussi comme « la Loi sur la lutte contre le terrorisme », permettrait de détenir des personnes jusqu'à trois jours sans accusation (« arrestation à titre préventif ») ; de priver des individus des droits fondamentaux de l'accusé, dans une procédure criminelle, de connaître et de pouvoir contester les preuves retenues contre lui ; de les menacer de sanctions pénales ; et de contraindre des individus à témoigner en secret devant un juge lors d'une « audience d'investigation ». De plus, le juge peut imposer une peine d'emprisonnement pouvant aller jusqu'à 12 mois si l'individu ne souscrit pas à un engagement assorti de conditions.

Les groupes de défense des libertés civiles et des droits de la personne
contre le Projet de loi S-7 (Loi sur la lutte contre le terrorisme), 28 novembre 2012,
< http://liguedesdroits.ca/wp-content/fichiers/avis_aux_medias_2012-11-28.pdf>.

---

et la répression des personnes soupçonnées d'être liées à des organisations dites terroristes. La nouvelle législation permet des détentions sans procès ou à domicile, ainsi que des processus judiciaires particuliers, pour lesquels les avocats n'ont pas accès à la preuve et sont donc incapables de défendre les victimes. À ces dispositifs s'ajoutent ceux qui renforcent des législations liberticides, ce qui inquiètent les organismes de défense des droits.

Encadré 10
L'altermondialisation,
une mondialisation fondée sur la justice sociale

La justice sociale est l'ensemble des principes qui guident la répartition équitable des ressources, des services, des richesses, des droits et des devoirs au sein d'une collectivité ou même dans le monde. Elle est la situation concrète qui résulte de l'application de ces principes. Elle résulte par conséquent d'un choix politique collectivement assumé de la dignité humaine, des droits humains et de la justice comme clefs de la répartition de la richesse entre les membres d'une société. Dans la justice sociale, les notions de justice et d'équité sont étroitement associées. L'équité affirme qu'il faut juger et traiter de manière égale des situations identiques, mais accorder des droits spécifiques aux groupes sociaux dont la situation est jugée désavantageuse. Les organisations de la société civile forment un monde pluraliste, diversifié. Elles ne travaillent pas toutes de la même manière à la réalisation de la justice sociale, mais leurs actions se complètent; et toutes en font un pilier de leur action. Elles promeuvent la justice climatique, un élément de la justice écologique. Les pays les plus pauvres ne peuvent pas porter le même fardeau de réparation de l'environnement que les pays riches.

AQOCI, *Faisons les comptes,* novembre 2012

Une société civile qui s'internationalise

Devant cette évolution contestée du gouvernement canadien, des secteurs croissants de la société civile s'investissent sur leurs propres bases dans la coopération et la solidarité internationale. Les réseaux de solidarité, qui avaient été construits par les ONG, se décentralisent et s'enracinent sur le plan local ou sectoriel, en partie parce que les ONG sont affaiblies par les coupes budgétaires imposées par l'ACDI, en partie parce que les réseaux associatifs et les mouvements populaires ont développé leurs propres mécanismes de liaison et d'action. C'est notable dans le domaine syndical, féministe, communautaire, coopératif, étudiant, paysan, où prolifèrent des initiatives en tout genre. Dans le cadre du Forum social mondial par exemple, la participation des organisations québécoises est remarquable ce qui donne au Québec la réputation d'une société solidaire et ouverte.

POUR EN SAVOIR PLUS :

Pierre Beaudet, *Qui aide qui ? Une brève histoire de la solidarité internationale au Québec,* Montréal, Boréal, 2008.

La question canadienne, Nouveaux Cahiers du socialisme, n° 9, hiver-printemps 2013.

SUR LA TOILE :

Les sites Internet de l'AQOCI (< www.aqoci.qc.ca/ >) et du Conseil canadien pour la coopération internationale (< www.ccic.ca/ccic/ccic_f.php >) contiennent un grand nombre de documents sur la politique extérieure et l'aide au développement du Canada.

La revue *Études internationales* publiée par l'Université Laval, < www.hei.ulaval.ca/publications/revue_etudes_internationales/ >.

Les analyses et les documents de la Chaire Raoul-Dandurand en études stratégiques et diplomatiques (< www.dandurand.uqam.ca/>) et du Centre interdisciplinaire de recherche en développement international et société (< www.cirdis.uqam.ca/>), à l'UQAM.

Deuxième partie
les peuples se prennent en main

Raphaël Canet

L'altermondialisme

ON A COUTUME DE DIRE *que nous vivons aujourd'hui à l'ère de la mondialisation. Mais de quelle mondialisation parle-t-on au juste? Les avis divergent sur la question. Depuis trente ans, la grande majorité des pays de la planète ont entrepris la construction d'un marché mondial en nouant des accords économiques de libre-échange permettant de faire circuler librement au-delà de leurs frontières capitaux, services et marchandises. Cette mondialisation de l'économie a cependant suscité des réactions sociales et stimulé l'émergence d'un projet concurrent : l'altermondialisme.*

La guerre des mots

DANS LES DÉCOMBRES DU MUR DE BERLIN, Francis Fukuyama lisait la fin du grand conflit idéologique qui a marqué le XXe siècle. Le triomphe du libéralisme sur le socialisme incarnait la victoire d'une vision du monde sur l'autre. Par la suite, cette idéologie s'épanouirait au fur et à mesure que le marché étendrait son emprise sur l'ensemble de la planète. Il n'en demeure pas moins que le néolibéralisme ne constitue qu'une interprétation de la réalité et de son devenir. Cela suppose que peuvent se développer des interprétations concurrentes, donc des manières différentes de concevoir le monde actuel et son avenir. Ce n'est donc pas tant la fin de l'Histoire qu'annonçait la fin de la guerre froide, mais son recommencement. L'aube du XXIe siècle inaugure en effet de nouveaux antagonismes, au premier chef un conflit concernant les interprétations du monde.

La mondialisation heureuse ou l'horreur économique?

LA FIN DE LA GUERRE FROIDE (1989-1991), puis la création de l'Organisation mondiale du commerce (1994) ont consacré le triomphe de la démocratie libérale et de son corollaire, le capitalisme, sur le socialisme incarné par l'Union soviétique. Pour les plus ardents défenseurs du modèle socioéconomique capitaliste s'est alors ouverte l'ère de la *mondialisation heureuse*. Le monde entier pouvait désormais se développer à la façon états-unienne et permettre à l'humanité de jouir du plaisir de la consommation. En stimulant la production et l'innovation, le libre marché pourrait combler les besoins de base, libérer les désirs et éloigner le spectre de la pauvreté et de la guerre.

Or, force est de constater que la prophétie ne s'est pas réalisée. Alors qu'elle devait apporter la prospérité pour touTEs, la mondialisation néolibérale, essentiellement centrée sur ses dimensions économiques, a failli à sa tâche. Bon nombre de pays, qui ont suivi à la lettre les recommandations du Consensus de Washington en adoptant toutes les politiques macroéconomiques censées stimuler la croissance, ont été livrés en pâture aux spéculations du capitalisme financiarisé, pourtant entré dans un cycle de crises successives. De 1994 à 2001, le Mexique, la Thaïlande, la Corée, l'Indonésie, la Malaisie, les Philippines, la Russie, le Brésil, la Turquie et l'Argentine ont subi de graves crises financières. Depuis le début des années 1990, plus de 80 pays, dont 55 en Afrique subsaharienne et en Europe de l'Est, ont vu leur revenu par personne diminuer et, aujourd'hui, près de la moitié de la population mondiale vit avec moins de deux dollars par jour. La mondialisation heureuse semble avoir laissé la place à l'*horreur économique*.

La logique du TINA (*there is no alternative*)

MALGRÉ LES RATÉS PERCEPTIBLES dans plusieurs pays périphériques de la mondialisation néolibérale naissante, les élites politiques et économiques ne dérogent pas de leur feuille de route. Selon leur point de vue, lorsque des crises surgissent, ce n'est pas parce que le modèle n'est pas bon, mais bien parce qu'il a été soit mal appliqué (du fait de l'incompétence ou de la corruption des élites locales), soit trop partiellement mis en œuvre. Il faut donc aller encore plus loin dans l'imposition de réformes structurelles. En fait, dans cette vision des choses, nous n'aurions pas d'autre choix que de mettre en œuvre les principes du Consensus de Washington. Pour reprendre la formule martelée par Margaret Thatcher lors de sa première campagne électorale, *there is no alternative* (TINA). Nous n'aurions pas d'autre choix que de réduire la dette, d'ouvrir nos économies et de libéraliser les échanges. Nous n'aurions pas d'autre choix que de flexibiliser le marché du travail, d'opérer des coupes dans les dépenses publiques et de privatiser les entreprises d'État. Cette logique du TINA offre bien peu de place aux débats démocratiques pour construire collectivement un projet de société. Tout est déjà tracé, décidé, par des impératifs et des intérêts extérieurs aux gens des sociétés concernées (le pouvoir des marchés, le poids de la dette, la concurrence internationale, l'impératif de compétitivité…). Le règne des expertEs en économie semble l'emporter sur la démocratie.

Sortir de la pensée unique

C'EST AFIN DE LUTTER contre ce modèle hégémonique, cette pensée unique néolibérale que les mouvements sociaux contestataires se sont mobilisés, en premier dans les pays en développement. Dès le début des années 1980, les réformes néolibérales s'imposent de manière très brutale dans les pays du Sud, déstructurant des systèmes sociaux déjà fragiles. En Jamaïque, le PAS appliqué de 1981 à 1985 conduit à réduire de 40 % les dépenses en éducation, et de 33 % celles en santé. En Bolivie, les dépenses de santé chutent de 72 % entre 1980 et 1982, et les salaires réels chutent de 75 % entre 1980 et 1984. Au Brésil, le PAS de 1983, imposant notamment de limiter les subventions agricoles, entraîne un recul de 13 % de la production vivrière et le gouvernement en vient à estimer, en 1985, que les deux tiers de la population de ce pays souffrent de la faim. Devant de telles situations, les peuples se soulèvent, protestent, manifestent. Le scénario se répète aux Philippines, en Zambie, au Kenya, au Sénégal, en Côte d'Ivoire, en Haïti…

Ces événements ont été peu documentés et, surtout, le lien entre toutes ces révoltes a été assez peu établi. Au Nord, on ne se souciait pas vraiment de toutes ces crises, les rapports Nord-Sud étaient souvent occultés par les relations Est-Ouest et l'attention se concentrait surtout sur les tentatives de réformes menées par Gorbatchev en URSS. Ce n'est qu'à la fin des années 1990 que des groupes de la société civile commencent à se mobiliser dans les pays développés pour remettre en question le modèle néolibéral dominant. Nous pensons notamment à la lutte contre l'Accord multilatéral sur les investissements (AMI) en 1998. Ce traité commercial, qui visait à consacrer mondialement le droit des investisseurs contre les pouvoirs publics et les populations qu'ils représentent, était négocié en catimini depuis 1995 au sein de l'Organisation de coopération et de développement économique (OCDE). En 1998, il a publiquement été dénoncé par des organisations de la société civile états-unienne et canadienne avec l'appui du périodique français *Le Monde diplomatique*, ce qui a conduit au blocage des négociations, puis au retrait du projet. Commence alors à se propager l'idée qu'il fallait sortir de la pensée unique. Pour construire un monde différent, il faut commencer par penser différemment.

Un autre monde est possible !

Pour sortir de la pensée unique, il fallait briser la logique du TINA, il fallait prendre conscience qu'*un autre monde est possible*. Tel a été le slogan rassembleur de la mouvance altermondialiste, qui a émergé au tournant du siècle afin de redonner l'espoir à ceux qui ne se résignent pas à vivre dans le monde tel qu'il est. Derrière le slogan *Un autre monde est possible !* se dessine une nouvelle utopie pour une « mondialisation solidaire, qui respecte les droits universels de l'homme, ceux de tous les citoyens et citoyennes de toutes les nations, et l'environnement, soutenue par des systèmes et institutions internationaux démocratiques au service de la justice sociale, de l'égalité et de la souveraineté des peuples » (art. 4 de la Charte du FSM).

Cette nouvelle utopie dynamise les mouvements qui s'en réclament. Cependant, considérant que la mondialisation économique est le produit de plus de trente ans d'hégémonie idéologique et politique du néolibéralisme, dont le Forum économique mondial de Davos s'est fait le relais, le défi que doit relever la mouvance altermondialiste est immense. Véritable travail de Sisyphe, cette élaboration de solutions de rechange se situe, par ailleurs, dans un contexte idéologique et géopolitique caractérisé par le naufrage des utopies socialistes, dont la chute du Mur de Berlin constitue le symbole le plus éclatant. L'espoir retrouvé imposait donc d'être créatif et obligeait d'innover.

L'antimondialisation contestataire : la dynamique d'opposition

À la mondialisation de l'économie et du capital financier a répondu la mondialisation de la résistance des peuples, laquelle a connu différentes formes. Cela débute par une attitude défensive et d'opposition affichée dès la fin des années 1990 lors des contre-sommets et d'autres manifestations tenues en marge des grands rassemblements officiels des organisations internationales à caractère économique (Organisation mondiale du commerce, Fonds monétaire international, Banque mondiale, G8).

L'étincelle zapatiste. Les peuples se sont opposés au néolibéralisme dès qu'ils ont pris conscience de ses conséquences sociales et, finalement, des incidences directes sur leur vie quotidienne. L'insurrection zapatiste au Mexique, le 1ᵉʳ janvier 1994, a causé le premier émoi, d'autant plus surprenant qu'il provenait d'une région du monde où on l'attendait le moins. En choisissant symboliquement le jour de l'entrée en vigueur de l'ALÉNA, des Autochtones du Sud-Est mexicain ont pris les armes pour dénoncer le libre-échange et la « barbarie techno-marchande » qui mettaient en péril leurs communautés. Pour la première fois, le néolibéralisme était directement dénoncé, une pensée critique synthétique se développait, un besoin de se rassembler prenait forme.

Dans le but de faciliter l'émergence d'une compréhension commune des conséquences sociales du néolibéralisme mondialisé et d'articuler les actions de résistance au-delà des espaces nationaux, sont nées les grandes rencontres internationales altermondialistes. La première a été celle de la Rencontre intercontinentale pour l'humanité et contre le néolibéralisme (Première rencontre intergalactique), organisée par les zapatistes au Mexique durant l'été de 1996. Il faut voir dans cette première rencontre un réveil à la fois des conceptions et des pratiques internationalistes dans le champ des luttes sociales. Commence alors à se tisser une alliance entre le Nord et le Sud dans le dessein de construire un monde émancipé du néolibéralisme.

Encadré 11
« La mondialisation se heurte à l'obstinée désobéissance de la réalité »

Le néolibéralisme tente de soumettre des millions d'êtres et veut se défaire de tous ceux qui seraient *de trop*. Mais ces *jetables* se révoltent. Femmes, enfants, vieillards, jeunes, indigènes, écologistes, homosexuels, lesbiennes, séropositifs, travailleurs, et tous ceux qui dérangent l'ordre nouveau, qui s'organisent et qui luttent.

Sous-commandant Marcos
– Armée zapatiste,
Le Monde diplomatique, août 1997.

La bataille de Seattle. L'autre événement marquant de la période, véritable onde de choc pour les élites politiques et financières, qui n'avaient jusqu'à présent prêté que très peu d'attention aux mobilisations, a été ce que nous

Illustration 2
Bataille à Seattle

ANDRÉ BENJAMIN — WOODY HARRELSON — MARTIN HENDERSON — RAY LIOTTA — MICHELLE RODRIGUEZ — CHANNING TATUM — CHARLIZE THERON

BATAILLE À SEATTLE

CONFÉRENCE DE L'ORGANISATION MONDIALE DU COMMERCE.
5 JOURS QUI ÉBRANLÈRENT LE MONDE.

Un film de Stuart Townsend, produit en 2007, avec Martin Henderson, Michelle Rodríguez, Charlize Theron, Woody Harrelson, Ray Liotta, Ivana Milicevic, Rade Serbedzija, Channing Tatum, André Benjamin.

appelons désormais la Bataille de Seattle. Il s'agit de grandes manifestations tenues pendant la tenue de la conférence de l'Organisation mondiale du commerce (OMC) dans l'État de Washington, aux États-Unis, en novembre 1999. C'est à cette occasion que le terme *antimondialisation* est apparu dans les grands médias, en particulier les médias économiques, pour disqualifier ces formes nouvelles de mobilisations sociales et politiques.

Sur plusieurs plans, cette étape a été importante. Elle a permis une convergence inédite de différentes organisations de la société civile états-unienne, notamment les grands syndicats de l'automobile et les environnementalistes, permettant ainsi de dépasser des clivages internes traditionnels souvent démobilisateurs. Seattle a aussi été un laboratoire d'expérimentations de nouvelles pratiques d'action collective (grands déploiements de rue, actions théâtrales, stratégie médiatique, mise en scène, guerre d'images, articulation des actions de l'intérieur et de l'extérieur…). Enfin, cette bataille a été l'occasion pour les organisations de la société civile du Nord, qui étaient spécialisées dans les questions relatives au commerce international et aux échanges inégaux, d'agir auprès des gouvernements des pays du Sud afin de leur faire comprendre que leurs intérêts n'étaient pas toujours garantis dans ce genre d'accord, bien au contraire. Ce lent travail d'information et de conscientisation portera ses fruits en menant au blocage des négociations du cycle de Doha, à la suite des conférences de l'OMC tenue à Cancún (2003) et à Hong Kong (2005).

Les Sommets des peuples des Amériques. Une autre illustration emblématique de cette alliance Nord-Sud, déployée à l'échelle des Amériques cette fois-ci, a été la campagne contre la Zone de libre-échange des Amériques (ZLÉA) et la création de l'Alliance sociale continentale (ASC). Le projet de créer une vaste zone de libre-échange, du « Labrador à la Terre de Feu », a été lancé par l'administration Clinton dès 1994 à Miami. Le projet était négocié par étapes, au cours de ce qui était appelé les Sommets des Amériques, réunissant 34 chefs d'État, soit tous les pays du continent, sauf Cuba. Le projet consistait essentiellement en l'élargissement de l'accord économique régissant les relations entre les États-Unis, le Canada et le Mexique (ALÉNA) à l'ensemble des Amériques.

Très vite, les mouvements sociaux des Amériques, du Nord au Sud, se sont organisés pour combattre cet accord. Ils se sont regroupés, dès 1997, dans une large coalition, l'ASC, qui avait pour fonction de permettre l'articulation d'actions communes, de campagnes de mobilisation à l'échelle du continent et, surtout, de faciliter l'organisation de sommets des peuples qui se tiendraient parallèlement à ceux des chefs d'État où se négociaient les termes de l'accord. Le premier Sommet des peuples a été organisé au Chili en 1998, le second à Québec en avril 2001. Le Sommet de Québec a constitué une étape importante dans la consolidation de la mouvance altermondialiste dans l'hémisphère nord. Il a rassemblé près de 60 000 manifestantEs dans une ville transformée en citadelle assiégée. C'est ici que, pour la première fois, des barrières de sécurité ont été employées à grande échelle afin de compartimenter la ville et de faire le vide autour de l'hôtel où se rencontraient les chefs d'État. Cette pratique de ségrégation urbaine deviendra par la suite monnaie courante, incarnant ainsi symboliquement la fracture grandissante entre les élites politiques et les populations qu'elles sont censées représenter.

Gênes contre le G8. Québec 2001 a été l'occasion pour les mouvements sociaux de montrer leur capacité de mobilisation et, surtout, d'exprimer à la face du monde que la mondialisation néolibérale et ses projets économiques libre-échangistes ne faisaient consensus ni au Nord, ni au Sud. En somme, depuis 1996, nous assistons à l'émergence d'une sorte d'Internationale de la contestation qui profitait de chaque réunion au sommet des instances de la mondialisation néolibérale (OMC, FMI, Banque mondiale, ZLÉA, G8, Davos…) pour témoigner sa dissidence sous la forme de manifestations de rue sans cesse plus importantes. La plus massive de toutes a été la manifestation contre le G8 à Gênes, en Italie, en juillet 2001. Près de 300 000 personnes ont pris part aux différentes actions pour dénoncer la division du monde entre une poignée de pays, qui s'arrogent le droit de dominer les autres, et les peuples du monde entier. Gênes a été l'apogée des mobilisations visant à entraver la marche inexorable pour imposer un marché mondial libéralisé. Gênes a aussi été le premier endroit où un manifestant altermondialiste du Nord est mort : Carlo Giuliani est tombé sous les balles de la police italienne.

Gênes a ainsi terminé un cycle, celui des mobilisations de masse au Nord, là où se concentrent les centres de pouvoir, en solidarité avec des mouvements du Sud, pour bâtir ensemble un monde différent. Ces vastes mobilisations ont permis une certaine inflexion de la mondialisation. Dès lors, il n'est plus possible de négocier des accords commerciaux et financiers en catimini, plus possible d'imposer des accords de libre-échange sans des débats publics. L'esprit critique s'est développé et on demande des comptes. Or, devant cette bouffée d'espoir et d'expression citoyenne, le pouvoir ébranlé a fait le choix de la répression. Québec et Gênes en sont de tristes illustrations. On a assisté à une débauche de violence de la part des forces de l'ordre. Les gouvernements ont choisi la ligne dure au détriment du dialogue et de l'ouverture.

L'altermondialisme créatif : une dynamique de proposition

CE VASTE MOUVEMENT de résistance des peuples a progressivement évolué d'une position défensive d'opposition vers une position plus offensive de proposition, notamment dans le cadre du Forum social mondial (FSM), dont la première édition a été tenue à Porto Alegre (Brésil), en janvier 2001. Les deux courants critiques de la mondialisation néolibérale ne s'opposent pas l'un à l'autre. Ils constituent deux types d'action à la fois différents et complémentaires. En fait, la création des forums sociaux répond surtout à une nécessité : permettre aux altermondialistes de se rassembler et d'échanger dans une ambiance sereine, dans un espace qui leur est propre et dans un contexte autre que celui de la tension et de l'affrontement avec les forces de l'ordre. Il importe donc à présent de se pencher sur l'histoire des forums sociaux.

L'innovation du Forum social mondial (FSM)

LE FORUM SOCIAL MONDIAL a tout d'abord été pensé et mis sur pied en opposition au modèle du Forum économique mondial. Par le nom, la date et le lieu, il s'agissait de construire l'antimodèle de Davos. Le FSM s'est rapidement imposé en devenant un lieu sur le plan mondial qui permet aux acteurs et actrices du changement social, que ce soit des organisations

Le Forum social mondial, du 26 au 30 mars 2013, à Tunis, en Tunisie.

(associations, ONG, collectifs, syndicats, groupes de toutes natures) ou de simples individus conscientisés (chercheurEs, activistes et simples citoyenNEs), de se rassembler pour échanger, partager des expériences, créer des alliances, promouvoir des causes et des campagnes de sensibilisation, et surtout prendre conscience que la volonté de changer le monde est bien réelle et que des centaines de milliers de personnes à travers le monde y œuvrent déjà.

Le FSM est un espace ouvert et participatif où chacun est le bienvenu s'il partage les valeurs énoncées dans la Charte de principes du FSM élaborée en 2001. Cette Charte s'articule autour de quatre grands principes : le rejet du néolibéralisme, la lutte contre l'impérialisme, une vision positive de la diversité des groupes et des aspirations, une conception horizontale des rapports de pouvoirs. Ces principes constituent un socle de valeurs communes permettant de rassembler, dans une vision partagée du monde et de son avenir, une large diversité de groupes, de mouvements et d'individus.

Le FSM n'est pas qu'une organisation, c'est aussi un processus en expansion qui vise à intégrer la diversité des revendications émergentes aux quatre coins du globe dans le dessein de construire un monde juste, solidaire et durable. Cela exige à la fois de mondialiser le FSM et de l'enraciner, en stimulant l'organisation de forums sociaux régionaux, nationaux et locaux.

Mondialisation et enracinement du FSM. Le Brésil a été l'incubateur du FSM. Les trois premières éditions y ont été tenues, ce qui a permis une maturation de la formule garante de son succès (de 20 000 participantEs en 2001 à plus de 100 000 en 2003). Toutefois, pour que le FSM puisse devenir le lieu de rencontre annuelle de toutes les composantes de la mouvance alter-mondialiste mondiale, il devenait nécessaire de quitter son berceau brésilien. En 2004, le FSM est organisé en Inde puis il revient au Brésil l'année suivante pour rassembler plus de 150 000 personnes. Ensuite, le FSM se déplace au Venezuela, au Mali et au Pakistan, puis c'est au tour du Kenya (2007), de l'Amazonie (2009), du Sénégal (2011) et de la Tunisie (2013). Le FSM constitue la vitrine la plus connue de la mouvance altermondialiste, mais il existe désormais des forums sociaux continentaux, nationaux et locaux. Des centaines de forums sociaux ont lieu chaque année dans toutes les parties du monde. La logique de la mondialisation enracinée des forums sociaux est de rallier toujours davantage de participantEs, de groupes et de mouvements sociaux.

Les IndignéEs et le renouveau de la contestation sociale. La crise économique et financière de 2008 s'est étendue et s'est transformée en une crise sociale profonde qui s'est propagée aux quatre coins du monde. Cela a relancé un cycle de contestation sociale qui, depuis 2011, semble annoncer un nouveau printemps des peuples.

Le printemps arabe. 2011 a été l'année de l'indignation et de la révolte. Tout a commencé en Tunisie, à la fin de décembre 2010, avec l'immolation volontaire de Mohamed Bouazizi. Le jeune homme est devenu le symbole de toute une génération sacrifiée, étouffée, bafouée et condamnée à l'exclusion sociale, peu importe ses compétences ou ses diplômes, pour la seule raison de ne pas faire partie du sérail. Le Printemps arabe est né. Un vent de révolte a ébranlé les autocraties de la région, emportant quelques dictateurs (Ben Ali en Tunisie, Moubarak en Égypte, Kadhafi en Libye), déstabilisant des régimes (Yémen, Jordanie, Bahreïn, Koweït) et poussant de nombreux autres à concéder des réformes (Maroc, Algérie, Oman, Arabie Saoudite). Le processus est toujours vivant au moment d'écrire ces lignes, notamment en Syrie. Les images des peuples arabes et berbères déstabilisant leurs oligarchies ont fait le tour du monde et abreuvé les médias occidentaux. Au point où certainEs, au Nord, ont commencé à se dire que, si ces peuples sont capables dans le monde arabe de renverser des dictatures établies par la force des armes, alors pourquoi ne pourrions-nous pas renverser dans nos pays la dictature des banques et des marchés financiers ? Le Printemps arabe a ainsi précipité l'été européen, puis l'automne nord-américain.

L'été européen. Les IndignéEs entrent en scène en Espagne, à la suite de l'appel du 15 mai 2011, lancé via Internet et les réseaux sociaux par l'organisation *Democracia Real Ya!* L'Espagne se trouve alors en campagne électorale municipale (le vote est prévu le 22 mai), et le pays subit de sévères mesures d'austérité. Le terrain est donc propice au débat de fond sur les limites de la démocratie dans ce pays fortement touché par la crise économique, soumis aux marchés financiers, mais aussi où la jeunesse est frappée de plein fouet par le chômage (plus de 50 % des jeunes sont au chômage). À la suite d'une manifestation de plusieurs dizaines de milliers de personnes, organisée à Madrid le 15 mai, les IndignéEs décident d'occuper l'espace public et s'installent sur la place Puerta del Sol. S'inspirant ainsi des occupations spontanées des places publiques dans le monde arabe, dont le symbole demeure la place Tahrir, au Caire, en Égypte, les IndignéEs montrent leur détermination à rejeter des élites dirigeantes qui ont, à leurs yeux, perdu toute légitimité et, surtout, à être les artisanEs du changement. L'initiative fait des émules et le mouvement se répand en Europe (Portugal, France, Grèce, Grande-Bretagne, Italie, Belgique, etc.) et au-delà (notamment en Israël, puis en Amérique du Nord). La dimension planétaire de ce mouvement de contestation se concrétise le 15 octobre 2011, lors de la journée mondiale des IndignéEs, qui a donné lieu à des manifestations dans plus de 1 500 villes de près de 100 pays, où résonnaient des slogans comme « Unis pour un changement global », « Un autre monde est possible » et, à l'égard de la classe politique, « Vous ne nous représentez plus ».

L'automne nord-américain. Le mouvement des IndignéEs s'est étendu en Amérique du Nord, à partir des États-Unis, à partir de l'initiative Occupy Wall Street. S'inspirant des mobilisations européennes, des manifestantEs occupent, à partir du 17 septembre 2011, le Zuccotti Park à New York, proche de

**Illustration 4
Occupons Montréal**

la bourse. Le mouvement a pour cible le pouvoir de la bourse et des banques. Il se revendique explicitement des révoltes arabes et entend s'attaquer « au 1 % des personnes les plus riches qui dictent les lois d'une économie mondiale injuste qui hypothèque notre avenir à touTES ». Le mouvement, né à New York, s'est ensuite propagé à plus de 100 villes aux États-Unis et au Canada, dont Vancouver, Toronto, Ottawa et Montréal. À Montréal, le mouvement

Occupons Montréal s'est installé au Square Victoria, en plein quartier financier, durant plusieurs semaines. Même après avoir été délogé par les autorités municipales, le mouvement n'en poursuit pas moins ses activités : il
publie un journal, *Journal 99 %*, tient des assemblées populaires et appelle
à des mobilisations en lien avec d'autres luttes sociales, notamment la grève
étudiante du Printemps érable.

POUR EN SAVOIR PLUS :

Pierre Beaudet, Raphaël Canet et Marie-Josée Massicotte (dir.), *L'altermondialisme. Forums sociaux, résistance et nouvelle culture politique*, Montréal,
Écosociété, 2010.

Gustave Massiah, *Une stratégie altermondialiste*, Paris, La Découverte, 2011.

Alternatives Sud, État des résistances dans le Sud 2012. Amérique latine, Paris,
CETRI et Syllepse, 2012, < www.cetri.be/spip.php?rubrique135&lang=
fr >.

SUR LA TOILE :

Alternatives, < www.alternatives.ca >.

Mémoire des luttes, < www.medelu.org/ >.

Alternatives économiques, < www.alternatives-economiques.fr/ >.

Pierre Beaudet

Lutter contre la pauvreté au Brésil?

LE BRÉSIL EST LE « GÉANT » de l'Amérique latine en raison de son territoire, de sa démographie (près de 200 millions d'habitantEs) et de son importance économique et géopolitique. C'est aussi un immense « laboratoire » où l'on retrouve tous les enjeux de la planète. Scandaleusement riche, ce pays abrite une population dont une grande partie vit dans la misère. Selon l'ONU, le Brésil est le pays le plus inégalitaire au monde! Pourtant, le peuple s'entête. En effet, durant des décennies, les fils et les filles d'esclaves se sont organiséEs, souvent dans des conditions d'adversité extrême. Un immense mouvement social a pris forme sous l'impulsion des syndicats, des mouvements paysans et des secteurs progressistes de l'Église. Depuis l'élection à la présidence de la république en 2002 d'un ouvrier, fils de la famine (Luiz Inácio Lula da Silva, dit Lula), les espoirs sont immenses. Les obstacles aussi. Ils proviennent de la difficulté à imposer de réels compromis aux élites et aux institutions du capitalisme mondialisé. Aujourd'hui, les BrésilienNEs se retrouvent entre les « deux Brésils » : celui de l'espoir et celui du statu quo. Lequel de ces deux Brésils va l'emporter?

Riche, mais plein de pauvres

À SAO PAULO, centre financier et industriel du Brésil, on entend bourdonner les hélicoptères privés autour des gratte-ciel luxueux. En bas, 15 millions de personnes essaient de contourner les embouteillages-monstres! Dans les 612 *favelas* (bidonvilles), comme à Paraisopolis, les pauvres ne sont séparés des appartements des riches que par un jet de pierre!

Tableau 4
Le Brésil en bref

Population	190 millions
Superficie	8,5 millions de km^2 (cinquième plus grand pays du monde)
Grands centres urbains	São Paulo, Rio de Janeiro, Brasília (capitale), Recife, Belo Horizonte, Porto Alegre
Revenu par personne	8 500 dollars (2010)
Le Brésil selon l'IDH	0,813 (75e position)
Principales langues parlées	Portugais, guarani et 170 langues autochtones
Principales exportations	Produits alimentaires, miniers et industriels
Statut politique	République fédérale composée de 26 États
Présidence	Dilma Rousseff (élue en 2011)
Principaux partis politiques	Parti des travailleurs (centre gauche, PT), Parti social-démocrate brésilien (centre droit, PSDB), Parti du mouvement démocratique brésilien (centre, PMDB), Parti du socialisme et de la liberté (gauche, PSL)
Principaux mouvements sociaux	Mouvement des travailleurs sans terre (MST), Centrale unique des travailleurs (CUT), Confédération des travailleurs ruraux (CONTAG)

Dans les favelas, l'habitat informel est la norme pour les populations qui ont quitté la misère des campagnes, où les grands propriétaires font encore la loi. Bien que la constitution reconnaisse le « droit au logement », les municipalités ne peuvent pas assurer les services essentiels. Les bidonvilles sont érigés sur des terrains à risques (pentes escarpées, terres marécageuses, etc.), ce qui favorise les catastrophes dites « naturelles » (glissements de terrain, inondations, etc.).

Dans les régions rurales, la pauvreté est intense. Dans l'immense *Nordeste*, 40 % des gens (50 millions d'habitantEs) vivent dans la misère. On meurt jeune (vingt ans de moins que la moyenne nationale). Plusieurs enfants ne vont pas à l'école. En même temps, cette région est le paradis des grands propriétaires terriens (1 % de la population possède 44 % des terres). Fait à noter : sur les millions de BrésilienNEs qui vivent dans l'« extrême pauvreté » (deux dollars et moins par jour), plus de 70 % sont des NoirEs.

Illustration 5
Les deux Brésils

© Tuca Viera

Exclusion et pouvoir

L'HISTOIRE DE CE PAYS est celle de l'exclusion de la majorité par une petite élite prédatrice. Au début, les colonisateurs portugais ont fait une chasse génocidaire des Autochtones. Plus tard, un terrible système esclavagiste a forcé la venue au pays de millions d'AfricainEs au moyen de la traite (le Brésil a été l'un des derniers pays dans le monde à supprimer l'esclavage en 1888). Par la suite, en dépit de l'indépendance, la violence institutionnelle a perduré. En 1964, après le bref intervalle d'un gouvernement démocratique, les militaires se sont emparés du pouvoir avec leurs sinistres « escadrons de la mort ». Ce n'est finalement qu'en 1985 que la démocratie a commencé à éclore.

Encore aujourd'hui, dans les campagnes, de grands propriétaires font la « loi et l'ordre ». En réalité, des milliers de paysanNEs vivent une forme « moderne » d'esclavage au moyen de « contrats de travail » dont on ne se libère jamais. Les mouvements paysans sont confrontés à des milices qui agissent en toute impunité, souvent avec la complicité des forces policières. La Commission pastorale de la terre (un organisme de l'Église catholique) estime que 1 566 paysanNEs ont été assassinéEs depuis vingt ans, surtout en Amazonie où la lutte pour la terre a une grande importance.

Dans les favelas, l'exclusion se fait autrement. Zones de non-droit, elles sont parfois contrôlées par des groupes criminels, qui agissent pour

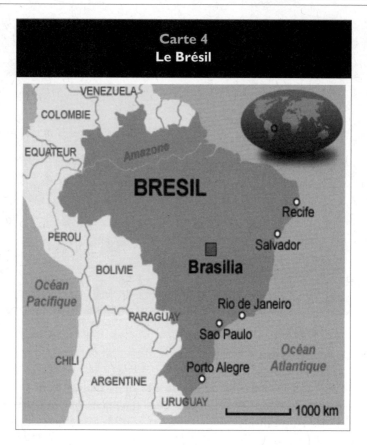

d'importants narcotrafiquants bénéficiant souvent de la complicité des forces dites de l'« ordre ». Dans les quartiers riches, la police pratique le « nettoyage » social, qui vise les enfants de la rue, les sans-abri et bien d'autres groupes. Récemment, de grands projets, comme les Jeux olympiques de 2016, ont conduit à l'expulsion de milliers de personnes de leurs logements.

Une démocratie inachevée

MALGRÉ LE DROIT de vote effectif depuis 1989, le système politique reste perverti. Les « scandales » liés au paiement illicite de politicienNEs ou à l'octroi de lucratifs contrats sont courants. La vie politique est également atrophiée du fait que plusieurs partis sont de simples « boutiques » liées à des caciques locaux. La corruption est très présente, même parmi les grandes formations politiques comme le PSDB (centre droit) et le PT (centre gauche) dont le chef historique, Lula, a été élu président de la République en 2002.

Encadré 12
Inégalités

Quarante-six pour cent de la population disposent de moins de la moitié du salaire minimum (250 dollars par mois). Quelques 137 000 BrésilienNEs sont millionnaires. À l'échelle mondiale, le pays est parmi les pays les plus inégalitaires du monde.

Dans ce système, la culture dominante s'impose par un discours discriminateur contre les pauvres, les NoirEs, les Autochtones et les femmes. La hiérarchie de l'Église catholique a longtemps été le ciment de cette idéologie, jusqu'à ce que des secteurs progressistes entrent en dissidence, comme le regretté évêque de Recife, Dom Hélder Câmara. Aujourd'hui, les Églises évangéliques ont pris le relais. Elles expliquent aux pauvres qu'ils sont coupables de leur sort et qu'ils peuvent alléger leur souffrance par la soumission plutôt que par la lutte émancipatrice. Des empires médiatiques comme *Globo* banalisent la polarisation sociale, criminalisent les mouvements sociaux et répètent à satiété qu'il est plus important de rembourser la dette que de construire des écoles et de soigner les gens.

L'émergence d'une nouvelle force

En apparence, le Brésil semble enfoncé dans la pauvreté. Mais l'histoire n'est jamais achevée. Un « autre » Brésil, qui résiste aujourd'hui, poursuit la bataille contre l'injustice.

La longue marche des mouvements sociaux. Au tournant des années 1980, la dictature militaire en place depuis les années 1960 réprime tout ce qui bouge. Toutefois, un nouveau mouvement syndical émerge dans les quartiers industriels, notamment à São Paulo où est créée la Centrale unique des travailleurs (CUT). Tout en se battant pour la condition ouvrière, ces syndicats réclament la démocratie. Dans les zones rurales, un réseau est mis en place par les secteurs progressistes de l'Église, adeptes de la « théologie de la libération ». Plus tard apparaît le Mouvement des travailleurs ruraux sans terre (MST) qui relance la lutte pour la réforme agraire. Un peu partout se multiplient les organisations populaires qui s'investissent dans les luttes, sachant que les enjeux économiques et sociaux sont avant tout politiques. Des manifestations sont organisées pour exiger des élections « directes ». Finalement, devant la pression populaire, une nouvelle constitution est promulguée en 1988, qui accorde au peuple le droit d'élire ses représentantEs.

Coup de tonnerre dans un ciel bleu. Une nouvelle formation politique, le Parti des travailleurs (PT), est créée à l'initiative de syndicalistes (dont Lula), de militantEs chrétienNEs progressistes et de militantEs des partis de gauche.

Le PT préconise le pluralisme, la non-violence, la participation. Son projet est expérimenté à Porto Alegre, une ville dans le sud du pays, où l'administration du PT promet d'améliorer la vie des couches populaires, mais aussi de « gouverner autrement », au moyen d'un « budget participatif », où des assemblées citoyennes décident comment lutter contre la pauvreté. Finalement, en 2002, Lula remporte les élections présidentielles, un coup de tonnerre dans le ciel bleu! Les élites ont désormais à affronter un ouvrier, enfant de la misère.

Illustration 6
Occupation par le MST de la Fazenda Cedro

© Philippe Revelli

Le 21 juin 2012, des militantEs du Mouvement des travailleurs sans terre (MST) occupent la Fazenda Cedro dont ils réclament l'expropriation.

Le défi. Rapidement, les milieux financiers expriment leur insatisfaction. À la suite d'importantes fuites de capitaux, la monnaie est dévaluée. Le FMI exige que Lula respecte la « stabilité macro-économique », ce qui veut dire protéger les détenteurs de capitaux (en maintenant de hauts taux d'intérêt et en limitant les dépenses du secteur public). Bientôt, la contradiction devient apparente. Qui décide au Brésil? Est-ce le gouvernement mandaté par le peuple? Est-ce les agences de notation comme Moody's qui peuvent en une fraction de seconde « décoter » l'économie brésilienne? En fin de compte, le gouvernement choisit la prudence. Les dépenses publiques sont limitées. La réforme agraire est remise à plus tard. L'économie, en effet, dépend des exportations de produits alimentaires (soja, viande, café, sucre, etc.), qui sont le fait de très puissantes entreprises fermement opposées à la redistribution des terres. Devant l'opacité administrative et la corruption, le gouvernement reste passif. Pire encore, des proches de Lula sont impliqués dans des détournements de fonds, d'où la démission de personnalités historiques du PT comme Chico Whitaker, qui est en désaccord avec la façon de gouverner le pays.

Les hauts et les bas du « grand compromis ». En dépit de leurs déceptions, les mouvements sociaux et la population en général appuient le PT lors des élections subséquentes. Le sentiment est que, malgré les obstacles et les contradictions, il faut continuer. À son crédit, le gouvernement agit dans la lutte contre la pauvreté, grâce à la « *bolsa familia* » (transferts financiers aux familles démunies), permettant à près de 30 millions de personnes de sortir de la misère. Certes, en soi, ces initiatives s'inscrivent dans des approches traditionnelles ciblant des populations « à risque ». Or, du fait de leur ampleur, les programmes de redistribution deviennent la marque de commerce du gouvernement. Par ailleurs, le gouvernement limite les mesures de criminalisation des mouvements sociaux. En même temps, l'État investit dans l'économie « sociale et solidaire », ce qui crée évidemment des emplois, mais cette économie « sociale et solidaire » constitue également des lieux d'organisation et d'éducation populaire inédits.

Dix ans plus tard. En 2010, Dilma Rousseff, cette femme rescapée des centres de torture des militaires, promet de continuer dans la voie tracée par Lula. Sur le plan macro-économique, le Brésil connaît une embellie du fait de la croissance de ses exportations, ce qui lui évite les turbulences qui frappent l'économie capitaliste depuis 2008. Cela comporte un avantage : les rentrées en devises donnent des moyens pour améliorer la vie des gens. Mais cela comporte aussi un désavantage : le Brésil reste dépendant des ressources naturelles, dont les prix varient selon les cours erratiques des marchés. Du côté du mouvement populaire, on s'interroge. Peu de gens veulent le retour au pouvoir des vieux partis de droite (comme le PSDB ou le PFL) et des élites traditionnelles. Plusieurs constatent que les grandes réformes sociales n'ont pas été réalisées. La confrontation de l'actif avec le passif montre l'ambiguïté de la situation.

Le Brésil dans le monde / Le monde dans le Brésil

On a rapidement mis en évidence l'ampleur des défis qu'affronte le Brésil. En dépit de sa puissance et de sa singularité, le Brésil reste inséré dans un tissu dense de rapports économiques, politiques, culturels et environnementaux que l'on peut tout simplement appeler la « mondialisation ».

Le Brésil « émergeant ». Le Brésil prend place parmi les dix économies les plus puissantes du monde. Il est un pays « émergeant » (comme la Chine, la Russie, l'Inde et l'Afrique du Sud, le « BRICA »). L'économie va relativement bien. Les exportations sont en croissance. En plus, ce qui n'est pas négligeable dans notre monde, le Brésil est à la veille de devenir un important exportateur de pétrole. Pour les expertEs, le Brésil est « gagnant ». Sa meilleure santé économique a des retombées sociales, considérant que le gouvernement redistribue une partie de ses revenus aux classes populaires (le pourcentage de pauvres a diminué de 35 % en 2001 à moins de 20 % en 2010).

Le Brésil et l'Amérique latine. Dans les dernières années, l'influence exercée par les grands pays capitalistes a diminué au Brésil, en partie à cause des problèmes rencontrés par ces pays depuis la crise financière de 2008, en partie à cause du surgissement de la Chine et, en partie, à cause d'une volonté de plusieurs États latino-américains de développer un espace de coopération continental. C'est dans ce contexte que le Marché commun du Sud, appelé communément MERCOSUD, est né en 1991 dans le but de favoriser le commerce entre les pays d'Amérique latine. Pour le Brésil, l'idée est de resserrer les liens commerciaux avec les autres pays de la région. Certains pays veulent impulser la coopération dans d'autres domaines comme la santé, l'éducation, les communications sociales et même la finance. À cet égard, le Venezuela et Cuba ont créé l'Alliance bolivarienne pour les Amériques (ALBA). Plus récemment, tous les pays au sud du Río Grande ont mis en place la Communauté des États latino-américains et caribéens. Cependant, ce processus d'intégration ne va pas sans problèmes. Pour certains, en tant que géant de la région, le Brésil veut profiter de sa supériorité pour exploiter les ressources de pays pauvres comme la Bolivie par exemple. Quoi qu'il en soit, cette question de l'intégration sera déterminante. Face aux États-Unis, qui demeurent malgré leur déclin l'hyperpuissance, tous conviennent que l'Amérique latine a avantage à agir de concert, pour éviter notamment les tentatives de déstabilisation, comme on l'a vu ces dernières années en Colombie, au Honduras et ailleurs.

La coopération « par en bas ». Pendant que l'influence brésilienne s'étend, un autre processus de solidarité est en cours. On pense notamment aux secteurs progressistes de l'Église qui travaillent avec des réseaux chrétiens. Il y a aussi les organisations syndicales et d'autres mouvements, d'où a surgi l'idée du Forum social mondial (voir le chapitre sur l'altermondialisme). Depuis longtemps, le mouvement populaire brésilien a expérimenté l'idée de la convergence, qui ne peut pas être un « nivellement », ni ne veut imposer aux différentes composantes populaires une quelconque « ligne juste ». Cette « méthode » brésilienne a par la suite été transmise au reste du monde, notamment par le biais du FSM.

Parmi les points chauds, où la perspective altermondialiste se définit, il y a la lutte pour l'environnement. Une grande partie de l'activité économique au Brésil est organisée autour de l'agrobusiness et des activités extractives, qui surutilisent l'eau, la terre et la forêt.

Illustration 7
Manifestation contre le projet de barrage de Belo Monte

Manifestation autochtone à São Paulo, le 20 août 2011, contre la construction du barrage de Belo Monte.

De cela émerge une proposition écologique populaire, enracinée dans un environnement largement marqué par la pauvreté et la misère, et qui exige de l'État brésilien une autre approche, une autre voie.

Quels lendemains pour le Brésil ?

Aujourd'hui, le Brésil se retrouve à la croisée des chemins. Il peut être un chantier de l'émancipation sociale, un territoire à partir duquel une nouvelle Amérique du Sud va se redéfinir. Il peut aussi s'enliser, tant sont puissantes les forces internes (les élites) et externes (les impérialismes) qui veulent stopper le processus de transformation et faire du Brésil le « bon élève » du capitalisme mondialisé.

Encadré 13
Le Sommet des peuples de Rio + 20

Le Sommet des peuples est le moment symbolique d'un nouveau cycle dans la trajectoire des luttes globales qui produisent de nouvelles convergences entre mouvements de femmes, indigènes, noirs, jeunes, agriculteurs et agricultrices, familles, paysans, travailleurs et travailleuses, peuples et communautés traditionnelles, quilombolas, défenseurs du droit à la ville et religions du monde entier. [...] Les institutions financières multilatérales, les coalitions au service du système financier, comme le G8 et le G20, la majorité des gouvernements ont démontré leur irresponsabilité face au futur de l'humanité et de la planète, et ont fait la promotion des intérêts des transnationales. [...] La défense des espaces publics dans les villes, l'économie coopérative et solidaire, la souveraineté alimentaire, un nouveau paradigme de production, distribution et consommation, le changement de la matrice énergétique, sont des exemples d'alternatives réelles face à l'actuel système agro-urbano-industriel. [...] Les peuples veulent déterminer pour quoi et pour qui sont destinés les biens communs et énergétiques, en plus d'assumer le contrôle populaire et démocratique de sa production fondé sur des énergies renouvelables décentralisées et qui garantissent l'accès à l'énergie pour la population et non pour les entreprises.

Extraits de la *Déclaration finale du Sommet des peuples de Rio +20 pour la Justice sociale et environnementale*, juin 2012, < http://rio20.net/fr/propuestas/declaration-finale-du-sommet-des-peuples-de-rio20 >.

POUR ALLER PLUS LOIN :

SE DOCUMENTER :

Les autres Brésils, un bon site dédié aux mouvements populaires,

Un ouvrage facile d'accès est celui de Laurent Delcourt, *Le Brésil de Lula, un bilan contrasté*, Paris, Syllepse, 2010.

À VOIR :

Lula fils du peuple, un film de Fábio Barreto, 2011, raconte l'itinéraire du président enfant de la misère.

Le monde selon Lula de German Gutierrez, 2007, porte sur le positionnement du Brésil sur l'échiquier international.

Étudier :

À l'UQAM, il y a des cours, des projets de recherche et de coopération impliquant plusieurs professeurEs et étudiantEs du Québec et du Brésil.

Toujours à l'UQAM, l'excellent Centre d'études et de recherches sur le Brésil (CERB) organise conférences et ateliers, < www.unites.uqam.ca/bresil/ >.

Des universités organisent des échanges pour étudier au Brésil. Voir l'Association des universités et collèges du Canada (AUCC), < www.aucc.ca/fr/ >.

Plusieurs universités brésiliennes sont membres de l'Association brésilienne des études canadiennes (ABECAN), <www.abecan.org.br/>.

Coopérer :

Développement et paix, < www.devp.org >, à travers des secteurs progressistes de l'Église, appuie des projets au Brésil.

La CSN, < www.csn.qc.ca >, travaille avec la CUT au Brésil dans le domaine de l'économie sociale.

Le Collège Montmorency organise des stages subventionnés de six mois au Brésil, < www.cmontmorency.qc.ca/index.php?option=com_content&view=article&id=151&Itemid=235 >.

On peut s'adresser aux ONG brésiliennes sur les possibilités de travail et de stages. Voir l'Association brésilienne des ONG, ABONG, < www.abong.org.br/ >.

Le MST ouvre ses portes à des gens qui veulent contribuer. Pour obtenir des informations, on peut écrire à info@mstbrazil.org.

Pierre Beaudet

Inde : le retour des excluEs

Depuis longtemps, l'Inde fascine les gens, entre autres du au fait d'une certaine image « orientaliste » léguée par la période coloniale (1750-1947). Encore aujourd'hui, la perception de beaucoup est celle d'un pays exotique dans lequel on retrouve des maharajas, de la volupté, du mysticisme, mais aussi de la misère, de la famine, du désespoir. Or, depuis peu, ce pays-continent semble bouger. Ce changement entraîne le pays dans de grands affrontements sociaux, politiques et environnementaux, qui mobilisent les populations contre des « développeurs » sans scrupule. Sur le plan économique, il y a aussi une Inde qui « brille » et qui « émerge ». De ce fait, les Indiens, surtout les Indiennes, s'organisent, résistent, explorent de nouveaux chemins dans la direction de ce que Gandhi avait indiqué, le « swaraj », un mot-concept qu'on ne peut vraiment traduire, mais qui, approximativement, signifie « compter sur soi-même ».

Un sous-continent meurtri

Il y a 3 000 ans, une Inde agricole apparaît le long des riches plaines arrosées par les eaux de l'Himalaya. Puis, les populations ont été subjuguées par des régimes autoritaires, d'où l'origine du système des castes (*varnas*), qui subdivisent la société indienne en groupes inamovibles dans lesquels les gens naissent et meurent dans leur caste.

Au tournant du XVIIIᵉ siècle, l'expansion coloniale britannique subjugue l'Inde et commet pillages et prédations. En 1857, une grande rébellion est écrasée dans le sang (des centaines de milliers de morts). C'est néanmoins le début de la fin pour les Anglais. Fondé en 1885, le Congrès national indien

Tableau 5
L'Inde en bref

Population	1,17 milliard
Superficie	2 973 190 km^2
Grands centres urbains	Delhi (capitale), Mumbai, Kolkata, Chennai, Hyderabad
Revenu par personne	1 219 dollars (2010); 75 % de la population survit avec deux dollars par jour.
L'Inde selon l'IDH	0,5 (119e position)
Principales langues parlées	Hindi (langue nationale), 14 langues officielles ainsi que l'anglais (parlé par les couches éduquées).
Principales exportations	Textiles, pierres précieuses, services informatiques
Statut politique	République fédérale composée de 28 États et sept territoires fédéraux.
Chef de l'État (premier ministre)	Manmohan Singh (élu en 2004 et réélu en 2009).
Principaux partis politiques	Congrès national indien (centre), Bharatiya Janata Party (droite), Bahujan Samaj Party (centre-gauche), Parti communiste d'Inde (marxiste) (gauche).
Principaux mouvements sociaux	Narmada Bachao Andolan (mouvement contre les barrages), CITU (Centre of Indian Trade Unions, une centrale syndicale), All India Democratic Women's Association, Bharat Gyan Vigyan Samiti (mouvement d'éducation populaire), Naydanya (mouvement écologiste).

ou Parti du Congrès commence la lutte. En 1915, Mohandas Karamchand Gandhi lance un grand mouvement de désobéissance civile pacifique. Le régime colonial s'accroche au pouvoir en utilisant la violence, mais après la Deuxième Guerre mondiale, la digue ne tient plus. Avant de partir, le pouvoir colonial encourage l'élite musulmane à créer un nouveau pays, qui devient le Pakistan-Bangladesh. L'indépendance est obtenue en 1947, mais la par-

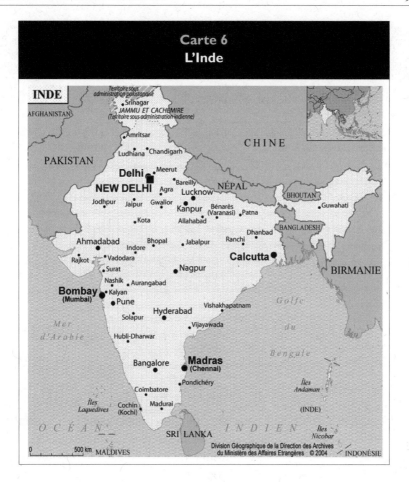

tition du « Joyau de l'Empire » débouche sur une guerre dévastatrice qui divise le sous-continent durablement, jusqu'à aujourd'hui.

De la conquête à l'indépendance

AU TOURNANT DU XVIIIE SIÈCLE, l'expansion coloniale britannique subjugue l'Inde et commet pillages et prédations. En 1857, une grande rébellion est écrasée dans le sang (des centaines de milliers de morts). C'est néanmoins le début de la fin pour les Anglais. Fondé en 1885, le Congrès national indien ou Parti du Congrès commence la lutte. En 1915, Mohandas Karamchand Gandhi lance un grand mouvement de désobéissance civile pacifique. Le régime colonial s'accroche au pouvoir en utilisant la violence, mais après la Deuxième Guerre mondiale, la digue ne tient plus.

Encadré 14
Une société divisée

Dominant la pyramide sociale, la caste des *brahmanes*, gestionnaires du langage et de la religion, en bas, la caste des *shoûdra* ou *sudra*, c'est-à-dire les serviteurs, qui étaient essentiellement des manœuvres, et, entre les deux, les *kshatriya* (rois, nobles, seigneurs, chefs de guerre) et les *vaishya* (artisans, commerçants, hommes d'affaires, agriculteurs et bergers), ce qui correspond aux réalités anciennes. En dehors des castes, il y a les damnéEs de la terre, les exploitéEs des exploitéEs, que l'on désigne de différentes façons : « autres classes arriérées », « intouchables », « *harijans* » (« enfants de Dieu » – les intouchables que Ghandi voulait réhabiliter) et, plus récemment, « *dalits* », ce qui signifie simplement « oppriméEs ». Encore aujourd'hui, à peine discrètement, les *brahmanes* continuent à dominer et les *shoûdra* à peiner. Les *dalits*, en majorité, vivent dans une condition infrahumaine.

À la recherche d'une troisième voie

Dans les années 1950, l'Inde indépendante essaie de développer une « troisième voie » entre les États-Unis et l'URSS, entre le capitalisme et le socialisme. On rêve alors de constituer un bloc des pays que l'on commence à appeler le « tiers-monde », d'où la Conférence de Bandoeng (1955) qui lance un appel pour un nouvel équilibre entre le Nord et le Sud et exige un effort mondial pour éradiquer la pauvreté. Les pays riches refusent d'entendre le message et relancent la Guerre froide en Asie du Sud. Le Pakistan est surarmé par les États-Unis pour nuire à l'Inde neutraliste. Les conflits entre les deux pays prennent une tournure meurtrière.

Au même moment, les conflits internes s'aggravent en Inde. Les paysanNEs et les *dalits* s'impatientent devant l'absence de réformes, notamment en ce qui concerne la redistribution des terres. Coincée par le système de castes, la nouvelle élite se consacre à l'industrialisation et à l'urbanisation, délaissant le monde rural. Au tournant des années 1970, ce sont le système et le Congrès national indien, qui étaient le socle du pouvoir, qui sont minés. Des insurrections éclatent dans différentes régions et des mouvements de gauche investissent l'échiquier politique. Par exemple, le Parti communiste d'Inde (marxiste) remporte les élections au Bengale, un des États les plus importants de la fédération et le berceau de la lutte pour l'indépendance.

Quelle transition ?

À partir des années 1980, l'Inde traverse plusieurs crises. L'aggravation des tensions fait le lit d'un mouvement de la droite extrême, nationaliste hindouiste, le Bharatiya Janata Party (BJP), qui gagne les élections. Des pogroms sont organisés contre des musulmans et des *dalits*. Le gouvernement essaie de détourner l'attention du public au profit d'un conflit avec le Pakistan. Or, en 2004, le Congrès revient au pouvoir avec l'idée d'abandonner le *swaraj* et de favoriser l'intégration de l'Inde dans le marché capitaliste mondial. Les investissements étrangers affluent. Le secteur public est affaibli au bénéfice des entreprises indiennes et étrangères, qui profitent d'une main-d'œuvre abondante et surtout bon marché.

Depuis dix ans, ce virage se traduit dans de hauts taux de croissance (le PIB augmente de 8 % par année en moyenne). Des zones sont développées par l'afflux de capitaux multinationaux qui y délocalisent leurs activités pour profiter des milliers d'ingénieurs, d'informaticiens et de techniciens hautement compétents.

Pendant que des centres urbains comme Mumbai et Bangalore (la « Silicon Valley » indienne) prospèrent, le monde rural, où les structures archaïques continuent de prévaloir, est délaissé. La majorité de la population continue de vivre sous le seuil de la pauvreté. Jamais les clivages internes n'ont été si dramatiques.

Encadré 15
Le maheur des paysanNEs

La petite paysannerie a été doublement malmenée par la vague de réformes. D'une part, par l'État qui a retiré ses aides et démantelé les structures d'appui. Avant la crise de 1991, les engrais chimiques, l'irrigation, les crédits à la production, l'électricité rurale, étaient encore largement subventionnés. D'autre part, par la libéralisation des échanges agricoles qui l'a marginalisée encore davantage. Aujourd'hui, la production vivrière est en chute libre, la sécurité alimentaire n'est plus assurée, et les conditions paysannes sont au plus bas. Appauvris et endettés, les paysans en sont réduits à céder leur terre ou leurs bras aux plus offrants [...] dans le but de créer une agriculture tournée vers l'exportation.

Aurélie Leroy, *Les paradoxes de la modernité indienne*, CETRI,
< www.cetri.be/spip.php?article2306 >.

Illustration 8
Labour d'un champ

© Sam Panthaky / AFP

11 juillet 2012. PaysanNEs labourant un champ près du village de Nani Kisol, État de Maharashtra, pour y semer des graines de coton.

Une démocratie sous surveillance

LA DÉMOCRATIE PARLEMENTAIRE postindépendance est malmenée par cette évolution. Le gouvernement et le Parti du Congrès sont transformés à l'image des élites « détachées » du peuple, manipulés par des forces occultes. Le déclin du parlementarisme s'accompagne d'une montée en flèche de la corruption, facilitée par la culture de l'impunité et l'affaiblissement des règlementations qui font partie des politiques néolibérales. Les projets dits de « développement » déplacent les pauvres et concentrent les ressources vers des secteurs et des régions où l'Inde « qui brille » est concentrée.

L'autre Inde

OR, LOIN D'ÊTRE PASSIVE et enfoncée dans le désespoir, l'Inde est un terrain fertile pour les mouvements sociaux. En effet, depuis longtemps des traditions d'auto-organisation sont bien établies et les luttes de ces mouvements se poursuivent sans relâche.

Les oppriméEs des opprimées. Aujourd'hui, les *dalits* demeurent les oppriméEs des opprimées. Ils sont plus de 200 millions et constituent la majorité des IndienNEs qui souffrent de la faim. Héritée des régimes précoloniaux, cette condition inhumaine hante l'Inde contemporaine. Certes, la discrimination légale a été supprimée et le gouvernement réserve aux *dalits* des postes dans la fonction publique, ce qui ne les empêche pas d'être encore dans le bas de l'échelle sociale. Dans le passé, les *dalits* ont participé aux grandes luttes sociales. À l'époque de la lutte de libération nationale, leur leader, Bhimrao Ramji Ambedkar, était l'Indien le plus populaire après Gandhi avec qui il avait des désaccords quant à la question des castes, qu'il voyait comme une « deuxième prison » enclavant le peuple indien. Depuis quelques années, les *dalits* ont affirmé leur force à travers différents mouvements sociaux et politiques, obligeant entre autres, en 1989, le gouvernement à condamner les atrocités commises contre les intouchables et les basses castes. En 2007, le *dalit* Kumari Mayawati a été élu premier ministre de l'État le plus populeux de l'Inde (Uttar Pradesh) pour le Bahujan Samaj Party (Parti de la société majoritaire), une formation socialiste et populiste. On retrouve plusieurs *dalits* dans différents mouvements populaires, à la ville comme à la campagne. Ces hors-castes sont également très actifs culturellement (théâtre de rue, poésie, musique), où ils expriment le désespoir de l'exclusion tout en chantant la résilience des communautés.

À qui profite le développement ? Dans les régions où survivent les *Ādivāsī* (aborigènes), la situation est dramatique. L'agrobusiness exige de grands barrages, des infrastructures routières et de gigantesques projets miniers. Le projet de barrage sur la rivière Narmadā, qui traverse l'État du Gujarat (nord-ouest), menace 70 000 familles paysannes pauvres. Financé à l'origine par la Banque mondiale, ce projet est contesté par une grande coalition, Narmada Bachao Andolan, qui regroupe Ādivāsī, paysanNEs, activistes des droits de la personne et écologistes. Par des actions de désobéissance civile, des pétitions, des manifestations, la résistance a forcé la Banque mondiale à se retirer du projet. Grâce à son ampleur nationale, la lutte contre le barrage de la Narmadā est désormais une cause célèbre.

Résistances urbaines. L'Inde « qui brille » se développe dans les villes qui ne cessent de s'étendre de manière tentaculaire, puisque les populations rurales chassées par la misère y affluent. C'est ainsi que s'érige une « planète des bidonvilles » à travers le magma de l'habitation informelle et du système de la débrouille. Or, les habitantEs des bidonvilles s'organisent, refusant d'être chasséEs par les entrepreneurs, qui veulent transformer les quartiers pauvres en appartements pour riches, comme cela a été récemment le cas dans le quartier industriel d'Anand Parbat, en banlieue de Delhi. À Mumbai, l'association SPARC (Society for the Promotion of Area Resource Centres) force l'administration municipale à cesser ses évictions et à construire des infrastructures adéquates dans des bidonvilles, dont certains comptent jusqu'à un million d'habitantEs comme celui de Dharavi, le plus grand bidonville d'Asie, qui jouxte Mumbai.

La place centrale des femmes. Dans la société traditionnelle, le système de castes est profondément patriarcal. Les femmes *dalits* sont considérées comme des bêtes de somme qu'on peut maltraiter et violenter à souhait. Plusieurs mouvements populaires et associations de femmes, comptant plusieurs millions de personnes, comme l'Association des femmes démocratiques, proche du Parti communiste d'Inde (marxiste), qui a animé la Marche mondiale des femmes en Inde, combattent cette situation.

Les femmes jouent un rôle déterminant dans plusieurs organisations, y compris dans des mouvements rebelles, comme les naxalites qui pratiquent la résistance armée dans des régions périphériques. Ces rebelles ne croient pas au système parlementaire qui, constatent-ils, exclut toujours les pauvres.

Illustration 9
L'Inde se mobilise contre le fléau du viol

© Dar Yasin / AP

Manifestation pour dénoncer les crimes commis contre les femmes et l'impunité des violeurs, le 2 janvier 2013, au mémorial Mahatma Gandhi à New Delhi.

Encadré 16
Trois femmes exceptionnelles

Mehda Patkar

Animatrice d'une coalition qui s'oppose à la construction du barrage de Narmadā (depuis 1985). Elle a également créé l'Alliance nationale des mouvements populaires, qui regroupe plusieurs associations.

Vandana Shiva

Elle se définit comme écoactiviste, féministe, philosophe et scientifique. Elle participe à de nombreux réseaux en Inde et dans le monde, dont le Forum social mondial. Elle est connue pour ses nombreux écrits et documentaires.

Arundhati Roy

Écrivaine renommée, journaliste et militante antiguerre, elle s'est fait connaître par ses enquêtes auprès de communautés *Adivasi* et des groupes rebelles (naxalites). Elle prône la résistance au pillage des ressources.

L'État et les grands médias les qualifient de « terroristes », mais pour beaucoup, leurs arguments en faveur des damnéEs de la terre sont valables, même si leurs violentes le sont moins. L'État cherche à éradiquer ces mouvements en chassant des milliers de paysanNEs et d'Ādivāsī de leurs terres ancestrales.

L'expérience du Kerala. Dans cet État du sud-ouest de l'Inde, une population mixte d'hindous, de musulmans et de chrétiens vit modestement de l'agriculture et de la pêche. Depuis l'indépendance, cet État se singularise par la force des partis de gauche (le Parti communiste d'Inde marxiste gagne régulièrement les élections). Fait à noter, les indicateurs sociaux (mortalité infantile, alphabétisation, nutrition) sont meilleurs que partout ailleurs en Inde, même dans des États qui sont beaucoup plus riches. Outre l'action des gouvernements de gauche, cette situation s'explique par la pérennité de puissants réseaux, comme le Mouvement populaire pour la science (Bharat

Gyan Vigyan Samiti – BGVS) qui, au départ, s'est fait connaître par ses campagnes d'alphabétisation. Aujourd'hui, le BGVS anime un réseau communautaire qui se bat pour la revitalisation des gouvernements locaux (les *gram panchayats*) au moyen de mécanismes de participation populaire (comme le budget participatif).

L'Inde dans le monde / Le monde en Inde

L'Inde « qui brille » aspire à devenir une puissance sur l'échiquier contemporain. Or, la mondialisation n'agit pas seulement par en haut.

L'Inde « émergente » dans la tourmente. Longtemps partisane d'un front commun des pays du tiers-monde, l'Inde « mondialisée » cherche maintenant à approfondir son insertion dans le marché mondial. L'État est pourtant devant une contradiction : la politique de libéralisation des échanges et des investissements devient un danger, puisque cela accroît la dépendance du pays. Aussi, cela entraîne-t-il des conflits dans l'Organisation mondiale du commerce (OMC), où l'Inde ainsi que la Chine et le Brésil veulent renégocier les termes de la libéralisation des échanges – mais pas le principe de ladite libéralisation. Cette situation paradoxale fait en sorte que les pays du G8 (notamment la « triade » formée de l'Amérique du Nord, du Japon et de l'Union européenne) affrontent les pays « émergents ». Pour le moment, c'est l'impasse. Pendant que se profile une foire d'empoigne, l'Inde et toute la région sont menacées. Les États-Unis cherchent à rétablir leur suprématie en s'assurant du contrôle des riches ressources énergétiques du Moyen-Orient et de l'Asie centrale. Ces guerres, qui n'en finissent plus, affligent le Pakistan, éternel rival de l'Inde, d'où une course aux armements (y compris nucléaires). Delhi est partagé entre la tentation de devenir le « meilleur ami » des États-Unis en Asie (sinon le « gendarme » régional), d'une part, et la nécessité de se coordonner avec les États de la région, d'autre part. Washington aimerait bien que l'Inde fasse contrepoids à la Chine et impose ses vues dans des contrées turbulentes comme l'Afghanistan ou le Népal.

La perspective altermondialiste. Devant cette situation, les mouvements populaires montent au créneau. Plusieurs sont impliqués dans des campagnes contre l'OMC et contre les politiques imposées par le G7 et le G8 (dette, ajustement structurel, etc.). C'est ainsi qu'à l'appel de onze fédérations syndicales, des millions de travailleurs et de travailleuses se sont mis en grève en février 2011 pour réclamer des emplois et l'arrêt des privatisations.

Les mouvements sociaux indiens participent de manière importante à la construction de réseaux, notamment au Forum social mondial (qui a eu lieu à Mumbai en 2004), à la Marche mondiale des femmes, de même qu'au

Illustration 10
Grève en Inde contre l'amiante d'Asbestos

© Agence France-Presse Raveendran

En Inde, des travailleurs de la construction, appuyés par leurs familles, ont fait la grève pour qu'on banisse l'amiante.

Forum social Asie, qui tente de rapprocher les organisations de l'Inde, du Pakistan, du Bangladesh, du Népal et d'autres pays asiatiques en faveur de la paix, du dialogue, du respect des populations et de la démocratie.

POUR ALLER PLUS LOIN :

SE DOCUMENTER :

En 2011, la revue *Alternatives Sud* du Centre tricontinental a publié un numéro sur l'Inde, < www.cetri.be/spip.php?rubrique134&lang=fr >.

Le site *Extrême Asie* documente les mouvements sociaux en Inde et ailleurs en Asie, < http://daniellesabai.wordpress.com/inde/ >.

Christian Jaffrelot a écrit d'excellents ouvrages, notamment *L'Inde contemporaine de 1950 à nos jours*, Paris, Fayard, 2007, et *L'Inde, la démocratie par la caste*, Paris, Fayard, 2005.

À lire absolument le roman d'Arundhati Roy, *Le Dieu des petites choses*, Paris, Gallimard, 2000.

À VOIR :

ARTE offre une série d'excellents documentaires sur l'Inde, < http://myindias.blogspot.ca/2011/06/arte-documentaires-dur-linde-11-juin.html >.

To Die for Land. The Ultimate Sacrifice, un documentaire de C. Saratchan-
dran sur la lutte des paysanNEs sans terre dans l'État de Kerala, < http://
base.d-p-h.info/en/fiches/dph/fiche-dph-8526.html >.

Étudier :

Le département des sciences de la religion de l'UQAM offre un cours de
deuxième cycle sur l'hindouisme, < www.international.uqam.ca/pages/
uqam_inde.aspx >.

L'Université Simon Fraser à Vancouver loge un important centre d'études sur l'Inde où on peut poursuivre des études supérieures en anglais,
< www.ufv.ca/cics.htm# >.

L'Institut Shastri offre des bourses d'études pour ceux et celles qui veulent
étudier sur et en Inde, < www.sici.org/programmes/for-canadians/fr/ >.

Le programme d'études du Commonwealth offre deux bourses par année
aux étudiantEs qui désirent travailler dans les pays membres du Commonwealth, y compris l'Inde, < www.scholarships-bourses.gc.ca/scho-
larships-bourses/can/csp_india-pbc_inde.aspx?lang=fra&view=d >.

Coopérer :

Plusieurs ONG membres de l'AQOCI coopèrent avec des partenaires en
Inde, < www.aqoci.qc.ca/ >.

Le Centre de recherches pour le développement international (CRDI) offre
des bourses pour se joindre à des équipes en Inde et dans le monde,
< www.idrc.ca/FR/Funding/WhoCanApply/Pages/GradStudentsList.
aspx >.

Le Centre communautaire des femmes sud-asiatiques de Montréal œuvre
auprès des femmes immigrantes, < www.sawcc-ccfsa.ca/FR/ >.

Pierre Beaudet

Le Printemps arabe

Pendant de nombreuses années, l'Afrique du Nord et le Proche-Orient, régions qualifiées d'Arabes, semblent enfoncés dans l'impuissance. Différentes rébellions éclatent ici et là – « émeutes de la faim » au début des années 1980 en Tunisie et au Maroc, « octobre » algérien en 1993, intifada palestinienne en 1987-1989 –, mais sans faire chanceler l'édifice du pouvoir. Dans les années 1990, les guerres au Liban, en Palestine et surtout en Irak apparaissent comme de nouvelles catastrophes imposées aux peuples. À partir de 2001, avec la « guerre sans fin » déclarée par le président Bush, plusieurs pays s'engouffrent dans des conflits meurtriers, dans l'appauvrissement, le chômage et le désespoir.

Une région en ébullition

Personne n'aurait pu prédire qu'un soir de décembre 2010, à partir de la petite ville de Ben Arous, au sud de Tunis, l'immolation par le feu d'un jeune de 26 ans, Mohamed Bouazizi, allait faire tout éclater. Le martyr de Bouazizi a finalement été la goutte qui a fait déborder le vase. Des milliers, puis des dizaines de milliers de personnes descendent dans les rues pour réclamer la fin de la dictature de Ben Ali en Tunisie, un grand ami des gouvernements occidentaux. Au début de 2011, une vague de protestations populaires secoue la région, notamment l'Égypte, un pays ravagé par la misère, miné par la corruption et où se pratique la torture. Les manifestations s'étendent par la suite en Libye, en Jordanie, en Algérie, au Maroc, en Syrie, au Yémen et, même, dans la pétromonarchie du Bahreïn, au cœur d'une région saturée de pétrole, d'armes et de richesses.

Deux ans plus tard, le « Printemps arabe » poursuit son cours tumultueux. La fin de plusieurs dictatures ouvre la porte à des démocraties balbutiantes. Par ailleurs, des pays comme la Libye et la Syrie sont disloqués par la guerre. Une nouvelle ère commence, pleine d'incertitudes, mais aussi pleine d'espoirs.

Tableau 6 **Le monde arabe en bref**	
Population	385 millions
Superficie	15 434 156 km²
Grands centres urbains	Le Caire (Égypte), Casablanca (Maroc), Damas (Syrie), Bagdad (Irak), Alger (Algérie), Tunis (Tunisie), Sanaa (Yémen), Amman (Jordanie), Jérusalem (Palestine)
Le monde arabe selon l'IDH	L'IDH varie beaucoup dans cette région (moyenne de 0,65), mais les écarts sont très grands entre les riches pays pétroliers et les pays pauvres comme le Yémen (0,50). Plus de 40 % de la population sont sous le seuil de la pauvreté dans l'ensemble de la région. Le chômage frappe près de 25 % des jeunes de moins de trente ans. En contraste, la région compte 300 000 millionnaires !
Principales langues parlées	Arabe, berbère, kurde
Principales exportations	Pétrole, gaz, produits miniers, agricoles et manufacturés.
États	Les 24 États membres de la Ligue arabe fonctionnent avec des structures politiques très variées (monarchie, démocratie, régime militaire), dont (par ordre alphabétique) l'Algérie, l'Arabie saoudite, Bahreïn, Djibouti, l'Égypte, les Émirats unis, l'Irak, la Jordanie, le Koweït, le Liban, la Libye, le Maroc, la Mauritanie, Oman, la Palestine, le Qatar, la Somalie, le Soudan, la Syrie, la Tunisie, le Yémen.

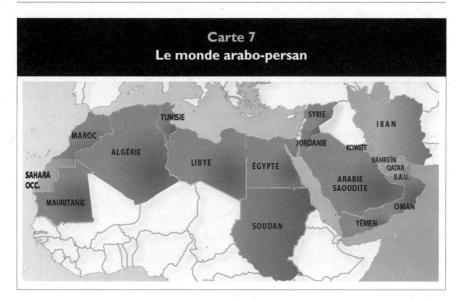

Carte 7
Le monde arabo-persan

La longue lutte pour la démocratie

LE DÉPART FORCÉ des dictateurs tunisiens et égyptiens a été en 2011 le trait le plus spectaculaire du Printemps arabe. Presque tous les pays de la région ont été atteints par la « fièvre démocratique », même si un grand nombre d'États continuent d'être régis par de petites cliques corrompues, protégées par de vastes dispositifs policiers et militaires. Le Marocain Abraham Serfaty les avait qualifiés de « démocratures ». Le paravent de la démocratie – avec ses pseudo élections libres – occulte en effet les pratiques prédatrices, comme c'était le cas avec le régime de Hosni Moubarak, un champion en la matière. Une petite place était laissée à une opposition assagie et contrôlée. La liberté de presse et la liberté d'association étaient encadrées de façon à ne pas laisser d'espace aux mouvements populaires. Les grèves ouvrières et les protestations paysannes étaient réprimées avec la plus grande brutalité. Dans les prisons croupissaient des milliers de prisonniers politiques torturés et violentés. Les richesses étaient accumulées par une poignée de familles – presque toutes étant plus ou moins liées aux hauts gradés de l'armée et aux proches du président.

Le ras-le-bol des jeunes

AU COURS DES DERNIÈRES ANNÉES cependant, des fissures sont apparues. Il y a eu, d'une part, de puissantes mobilisations ouvrières et populaires, notamment dans les banlieues industrielles du Caire, dans le bassin minier de Gafsa en Tunisie, parmi les enseignantEs et les fonctionnaires au Maroc et en Jordanie. Longtemps assoupie par les petits privilèges consentis par les régimes, une partie de la classe moyenne s'est révoltée en Égypte en clamant « *kifâya* » (c'est assez!). Les jeunes menacéEs par la dégradation économique et sociale, le chômage et la précarité ont constitué le gros du bataillon des soulèvements. Encore moins que leurs parents, les jeunes n'accordent aucune crédibilité aux régimes en place ni même aux formations politiques compromises avec la dictature.

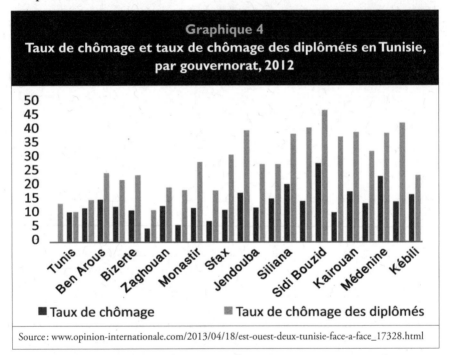

Graphique 4
Taux de chômage et taux de chômage des diplôméEs en Tunisie, par gouvernorat, 2012

Source : www.opinion-internationale.com/2013/04/18/est-ouest-deux-tunisie-face-a-face_17328.html

Les jeunes, par ailleurs, manipulent avec adresse les médias sociaux, ce qui leur a permis, malgré la répression, de coordonner de grandes mobilisations populaires. Les nouvelles technologies de l'information, de l'Internet en passant par la télévision satellitaire (comme Al Jazeera) et la prolifération des téléphones portables, sont désormais des armes redoutables dans les mains de la jeunesse révoltée.

Une démocratisation hésitante

Avec la fuite des dictateurs d'Égypte et de Tunisie, une nouvelle dynamique a été créée. Après avoir appuyé les dictatures jusqu'à la fin de leur règne, les puissances occidentales se sont ingérées dans le processus révolutionnaire en rappelant que les pays en question, quel que soit leur gouvernement, devaient respecter leurs « engagements » (remboursement de la dette, libéralisation des échanges, appui à leur politique concernant la Palestine, etc.). Le mouvement démocratique est donc interpellé par ces puissances dans des conditions où le Printemps arabe est enlisé dans de sérieux conflits, notamment en Libye et particulièrement en Syrie, où se déroule une guerre civile qui n'en finit plus.

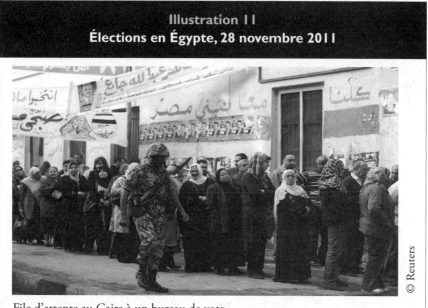

Illustration 11
Élections en Égypte, 28 novembre 2011

© Reuters

File d'attente au Caire à un bureau de vote.

C'est dans ce contexte ambigu que se profile une possible alliance entre les anciens dominants (militaires et entrepreneurs proches des régimes) et certaines forces se réclamant de l'islam politique, qui avait été à la fois toléré et réprimé par les dictatures. L'islam politique constitue une mouvance assez large, mais en général conservatrice, surtout sur les questions sociales (le droit des femmes par exemple) ou économiques (en faveur de l'entreprise privée et contre des concepts comme le bien commun). Tout au long des périodes de dictature militaire, en Égypte particulièrement, les tenants de l'islam politique comme les Frères musulmans (le principal parti islamiste) ont été réprimés par les régimes. Mais contrairement à d'autres courants de l'opposition (laïque et de gauche), les dominants leur ont concédé des espaces publics, ce qui fait qu'ils avaient la possibilité d'agir dans les quartiers populaires, alors que les militantes de gauche étaient pourchassées. Les victoires électorales des Frères musulmans en Égypte et du Parti islamiste « modéré » Ennahda (« Mouvement de la renaissance ») en Tunisie sont un effet de cette situation contradictoire.

Élection de janvier 2012 en Égypte

Certes, aux yeux de la majorité de la population, ces forces politiques représentent la seule alternative organisée contre le retour des démocratures. Cependant, elles n'apportent pas de solutions aux graves problèmes sociaux et économiques qui assaillent les populations. Elles sont plutôt favorables aux politiques néolibérales, ce qui a profité à certaines couches sociales moyennes, et n'envisagent pas de faire des réformes sociales d'envergure en s'abritant derrière une véhémente rhétorique selon laquelle une imposition plus stricte de la religion (la *charî'a* ou charia) réglera tous les problèmes.

En détournant l'attention des populations au moyen de questions sur la « moralité publique », les islamistes menacent également les femmes, les minorités linguistiques et religieuses, qu'ils accusent d'être « contre l'islam ». Ils insistent pour que la charia (un code juridique inspiré par l'islam) soit considérée comme la seule norme régissant la société. Leur interprétation est rigoriste (le code vestimentaire par exemple). De manière générale, les islamistes sont également hostiles aux démocrates et à la gauche parce qu'ils les voient comme des « impies » et qu'ils considèrent les propositions de la gauche pour la justice sociale et l'égalité comme des menaces à la religion. Lorsqu'ils sont au gouvernement comme en Égypte ou en Tunisie ou lorsqu'ils sont dans l'opposition, les islamistes commettent souvent des crimes contre les personnes qu'ils caractérisent comme des « ennemis de l'islam » et, malheureusement, trop souvent, ces crimes se produisent non seulement en toute impunité, mais avec la complicité des forces de l'« ordre ».

En dépit de la pression de la rue, des intellectuelLEs et même de vastes secteurs populaires en lutte, des régimes perdurent sous diverses formes. Ainsi, la royauté marocaine refuse de céder l'essentiel de son pouvoir, comme c'est le cas en Jordanie et plus encore dans les pétromonarchies du golfe Persique, où une insurrection populaire au Bahreïn a été violemment réprimée par la dictature et par des militaires saoudiens accourus pour aider au maintien de l'« ordre ».

De nouveaux mouvements populaires

LES MILITANTES ET LES OBSERVATEURS conviennent que la bataille pour la démocratie sera longue dans cette partie du monde. Elle sera également marquée par des avancées et des reculs. Pour plusieurs raisons historiques, les mouvements sociaux sont relativement faibles dans les pays arabes. Ils ne jouissent pas d'une longue accointance avec les mouvements démocratiques et les organisations de gauche, comme cela est le cas en Amérique latine. Dans une certaine mesure, ils doivent réinventer un « langage » et une « identité » qui correspondent aux codes culturels et politiques locaux.

On constate de tels développements dans la multiplication de réseaux à caractère régional, voire à caractère local, qui relient les initiatives des jeunes à celles des organisations communautaires et aux nouveaux mouvements ouvriers (qui s'organisent en dehors des structures syndicales existantes, sauf en Tunisie où l'Union générale des travailleurs tunisiens demeure le pôle syndical de référence).

Parmi les initiatives intéressantes, il y a le Forum social Maghreb-Machrek. À l'initiative de mouvements sociaux du Maroc, un réseau a été mis en place, d'abord au Maroc, puis à l'échelle régionale avec des organisations tunisiennes, algériennes, sahraouies et mauritaniennes, puis à l'échelle arabe avec des relais en Égypte, au Liban, en Jordanie, en Palestine et même en Irak, et ce, dans le but de développer des échanges entre les expériences en cours sur une vaste gamme de thèmes : migrations, démocratie, droits de la personne, condition féminine, chômage des jeunes, etc. Encouragés par les évènements du printemps arabe, ces divers réseaux ont convenu d'accueillir à Tunis en mars 2013 les représentantEs des mouvements sociaux du monde entier.

Dans l'épicentre de la « guerre sans fin »

LES MOUVEMENTS POPULAIRES et les initiatives citoyennes dans le Maghreb-Machrek font face à de nombreux défis. Dans une large mesure, ces défis ne sont pas totalement différents de ceux que les autres régions du monde affrontent. Cependant, il y a ici un facteur qui complique considérablement les choses. Pour toutes sortes de raisons, cette région se trouve au cœur des grands clivages géopolitiques contemporains. Depuis la Première Guerre mondiale, en effet, la carte a été redessinée sous l'influence des grandes puissances. Après 1945, la vague d'indépendances a quelque peu

---

Encadré 17
Pour un Maghreb des peuples

Le Maghreb, comme le reste du monde, subit l'emprise d'un ordre mondial unipolaire sous la férule de « l'empire » américain.

Le règne des néoconservateurs à travers la planète et en violation du droit international, engage des guerres dévastatrices, notamment en Irak, en Afghanistan et au Liban, et continue à soutenir la colonisation de la Palestine sous les fallacieux prétextes de sécurité, de liberté et de démocratie.

Ce nouvel ordre mondial accélère la concentration des richesses, génère guerres, exclusions économiques, sociales et culturelles, détruit l'environnement, restreint les droits et libertés individuels et collectifs, tout en constituant, un terreau sur lequel s'épanouissent les replis identitaires et rétrogrades.

Face à ce nouvel ordre néolibéral, des hommes et des femmes, à travers la planète, expriment, à travers les forums sociaux et les mobilisations sociales, les aspirations « des damnés de la terre ».

L'une des finalités de ces espaces pour un autre monde est de contribuer à renforcer la mondialisation de la résistance contre un processus de globalisation capitaliste.

[…] Ces lieux de convergence des mouvements sociaux visent à faire prévaloir, comme nouvelle étape de l'histoire du monde, une globalisation solidaire qui respecte les droits de l'homme universels, de tous les citoyens et de toutes les citoyennes de toutes les nations, et de l'environnement, soutenue par des systèmes et institutions internationaux démocratiques au service de la justice sociale, de l'égalité et de la souveraineté des peuples…

Charte Maghreb des peuples, 1er Forum social du Maghreb, 6 avril 2009, < www.fsm2013.org/fr/node/32 >.

---

mis à mal le dispositif impérialiste avec l'essor de différents gouvernements nationalistes et progressistes. En partie à cause de leur localisation à la charnière de l'Europe, de l'Afrique et de l'Asie, en partie à cause des richesses naturelles, qui abondent dans la région, ces expériences sociales et politiques ont été brisées grâce à différentes agressions, invasions, occupations et coups d'État. Pour les États-Unis, c'est une « zone stratégique ». En clair, cela veut dire que les États-Unis s'arrogent le droit d'intervenir pour consolider leur domination. Ils l'ont fait en s'assurant l'appui d'alliés indéfectibles, dont les pétromonarchies du golfe Persique, mais aussi la Jordanie et l'Égypte, sans compter l'État israélien, qui est un pivot du dispositif impérialiste dans la région.

La colonisation de la Palestine

REPRISE PAR LES BRITANNIQUES EN 1917, la Palestine historique est le terrain d'un violent affrontement. La création de l'État israélien en 1948 s'est traduite par la spoliation du peuple palestinien. Cela a été complété en 1967 avec l'occupation de la Cisjordanie et de la bande de Gaza (voir la carte de la page suivante). Des centaines de milliers de PalestinienNEs ont dû prendre le chemin de l'exil. Les autres ont fait face à une occupation militaire sévère. À plusieurs reprises, la population palestinienne s'est soulevée, réclamant ses droits, avec l'appui de la grande majorité des États membres de l'ONU, mais cela n'a pas débouché sur une solution, à cause de l'alliance entre Israël et les États-Unis. Pour ces derniers, Israël constitue un terrain militaire permanent fertile, qui assure la sécurité des investissements dans toute la région et qui empêche l'émancipation non seulement des PalestinienNEs, mais aussi des autres peuples de la région. Pour ces raisons, le conflit opposant le peuple palestinien à l'État d'Israël est toujours dans l'impasse.

Une stratégie globale

DEPUIS 2001, toutefois, les États-Unis ont renforcé leur présence dans la région avec l'occupation de l'Irak et l'établissement de bases militaires dans plusieurs pays du Golfe, sans compter les aventures militaires du côté de l'Afghanistan, du Pakistan et d'autres États d'Asie centrale ainsi que, plus récemment, en Libye et en Syrie.

Dans ce contexte, les luttes pour le développement, la démocratie et la paix sont encore plus complexes, car les enjeux locaux, voire régionaux, sont soumis aux luttes de pouvoir entre les puissances. La puissance dominante (les États-Unis) ne veut pas laisser de marge de manœuvre aux populations et même aux États de la région. En découle une série quasi ininterrompue d'agressions et de guerres. Souvent dans des conditions d'une grande adversité, les mouvements populaires dans la région ainsi que les forces de paix dans le monde affrontent cette triste situation. Ainsi, en 2003, des millions de personnes dans le monde ont manifesté contre l'agression états-unienne de l'Irak, non pas parce qu'elles sympathisaient avec le régime dictatorial sévissant dans ce pays, mais parce qu'elles estimaient que l'objectif des États-Unis n'était pas de rétablir la démocratie, mais d'assurer leur domination de la région. L'instabilité régionale risque de se pérenniser, car les États-Unis et leur allié israélien menacent d'attaquer l'Iran, le Liban et la Syrie.

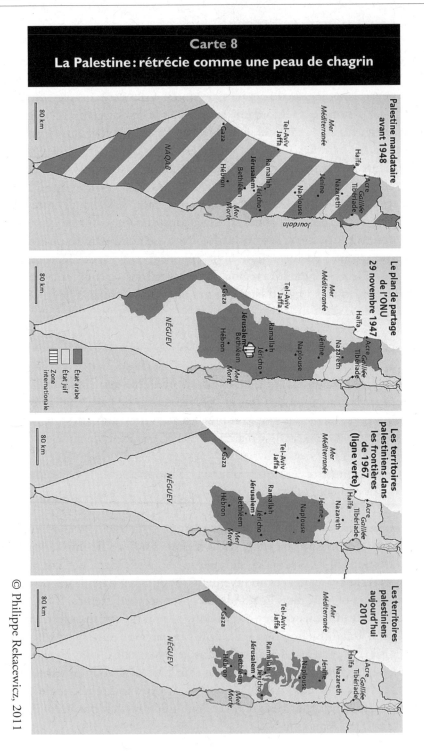

Carte 8
La Palestine : rétrécie comme une peau de chagrin

Reste à voir ce qui se produira dans le sillage du Printemps arabe. Le renversement de dictateurs, qui agissaient comme relais des États-Unis, notamment en Égypte, fragilise la stratégie impérialiste et pourrait ouvrir la porte à de nouvelles alliances régionales, lesquelles seraient peut-être en mesure d'établir des passerelles avec des pays « émergents » comme la Chine et le Brésil. Néanmoins, les lignes de fractures qui pénalisent les peuples du Maghreb et du Machrek risquent de persister.

POUR ALLER PLUS LOIN :

À LIRE :

On peut se documenter avec l'excellent site Info-Palestine sur la situation palestinienne, régionale et mondiale, < www.info-palestine.net/ >.

À consulter également la revue *Maghreb-Machrek* pour ses solides dossiers sur l'histoire et la réalité contemporaine de la région, < http://choiseul-editions.com/Revues.php?lang=fr >.

Lire aussi Alain Gresh, *Les 100 clés du Proche-Orient*, Paris, Hachette, 2011.

Ainsi que Samir Amin sur le printemps arabe, *Le monde arabe dans la longue durée : un printemps des peuples*, Paris, Le Temps des cerises, 2011.

À VOIR :

Al-Jazeera produit (en anglais et en arabe) quantité de reportages, analyses et témoignages sur les réalités du monde arabe, < www.aljazeera.com/ >.

Un excellent reportage de la chaîne ARTE sur le Printemps arabe, < www.youtube.com/watch?v=tNSwvkGwHmg >.

ÉTUDIER :

Le Cegep Saint-Laurent à Montréal enseigne l'arabe,< www.cegep-st-laurent.qc.ca/ >.

Les départements de science politiques de l'UQAM, de l'Université Laval et de l'Université de Montréal offrent plusieurs cours sur le monde arabe. L'Institut des études internationales de Montréal (UQAM) et le Centre d'études et de recherches internationales (CÉRIUM, UdM) organisent régulièrement des conférences sur le monde arabe. L'Université McGill offre un programme d'étude de baccalauréat et de maîtrise sur le Moyen-Orient < www.mcgill.ca/mes/ >.

L'Université de Birzeit en Palestine est bien organisée pour recevoir des étudiantEs de différents pays, < www.birzeit.edu/ >.

Coopérer :

Parmi les ONG québécoises œuvrant dans la région, notons Alternatives
   < www.alternatives.ca >, Managers sans frontière < www.mngsf.org > et
   Oxfam-Québec < http://oxfam.qc.ca/ >.
Des ONG locales acceptent des stagiaires, notamment Alternative Information Center en Palestine, < www.alternativenews.org/english >, et le
   Forum marocain des alternatives sud au Maroc, < www.forumalterna-
   tives.org/ >.

S'impliquer :

Les Canadiens pour la justice et la paix au Moyen-Orient (CPJPM) ont plusieurs groupes locaux dans différentes villes, dont Montréal et Ottawa, et
   organisent des tournées, des conférences et des évènements sur la région
   .
La Coalition pour la paix et la justice en Palestine regroupe plusieurs mouvements sociaux au Québec autour de la question palestinienne < www.
   cjpp.ca/ >.
Tadamon ! est un collectif montréalais qui informe et mobilise pour les
   droits de la personne au Proche-Orient < www.tadamon.ca/ >.

Pierre Beaudet

Pachamama : le laboratoire bolivien

La colonisation espagnole des Andes a provoqué il y a cinq cents ans une véritable « fin du monde ». Les structures étatiques, la société et la culture des peuples autochtones ont été systématiquement détruites. Or, aujourd'hui, ces populations retrouvent leur dignité. Elles transforment le pouvoir d'État et, plus encore, la manière de considérer la société, l'économie et le développement. En Bolivie, un Aymara, Evo Morales, est maintenant président de la République. Les dominants sont défiés, mais ils ne lâchent pas prise, d'autant que la Bolivie regorge de richesses naturelles. Malgré cela, ce pays demeure le plus pauvre de l'hémisphère. Pour les Autochtones et pour la grande majorité de la population, quelle que soit sa « couleur », il faut chercher ailleurs. Les luttes se multiplient. On assiste à la production d'un nouveau discours. Alors, du fond de l'histoire émerge une « nouvelle-vieille » idée qui devient un symbole, un drapeau, une référence : Pachamama (« Terre-Mère » en quechua). Ce n'est pas seulement un mot, mais avant tout un paradigme, une perspective, un chemin pour l'avenir.

Un apartheid

Depuis près de cinq cents ans, la population qui occupe le territoire bolivien a vécu une subjugation qui s'apparente à un génocide. Après la fin de la période coloniale, cette domination se modernise en garantissant l'appropriation de la richesse du pays par une petite minorité. Ce véritable apartheid bolivien n'a rien à envier à la dictature raciale qui a sévi en Afrique du Sud, de 1948 à 1991.

Tableau 7
La Bolivie en bref

Population	10,4 millions
Superficie	1 098 580 km²
Grands centres urbains	La Paz (métropole), Sucre (capitale), Cochabamba, Santa Cruz
Revenu par personne	4 013 dollars (2010)
La Bolivie slon l'IDH	0,729 (113ᵉ position)
Principales langues parlées	Castillan, quechua, aymara, guarani
Principales exportations	Gaz naturel, minerais, produits agricoles
Statut politique	République unitaire
Présidence	Juan Evo Morales Ayma (élu en 2005 ; réélu en 2009)
Principaux partis politiques	Mouvement pour le socialisme (gauche), Poder democrático social (droite), Unité nationale (droite), Movimiento Indio Pachacuti (indianiste).
Principaux mouvements sociaux	Centrale ouvrière bolivienne (COB), Confédération syndicale unique des paysans boliviens (CSUPB), Confédération de syndicats de producteurs de coca (Cocaleros).

Génocide

QUAND LES ESPAGNOLS envahissent la côte ouest de l'Amérique latine à partir de 1532, l'Empire inca (*Tawantinsuyu* ou *Tahuantinsuyo* en quechua) couvre la partie occidentale de l'Amérique du Sud, de la Colombie jusqu'à l'Argentine et au Chili, par-delà l'Équateur, le Pérou et la Bolivie. Il est peuplé de plus de dix millions d'habitantEs. Les paysanNEs cultivent la terre en « terrasses » écologiques (les *andenes*), profitant des saisons de la Sierra (la montagne), de la jungle et des basses terres le long des côtes. En moins de cent ans, dans une orgie de violences, les colonialistes réduisent la population de 90 %. Les survivantEs autochtones et les NoirEs, qu'on importe comme du bétail d'Afrique, sont réduitEs à l'esclavage dans l'enfer des plantations et des mines. Le mode d'organisation des Autochtones, notamment l'*ayllu*, une structure communautaire assurant l'entraide et la redistribution, est détruite.

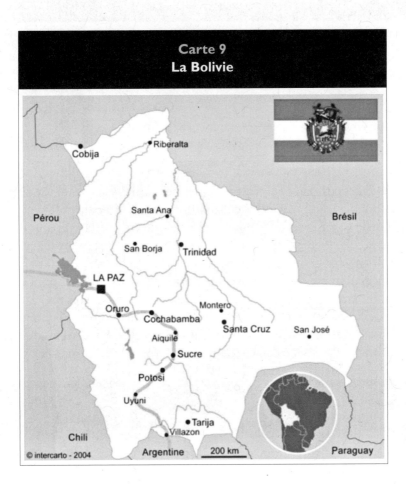

Carte 9
La Bolivie

L'émancipation avortée

Au tournant du XVIIIe siècle, l'Empire espagnol se disloque. Les couches moyennes métisses et blanches, sous la direction de Simón Bolívar, luttent pour leur indépendance. La Bolivie l'acquiert en 1825.

Bien que l'Espagne soit vaincue par les armées de Bolívar, au cours de la transition, la structure féodale est préservée. Dans les campagnes, où la majorité de la population est quechua et aymara, la nouvelle administration fonctionne au bénéfice des propriétaires terriens protégés par un puissant dispositif répressif.

Encadré 18
Simón Bolívar

Simón Bolívar (1783-1825) a mené la lutte pour l'indépendance de l'Amérique latine contre l'Empire espagnol. Le *Libertador* aspirait à instaurer une seule grande république regroupant toutes les colonies espagnoles.
Aujourd'hui encore, il est l'icône d'une grande partie des populations en Amérique du Sud.

Au-delà de la pauvreté matérielle, les populations autochtones ne sont pas reconnues par l'État et la culture dominante. Pendant longtemps, le discours de l'État est ouvertement raciste et affirme que le « progrès » de la Bolivie ne peut venir que d'un influx d'immigrants européens blancs. Les partis de gauche ignorent également l'identité autochtone, puisque le projet d'émancipation est conçu à travers le prisme de la modernisation, de l'urbanisation et de l'industrialisation dans une Amérique qu'on dit « latine », mais où plus de 60 % de la population n'est ni latine ni hispanophone.

Après l'indépendance, la Grande-Bretagne et les États-Unis tentent d'imposer leur présence dans le cadre de la « doctrine Monroe ». La guerre

Encadré 19
La soumission des paysanNES

Les lois de l'État ne s'appliquent pas à la grande propriété rurale, si elles ne sont pas validées par le consentement tacite ou formel des grands propriétaires. L'autorité des fonctionnaires politiques ou administratifs se trouve en fait soumise à l'autorité du propriétaire terrien dans toute l'étendue du territoire de sa domination. Il considère pratiquement son latifundium comme hors du pouvoir de l'État, sans se préoccuper le moins du monde des droits civils de la population qui vit sur sa propriété. Il perçoit des taxes, établit des monopoles, prononce des sanctions toujours contraires au respect de la liberté des manœuvres et de leurs familles.

José Carlos Mariátegui, « Le problème de la terre » (1929), dans José Carlos Mariátegui et Álvaro García Linera, *Indianisme et paysannerie en Amérique latine. Socialisme et libération nationale*, Mont-Royal, M éditeur, 2012, p. 100.

du Chaco contre le Paraguay (1932-1935) conduit à une grande défaite, puisque la Bolivie perd une grande partie de son territoire, y compris son accès à la mer. Le pays devient encore plus soumis à l'influence des puissances étrangères. Les élites boliviennes préfèrent se subordonner à l'impérialisme plutôt que de développer une véritable construction nationale.

Un pays sur la brèche

AU XXE SIÈCLE, les prolétaires et la classe moyenne se révoltent. Les uns vont vers le socialisme, les autres vers le nationalisme révolutionnaire. En 1952, un nouveau pouvoir émerge. Il est animé par le Mouvement nationaliste révolutionnaire (MNR), lequel est appuyé par les secteurs urbains et paysans de même que par les syndicats. Toutefois, dans les années 1960, les militaires encouragés par les États-Unis reviennent au pouvoir au nom de la « sécurité nationale ». Des rebelles se lancent dans l'aventure de la lutte armée avec le Che Guevara, mais cette révolte est écrasée dans le sang. Dans les années 1990, les élites démantèlent les programmes sociaux et privatisent ce qui ne l'est pas encore. La Bolivie connaît alors un boom économique autour de nouveaux gisements de gaz naturel et de métaux précieux, ce qui attire dans le pays des entreprises multinationales. On assiste à une nouvelle poussée de l'agrobusiness qui se développe sur les terres relativement sous-peuplées du sud-est, ce qui multiplie les conflits avec les Autochtones. Plus de deux millions d'habitantEs (sur dix) prennent le chemin de l'exil pour répondre aux besoins de main-d'œuvre bon marché de l'Argentine. Des centaines de milliers de paysanNEs autochtones affluent dans d'immenses bidonvilles autour des grandes villes où plus de 60 % de la population vivent en dessous du seuil de la pauvreté.

Un peuple en marche

AU TOURNANT DU MILLÉNAIRE, la situation est explosive. L'embellie économique au profit des élites « mondialisées » contraste avec la misère généralisée qui frappe les couches populaires. Devant autant d'injustice, la population se révolte.

Le retour sur la scène des Autochtones. Pendant quelques décennies, l'État néolibéral désarticule les mouvements populaires, notamment les syndicats. Parallèlement à ce déclin surgissent de nouvelles organisations, surtout paysannes, qui se reconstruisent grâce à un réveil autochtone multiforme. Une nouvelle confédération paysanne voit le jour, la Confédération syndicale unifiée des travailleurs paysans de Bolivie. Ces mouvements ne demandent plus simplement l'égalité, mais la refondation de l'État ou comme l'explique Álvaro García Linera, « l'indigène apparaît non seulement comme un sujet politique, mais aussi comme un sujet de pouvoir, de commandement, de souveraineté ». On assiste aux premières incursions dans l'univers politique, mais les Autochtones sont divisés entre « radicaux », qui ne veulent pas collaborer avec les autres secteurs populaires, et « modérés », qui proposent de constituer une grande alliance.

Les grandes mobilisations. En 2000, la population de Cochabamba se révolte contre la décision de l'administration municipale de privatiser l'eau au profit d'une grande multinationale, Bechtel Corporation. PaysanNEs, classes laborieuses et moyennes, Autochtones et Blancs forcent l'abandon du projet. En 2003, lorsque le gouvernement annonce la privatisation du gaz, les paysanNEs de l'Altiplano et de l'immense bidonville El Alto prennent d'assaut la rue. La mobilisation devient insurrectionnelle et le président Gonzalo Sánchez de Lozada quitte le palais présidentiel par hélicoptère. Lors des élections de décembre 2005, un Aymara du nom de Evo Morales emporte plus de 55 % des voix, du jamais vu dans l'histoire de la Bolivie. Morales est le président du syndicat des *cocaleros* (producteurs de coca). Il anime une sorte de parti-mouvement, le « Mouvement vers le socialisme –

Illustration 12

Cochabamba : marche en 2000 contre l'opérateur privé à l'origine de « la guerre de l'eau »

Encadré 20
La « guerre de l'eau » à Cochabamba

En 1999, le gouvernement bolivien décide de privatiser les services d'approvisionnement et de production d'eau potable à Cochabamba, la quatrième ville du pays. La multinationale états-unienne Bechtel achète l'entreprise publique pour une bouchée de pain et augmente les tarifs de plus de 300 % ! En janvier 2000, des organisations communautaires, syndicales et politiques créent la « Coordination pour l'eau » qui organise des manifestations et des blocages de routes. La situation devient explosive et finalement le gouvernement doit reculer. Au départ, Bechtel a poursuivi le gouvernement bolivien pour « rupture de contrat » et réclamait 25 millions de dollars, soit l'équivalent de quarante ans de profit selon les clauses dudit contrat ! Après l'élection d'Evo Morales (2005), la compagnie a laissé tomber ses poursuites. Aujourd'hui, l'entreprise publique qui approvisionne les habitantEs de Cochabamba dessert seulement 55 % des besoins de la population. La « Coordination pour l'eau » reste active et demande au gouvernement de faire les investissements nécessaires.

Instrument politique de souveraineté des peuples » (connu comme le MAS) et dont l'objectif est, selon lui, de « décoloniser » l'État.

Un nouveau projet

PEU APRÈS SON ARRIVÉE AU POUVOIR, le nouveau gouvernement nationalise le gaz, ce qui triple les recettes de l'État. L'impératif de générer des revenus fait en sorte que les activités extractivistes occupent une place centrale dans l'économie du pays. Selon le vice-président Linera, « il s'agit de construire un État fort, qui peut articuler de manière équilibrée les trois plates-formes économico-productives qui coexistent en Bolivie : la communautaire, la familiale et la moderne-industrielle. Il s'agit de transférer une partie de l'excédent des hydrocarbures nationalisés pour encourager la mise en place de formes d'auto-organisation, d'autogestion et de développement commercial proprement andines et amazoniennes ».

Repenser la gouvernance

UNE NOUVELLE CONSTITUTION, ratifiée en 2009 par référendum populaire par plus de 62 % des citoyenNEs, définit la Bolivie comme un État

---

Encadré 21
Quelques réalisations du gouvernement Morales depuis 2005

- Le taux de pauvreté est passé de 60% (2005) à 50% (2010).
- 41 millions d'hectares de terres ont été distribuées à 900 000 paysanNEs.
- La proportion des domiciles ruraux électrifiés a augmenté de 50%.
- Près de trois millions de personnes vivant sous le seuil de la pauvreté bénéficient des nouveaux programmes d'aide sociale mis en place par le gouvernement.

« plurinational ». Elle reconnaît des droits collectifs aux peuples autochtones, comme un système de justice particulier et communautaire. Morales caractérise son gouvernement de « gouvernement des mouvements sociaux ».

L'opposition à ces transformations est vive, notamment dans le sud-est du pays (département de Santa Cruz) où se situent les grandes exploitations agro-industrielles et pétrolières. Des affrontements violents ont lieu en 2007 et 2009. Au même moment, les structures du pouvoir changent. Après une marche épique à travers la moitié du pays, les Autochtones réussissent à imposer l'arrêt de la construction d'une autoroute devant passer à travers le Tipnis (Territoire indigène et parc naturel Isiboro Sécure). À cette occasion, le président déclare que sa manière de gouverner est d'obéir au peuple.

La Bolivie dans le monde / Le monde en Bolivie

Les influences des puissances étrangères sur la Bolivie s'exercent souvent de manière abusive. Or, aujourd'hui, l'histoire s'écrit d'une manière

---

Encadré 22
Le gouvernement des mouvements sociaux

Comment valider l'idée d'un gouvernement de mouvements sociaux? Premièrement, par le type de décisions stratégiques prises qui émergent des luttes sociales: nationalisation des hydrocarbures, Assemblée constituante, nouvelle réforme agraire. Deuxièmement, par les formes de sélection des fonctionnaires, qui passent par le filtre des organisations sociales. Troisièmement, par la présence de cadres issus des mouvements sociaux dans l'appareil d'État, qui leur rendent des comptes.

Álvaro García Linera, vice-président de la Bolivie

---

différente. La Bolivie devient l'un des pivots de cette nouvelle Amérique qui s'ébauche sous nos yeux.

L'enjeu des ressources. La Bolivie regorge de richesses naturelles. Aujourd'hui, elle se révèle un important producteur de gaz naturel. En 2011, les exportations ont représenté des rentrées de trois milliards de dollars. De grands projets de mise en valeur sont en cours, d'autant plus que seulement 10 % du territoire a été effectivement exploré. Avant l'élection de Morales, ces immenses richesses étaient accaparées par de puissantes entreprises multinationales, dont BP (Royaume-Uni), REPSOL (Espagne) et PETROBRAS (Brésil). En 2006, cependant, le gouvernement renationalise treize firmes multinationales au profit d'une entreprise publique, la Yacimientos Petrolíferos Fiscales Bolivianos (YPFB).

Toutefois, plusieurs problèmes subsistent. Outre les questions environnementales, la production du gaz exige d'énormes investissements. De grandes entreprises multinationales étrangères, qui ont les capitaux et le savoir-faire, deviennent les partenaires « obligés », ce qui perpétue la dépendance. Enfin, la croissance du secteur des ressources, qui attire les capitaux et la main-d'œuvre, se fait habituellement au détriment d'autres secteurs (industrie et agriculture), éventuellement, au détriment d'un développement plus équilibré.

Réorganiser les flux des investissements. La Bolivie mise sur une profonde intégration latino-américaine, ce qui inclue bien sûr le commerce et les investissements. Certes, cela est l'objectif du MERCOSUR, mais on cherche à aller plus loin dans le sens de ce qu'Evo Morales appelle le Traité de commerce populaire (TCP), lequel vise à renforcer les capacités productives sur le plan communautaire et une meilleure maîtrise par l'État des échanges avec l'extérieur. L'idée du TCP n'exclut pas les investissements étrangers, mais ces derniers seraient soumis à la règlementation de l'État. Le TCP également réserverait le domaine des biens publics essentiels aux entreprises nationales (publiques et privées). C'est dans ce contexte que la Bolivie tente de développer l'Alliance bolivarienne des peuples des Amériques (ALBA), dont elle est membre depuis 2006. À l'origine créée par le Venezuela et Cuba, l'ALBA réunit maintenant huit États autour de différents programmes dans les domaines de la santé, de l'éducation et de la nutrition. Par exemple, des médecins et ophtalmologues cubains ont soigné plus de 455 000 BolivienNEs. Certes, ces pratiques de solidarité Sud-Sud restent encore largement symboliques, mais elles indiquent une tendance qui pourrait se matérialiser davantage si les conditions le permettent. À l'appel du Mouvement des paysans sans-terre du Brésil (MST), plusieurs organisations populaires ont d'ailleurs constitué un Conseil des mouvements sociaux de l'ALBA, dans le but de faire pression sur les États pour accélérer l'intégration latino-américaine.

Internationaliser Pachamama. À l'appel du président Morales, un Sommet sur les changements climatiques a été convoqué à Cochabamba en avril 2010 avec plus de 25 000 déléguéEs de 142 pays. Après examen du débat international sur les conséquences des changements climatiques, cette assemblée extraordinaire conclut que la racine du problème n'est rien de moins qu'une « crise de civilisation patriarcale basée sur la soumission et la destruction d'êtres humains ». « Sous le capitalisme, ajoute la déclaration finale, Pachamama ne constitue qu'une source de matières premières. [...] En réalité, la Terre-Mère est un être vivant, avec qui nous avons une relation indivisible. » Le Sommet insiste sur le droit des peuples autochtones comme élément fondamental d'une alternative à la dégradation actuelle de l'environnement naturel : « Le monde doit retrouver, apprendre, réapprendre les principes et les objectifs de l'héritage ancestral de ses peuples natifs afin de retarder la destruction de la planète, tout comme les connaissances, les pratiques ancestrales, ainsi que retrouver la spiritualité par la réinsertion du Vivre Bien avec notre Terre-Mère. »

On doit noter que cette déclaration rompt radicalement avec le développementisme. Reste à voir comment le gouvernement bolivien réussira à naviguer entre les multiples et complexes écueils qui jalonne son chemin. Il n'en reste pas moins que la Bolivie demeure un grand laboratoire où s'expérimentent les projets d'émancipation du XXIᵉ siècle.

Pour aller plus loin :
Pénétrer dans le « laboratoire » bolivien pour l'étudier ou pour y participer peut être une expérience exaltante.

Se documenter :
Le Monde diplomatique < www.monde-diplomatique.fr/index/pays/bolivie >, de même que sa version castillane produite à La Paz sont d'excellentes sources, < www.monde-diplomatique.es/ >.
ALAI, un service d'information trilingue, suit de près les mouvements sociaux en Bolivie et dans les pays andins, < http://alainet.org/ >.
Le Comité pour les droits humains en Amérique latine suit le dossier des entreprises minières en Bolivie,< http://cdhal.org/mines >.

À lire aussi :
Denis Langlois, *Le défi bolivien*, Montréal, Athéna, 2008.

Voir également François Polet (dir.), *La Bolivie d'Evo, démocratique, indianiste et socialiste*, < www.cetri.be/spip.php?rubrique119&lang=fr»lang=fr >.

Álvaro García Linera, *Pour une politique de l'égalité*, Paris, Les Prairies ordinaires, 2008.

José Carlos Mariátegui, Álvaro García Linera et coll., *Indianisme et paysannerie en Amérique Latine*, Mont-Royal, M Éditeur, 2012.

À voir :

Au-dessous des volcans, Bolivie 2002-2006, documentaire sur les grandes mobilisations de masse en Bolivie. Écrit et réalisé par René Dávila, produit par DVLPROD Chile / Francia, Baucis Multimedios, 2002-2006.

Étudier :

L'École de développement international et de mondialisation de l'Université d'Ottawa offre un programme multidisciplinaire qui couvre notamment les mouvements sociaux en Amérique latine. Ce programme offre un stage d'études en Bolivie, < www.sciencessociales.uottawa.ca/dvm>.

Le ministère des Affaires étrangères et du Commerce international offre des bourses d'étude pour l'Amérique latine, < www.scholarships-bourses. gc.ca/scholarships-bourses/can/institutions/elap-pfla.aspx?lang=fra& view=d >.

Coopérer :

Parmi les ONG québécoises actives en Bolivie, il y a le CECI < www.ceci.ca > et Oxfam-Québec <www.oxfam.qc.ca> qui font des stages en Bolivie.

Le réseau de solidarité avec la Bolivie à Toronto, le Toronto Bolivia Solidarity, < http://t.grupoapoyo.org/ >.

Projets autochtones du Québec, pour des stages avec les Premières Nations, ce qui peut être un lien si on veut éventuellement travailler en Bolivie. < www.paqc.org/stages_autochtones_et_inuits_quebec_montreal.htm >.

Pierre Beaudet

Développement et démocratie au Mali

DEPUIS 2012, *le Mali est en crise. Les agences humanitaires ont annoncé cette année-là que des centaines de milliers de personnes étaient menacées par la faim. La production céréalière a chuté de 80 %. Des milliers de MalienNEs ont fui le pays. Jean Ziegler, un ancien Rapporteur de l'ONU sur la sécurité alimentaire, indique les facteurs en cause : spéculation financière sur les denrées, production croissante des agrocarburants, politiques inconstantes en matière agricole au détriment des paysanNEs, dumping agricole des pays riches, accaparement de terres par de puissantes multinationales, etc. « Les enfants qui meurent de faim sont des enfants assassinés », affirme Ziegler[1]. Sur cette scène tragique, on assiste à un processus de dislocation de l'État. Des rébellions militaires ont eu lieu, des groupes armés prolifèrent, surtout au nord du pays. Au début de 2013, la France a envoyé des troupes pour rétablir « l'ordre » et traquer les « terroristes ». Depuis, c'est l'incertitude. Le Mali pourra-t-il éviter l'éclatement ? La démocratie pourra-t-elle être rétablie ? Que faire pour éradiquer la misère ?*

Quelle démocratie pour quel développement ?

ANCIENNE COLONIE FRANÇAISE ayant accédé à l'indépendance en 1960, le Mali ne connaît la démocratie que depuis 1991. La révolte grondait contre le régime militaire appuyé par la France. Par de puissantes manifestations de

---

1. Voir l'entrevue de Jean Ziegler, « Les vrais bandits sont les multinationales », *Courrier international*, n° 1109, 2 février 2012.

Tableau 8
Le Mali en bref

Population	13,5 millions
Superficie	1 241 km^2
Grands centres urbains	Bamako (capitale), Gao, Mopti, Tombouctou, Sikasso
Revenu par personne	691 dollars (2011)
Le Mali selon l'IDH	0,359 (175e position)
Principales langues parlées	Bambara, malinké, français, arabe
Principales exportations	Coton, or, bétail
Statut politique	République unitaire
Chef de l'État	Diocounda Traoré (président par intérim)
Principaux partis politiques	Parti pour le développement économique et la solidarité (centre), Solidarité africaine pour la démocratie et l'indépendance (gauche), Mouvement national pour la libération de l'Azawad (indépendantiste)
Principaux mouvements sociaux	Coalition des alternatives « Dette et développement », Réseau des radios communautaires Kayira, Association malienne des droits de l'homme, Coordination des associations et ONG féminines, Union nationale des travailleurs maliens, Coordination nationale des organisations paysannes, Union des élèves et étudiants du Mali, Forum pour un autre Mali

masse, les étudiantɛs ont réussi à imposer le départ des militaires. Au début de l'expérience démocratique, les espoirs étaient immenses.

Le paradoxe

Cette transition ouvre la porte à une certaine liberté politique. Néanmoins, après un certain temps, tout le monde constate que la situation des couches populaires ne s'améliore guère. Depuis, la rumeur urbaine veut que la démocratie soit une sorte de « paravent » pour un régime plus soucieux de bien paraître et de satisfaire les bailleurs de fonds, plutôt que de s'atteler à la

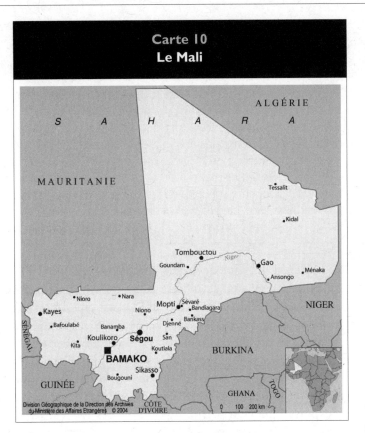

dure tâche de répondre aux attentes de la majorité de la population. En réalité, l'État est « capté » par une petite élite qui fonctionne main dans la main avec les grandes puissances, notamment la France, laquelle continue d'exercer une grande influence sur le Mali. Pendant ce temps, les dirigeants maliens sont occupés par toutes sortes de stratégies de captation de « l'aide au développement » et d'autres opportunités d'affaires. Sous l'influence de la Banque mondiale et du FMI, le gouvernement, pour réduire le déficit, impose des politiques d'ajustement structurel (délestage des fonctions sociales de l'État, privatisation du secteur public, libéralisation financière, etc.).

Résilience et pauvreté

La libéralisation de l'économie, applaudie par les institutions financières, ne contribue pas à améliorer la vie de la majorité des MalienNEs. Même le gouvernement admet que les objectifs de lutte contre la pauvreté, tels que

---

Encadré 23
La privatisation : pour qui et pourquoi ?

En 2003, le gouvernement malien privatise la Régie des chemins de fer du Mali. Un consortium canadien (Canac-Getma) l'acquiert à rabais. Peu après, les nouveaux propriétaires éliminent le transport des passagers, bien que le train soit très important pour les communautés locales. Autrement, des centaines de postes de travail sont supprimés. Devant cette situation, des collectivités, des travailleurs et des travailleuses mettent en place un « Collectif citoyen pour la restitution et le développement intégré du rail malien », lequel demande à l'État de renationaliser le service. Depuis, rien ne bouge. Le gouvernement continue d'appliquer les politiques de privatisation de la Banque mondiale.

---

définis dans le Plan stratégique de lutte contre la pauvreté (CSLP)[1], ne sont pas atteints, notamment dans le monde rural, où 61 % de la population survit en dessous du seuil de la pauvreté. Et la situation s'aggrave.

La persistance de la famine au Mali ne peut être expliquée que par la sécheresse. Depuis trente ans, la production alimentaire ne cesse de décliner. Les différents gouvernements qui se sont succédés ne se sont jamais trop intéressés au monde paysan. Sous l'influence de la France et des agences internationales, le Mali était « encouragé » à produire davantage de coton destiné à l'exportation. Une partie importante des terres fertiles ont été accaparées par des entreprises étrangères afin de produire pour l'exportation.

Encadré 24
Catastrophe humanitaire

Avec la sécheresse de 2009, la famine a été très grave, surtout dans le nord du pays, et ce, malgré des surplus agricoles enregistrés ailleurs au pays. Au même moment, les prix des denrées ont augmenté de 70 %. Au début de 2012, trois millions de MalienNEs étaient encore menacéEs par la faim. Dans le sillage des turbulences politiques et militaires, 200 000 personnes se sont réfugiées dans les pays voisins.

---

1. Les CLSP sont des cadres d'analyses et de propositions élaborés par la Banque mondiale en collaboration avec les gouvernements locaux. Par définition, chaque pays doit œuvrer à l'intérieur de ce cadre pour démontrer aux donateurs que la « stabilité macro-économique » (respect des politiques néolibérales) est assurée, même si on ajoute à cet objectif prioritaire la nécessité de « lutter contre la pauvreté ».

Encadré 25
L'assaut contre l'agriculture

Les programmes agricoles appliqués par les États, sur injonction des bailleurs de fonds, ont en effet tourné le dos aux politiques qui, naguère, assuraient une assistance technique de proximité aux producteurs. [...] La fragilisation de ce secteur a été renforcée par une libéralisation tous azimuts et l'ouverture des marchés aux produits importés qui ont fini d'asphyxier pratiquement une agriculture africaine guère concurrentielle. Aujourd'hui, les marchés africains croulent sous les labels asiatiques, européens, etc., face à quelques rares poches de résistances et d'alternatives pour la promotion du «consommer local».

Tidiane Kassé, *Crise alimentaire au Sahel : vrai problème, fausses solutions*, <www.pambazuka.org/fr/category/features/66106>.

La malédiction minière

Jusqu'à récemment, les exportations de produits agricoles faisaient du Mali un petit joueur dans l'économie mondiale sur le plan du commerce et des investissements. Or, voilà que cette situation change avec l'essor des projets miniers, lesquels sont liés à l'envolée des prix de certaines ressources comme l'or et l'uranium. Aujourd'hui, le Mali est le troisième producteur d'or en Afrique (après l'Afrique du Sud et le Ghana). Toutefois, ces richesses ne profitent guère au pays. Sous la pression de la Banque mondiale, le Mali a adopté en 1991 un nouveau «code minier» qui permet aux entreprises multinationales d'opérer pratiquement à leur guise (l'État, contrairement à la législation antérieure, ne peut plus être l'actionnaire majoritaire d'entreprises). Par ailleurs, les redevances payées à l'État représentent moins de 30 % de la valeur des exportations. Dans certains cas, les mines exploitent le travail des enfants. Si les retombées économiques sont mitigées, les dégâts environnementaux sont de plus en plus évidents. La plupart des mines sont à ciel ouvert. Les débris de terre, de sable et de minerais contaminent les nappes phréatiques.

Un pays au bord du gouffre

Cette situation est la toile de fond des déboires actuels de l'État malien. En mars 2012, le président élu, Amadou Toumani Touré (dit ATT), a été

Encadré 26
La course aux ressources

Les capitaux étrangers s'intéressent de plus en plus au Mali. Depuis la mise en place de l'Agence malienne de promotion des investissements en 2005, les capitaux étrangers sont encouragés sans restriction (y compris le rapatriement des dividendes et des produits des ventes et des liquidations). Sur le plan agricole, 2,5 millions d'hectares de terres arables (sur un total de 4,7 millions) sont à vendre à quiconque veut les acheter. Sur le plan minier, le Mali est bien pourvu en or (l'entreprise sud-africaine Anglogold domine ce secteur), en bauxite et en uranium. Depuis quelque temps, des opérations d'exploration et de forage sont en expansion pour trouver du pétrole dans le nord du pays, là où se déroulent des conflits armés. Les considérations économiques et politiques lient ensemble le Mali et d'autres pays de la région (notamment le Niger), où les gisements d'uranium servent à alimenter les centrales nucléaires en France. Il est difficile de croire, comme l'affirme le président français François Hollande, que l'intervention de l'armée française au Mali n'est pas liée à ces investissements stratégiques.

renversé par l'armée qui, par la suite, est rentrée dans ses casernes, mais en laissant le pouvoir dans une situation de grande fragilité. Pendant cette période, le nord du pays a été occupé par différentes bandes armées. Dans une large mesure, la rébellion au nord du pays est en quelque sorte un produit « dérivé » de la dislocation, en 2011, de la Libye, car des milliers de Maliens y étaient enrôlés en tant que mercenaires. À leur retour au Mali, après la chute du régime libyen, ces militaires ont constitué l'épine dorsale de la mouvance islamiste (« Al-Qaïda au Maghreb islamique » ou AQMI) tout en se réclamant du « Mouvement national de libération de l'Azawad » qui revendique l'autonomie des régions du nord où est concentrée l'importante minorité touareg.

L'État malien de même que l'armée nationale ont été incapables de ramener l'ordre et de protéger les populations locales. C'est dans ce contexte qu'est survenue l'intervention de l'armée française secondée par des contingents militaires de différents pays africains. Devant cette situation, la population est divisée. Pour certainEs, il était impératif d'empêcher la mainmise des groupes islamistes et, par conséquent, l'arrivée des soldats français a été un moindre mal. Pour d'autres, la France a joué le rôle du pompier-pyromane en encourageant (en sous-main) la dislocation du pays, ce qui lui a permis de se présenter comme une puissance salvatrice, tout en visant la protection des intérêts économiques et militaires français dans la région. Le gouvernement français promet que son intervention sera de courte durée, le temps de refouler les islamistes. Néanmoins, plusieurs MalienNEs sont sceptiques et craignent que cette présence militaire ne perdure dans le dessein de préserver les intérêts français au Mali et dans les pays voisins.

Encadré 27
Repenser la démocratisation

Il est illusoire et suicidaire de croire que nous sommes un pays libre et indépendant, qui a juste besoin de dirigeants démocratiquement élus pour aller de l'avant. [...] Il convient de [...] repenser l'indispensable démocratisation du Mali en termes de seconde libération. Cette exigence qui s'imposait au plan politique, économique, monétaire et culturel revêt désormais une dimension territoriale. [... Il convient de] privilégier la résistance par le réarmement moral, la créativité politique et la solidarité envers les plus vulnérables en l'occurrence les femmes, les jeunes et les ruraux. [...] Pendant que le Mali s'enlise dans la guerre au Nord et que les Maliens se demandent comment survivre, le pillage de l'or, dont leur pays est riche, se poursuit allègrement au profit des multinationales. Il nous appartient d'être perspicaces dans l'analyse des enjeux et des rapports de force et audacieux dans la défense des intérêts de

Aminata Traoré, ancienne ministre du Mali

notre pays qui ne sauraient être confondus avec le compte en banque de quelques individus légitimés par des élections frauduleuses. [... Il convient de] rappeler aux puissances occidentales que ce sont les mêmes politiques d'assujettissement et de pillage qui sont à l'origine de l'émigration « clandestine », l'intégrisme religieux et les attentats qu'ils qualifient de terroristes.

Extrait d'une déclaration signée par plusieurs personnalités et animateurs de la société civile malienne, dont Aminata Traoré.
« Mali : chronique d'une recolonisation programmée », *Pambazuka News*,
4 avril 2012, < http://pambazuka.org/fr/category/features/81325>.

Essor des mouvements sociaux

Dans ce contexte de crise, on observe une radicalisation de la population. Des mouvements sociaux font pression pour que la société civile agisse sur le plan politique.

Encadré 28
L'exploitation des ressources naturelles doit bénéficier
aux populations africaines

Nous avons relevé : l'exploitation effrénée des ressources naturelles ; des revenus substantiels issus de cette exploitation effrénée, sans amélioration notable dans la qualité de vie des populations locales ; les violations des droits des communautés riveraines, notamment les droits à l'eau, à l'alimentation, à un environnement sain, à la participation et à l'information, par les entreprises opérant en Afrique et les gouvernements hôtes ; le déplacement, la dépossession des terres, la réinstallation et la relocalisation des communautés riveraines. [...]

Nous formulons les recommandations ci-après : aux gouvernements respectifs [...] de faire respecter les différentes lois et les meilleures pratiques en rapport avec le déplacement, la dépossession des terres, la réinstallation et la relocalisation des communautés riveraines ; [... de] rétablir dans leurs droits les communautés affectées par les méfaits de l'exploitation des ressources naturelles.

Déclaration de Conakry en faveur d'une exploitation des ressources naturelles bénéficiant
aux populations africaines, Forum social de l'Afrique,
15 mars 2011, < www.liberationafrique.org/spip.php?article2673 >.

Différents mouvements résistent aux politiques mises en place, comme la Coordination nationale des organisations paysannes, qui s'oppose à la privatisation de l'entreprise publique « Huilerie cotonnière du Mali ». Fait à noter, ces initiatives populaires sont de plus en plus coordonnées, grâce à l'utilisation des moyens de communication comme les radios communautaires du réseau Kayira. Des rassemblements importants ont eu lieu à la suite du Forum social mondial (qui s'est tenu à Bamako en 2006), comme le Forum pour un autre Mali (FORAM), qui sert de plateforme aux organisations populaires qui s'opposent à la recolonisation du Mali[1].

Le Mali dans le monde / Le monde au Mali

Pendant longtemps, le Mali a été la chasse gardée de la France. Les MaliennEs sont devenuEs la main-d'œuvre bon marché des plantations de la Côte d'Ivoire et pour les travaux que personne d'autre ne veut faire en

---

1. Le site web du FORAM se trouve à < http://www.foram-forum-mali.org/ >.

France. Les richesses du pays étaient pillées. Ce dispositif qu'on a appelé « Françafrique » liait des acteurs gouvernementaux, des entreprises, des militaires, au moyen d'un système caractérisé par une corruption endémique[1]. Encore aujourd'hui, ces réseaux sont très actifs pour assurer la promotion des intérêts des puissances et empêcher une réelle démocratisation du pays.

Dans la grande tourmente. Aujourd'hui, au Mali et généralement en Afrique, l'influence française est en déclin. Les États-Unis cherchent à mieux s'implanter en Afrique subsaharienne, sorte de « porte-arrière » des pays du Maghreb, au cœur de grandes turbulences. Il apparaît que la « menace islamique » brandie par les puissances occidentales pour faire pression sur le Mali est utilisée pour resserrer leur contrôle. Pour Aminata Traoré, une personnalité du mouvement social et ancienne ministre, l'Afrique est encore une fois menacée de « balkanisation », comme cela a été le cas lors du grand partage colonial de 1885.

Illustration 13
RéfugiéEs du Nord-Mali, dans le camp de M'béra, en Mauritanie

© MSF

L'aide au développement dans une impasse. Pendant ce temps, la Chine apparaît dans le décor avec des investissements et un savoir-faire qui impressionnent. L'influence croissante de la Chine est d'autant plus spectaculaire

1. Voir notamment François-Xavier Verschave, *Noir silence : qui arrêtera la Françafrique ?*, Paris, Les Arènes, 2000.

que les programmes d'aide des puissances traditionnelles dans la région stagnent. Or, cette tendance est grave : 50 % des dépenses publiques au Mali dépendent de l'APD. Depuis les turbulences commencées en 2012, des programmes d'aide ont été suspendus par les donateurs.

Des solutions africaines ? Le Mali, mais également le Niger, le Burkina Faso, le Sénégal, la Mauritanie et la Côte d'Ivoire sont des pays, à différents degrés, sur la « corde raide ». Ils sont fragilisés par la misère et la dépendance. Ils sont aux prises avec des systèmes de pouvoir opaques et peu représentatifs, qui agissent au nom d'une « démocratie » de façade, ce qui semble satisfaire les puissances, qui perpétuent les pratiques de prédation datant de la colonisation. Comment ce joug pourra-t-il un jour être brisé ? Un des facteurs les plus importants sera la capacité, la détermination et l'organisation des mouvements sociaux et politiques dans chacun des pays en question. Toutefois, il est peu probable qu'un nouvel élan d'émancipation puisse briser ce mur sur une base strictement nationale. C'est ce constat qui a entraîné plusieurs mouvements à penser des initiatives dépassant les frontières, comme le Forum social africain, sachant qu'une réelle reconstruction ne pourra réussir qu'en conjuguant les efforts de plusieurs États et nations. Éventuellement, si le contexte évolue favorablement pour les mouvements populaires, de nouveaux mécanismes d'intégration africaine pourraient être repensés, un peu comme on l'observe en Amérique latine. Cette idée du panafricanisme, qui avait été évoquée au moment de l'indépendance par des dirigeants africains comme Patrice Lumumba (Congo), Kwame Nkrumah (Ghana) et Modibo Keïta (Mali), pourrait reprendre vie plus rapidement que l'on ne le pense, puisqu'elle est l'une des clés de la renaissance africaine.

POUR EN SAVOIR PLUS :

SE DOCUMENTER :

On peut écouter le réseau des radios communautaires Kayira en se branchant sur leur site, < www.radiokayira.info/ >

Le site de *Pambazuka News* documente l'actualité de l'Afrique (en français, en anglais et en portugais), < www.pambazuka.org/fr/ >.

Gisèle Belem a écrit un chapitre sur la pauvreté et les questions environnementales au Mali dans l'ouvrage coordonné par Bonnie Campbell, *Ressources minières en Afrique. Quelle réglementation pour le développement ?*, Montréal, Presses de l'Université du Québec, 2011.

À VOIR :

Souleymane Cissé raconte la vie quotidienne et les résistances au Mali, < www. slateafrique.com/64743/souleymane-cisse-oeil-incisif-sur-le-mali >.

ÉTUDIER :

L'Université Laval dispose d'une unité de recherche spécialisée, le Groupe interuniversitaire d'études et de recherches sur les sociétés africaines, < www. giersa.ulaval.ca/cms/index.php?menu=32&temps=1365513634 >.

COOPÉRER :

Plusieurs stages au Mali sont offerts par des organismes québécois :

- SUCO, < http://suco.org/suco/engagement/stages/programme-quebec -sans-frontieres/ >.
- Comité régional d'éducation pour le développement international de Lanaudière, < www.credil.qc.ca/in >.
- Carrefour de solidarité internationale, < www.csisher.com/stages >.
- Comité de solidarité de Trois-Rivières, < www.cs3r.org/show.php?id= 2398 >.
- Cégep de Rivière-du-Loup, < http://cfci.cegep-rdl.qc.ca/temoignages. html >.
- CECI, < www.ceci.ca/fr/actualites-et-medias/nouvelles/les-stages-quebec -sans-frontieres-2011-2012-sont-ouverts/>.
- La Faculté de médecine de l'Université de Sherbrooke, < www.usher-brooke.ca/fmss-relations-internationales/fr/projets-en-cours/mali/ >.

Le Mali est un des vingt pays prioritaires de l'Agence canadienne de développement international, < www.acdi-cida.gc.ca/acdi-cida/ACDI-CIDA. nsf/fra/JUD-3291558-JR2 >. Il reste à voir si l'absorption de l'ACDI par le ministère des Affaires extérieures et du Commerce international (décidée par le gouvernement canadien en mars 2013) maintiendra le lien entre le Canada et le Mali.

Troisième partie

Les nouveaux chemins de la solidarité

Pierre Beaudet

Le paysage changeant de la coopération

LA COOPÉRATION INTERNATIONALE est née des programmes de développement mis sur pied au lendemain de la Deuxième Guerre mondiale. Elle s'est matérialisée avec les initiatives de l'ONU, de la Banque mondiale, des agences de développement nationales (comme l'ACDI au Canada) et même des ONG. Aujourd'hui, cependant, le monde a changé et, avec lui, la coopération internationale, laquelle connaît une période de grandes mutations.

L'impact de la mondialisation

ON ASSISTE à l'heure actuelle à une intégration accélérée des sociétés, des États et des formations sociales du monde entier dans un système capitaliste mondial bien structuré et puissant (voir le chapitre *Un monde recomposé par la crise*). Cependant, durant la dernière décennie, les rapports entre les États ont changé. L'influence des pays du G8 a décliné et, parallèlement, celle de certains pays dits « émergents » a augmenté, ce qui transforme l'architecture mondiale sur tous les plans. En apparence, le centre de gravité du monde se déplace.

Néanmoins, les écarts entre le Sud et le Nord perdurent! La « triade » de l'Amérique du Nord, du Japon et de l'Union européenne, qui représente 15 % de la population mondiale, continue de fournir 75 % de la production sur le plan mondial. Samir Amin, un économiste égyptien de renommée internationale, estime que la domination des pays riches du G8 est encore là pour rester. On observe cette continuité dans le tableau suivant qui illustre l'aggravation de l'écart entre les pays riches du Nord et les pays du tiers-monde depuis plus de soixante ans à une seule (et importante) exception, la Chine.

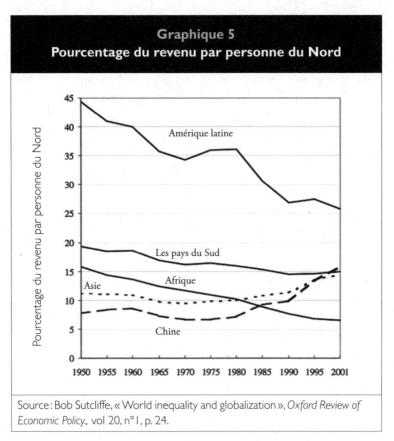

Graphique 5
Pourcentage du revenu par personne du Nord

Source : Bob Sutcliffe, « World inequality and globalization », *Oxford Review of Economic Policy*, vol 20, n° 1, p. 24.

L'aide au développement décline

DANS CE PAYSAGE CONTRASTÉ, les programmes d'aide au développement ou les programmes de coopération évoluent rapidement. De manière générale, ces programmes subissent un déclin et sont loin d'atteindre les niveaux espérés évoqués par l'ONU dans les années 1970. Les pays riches de l'époque avaient promis de consacrer 0,7 % de leur revenu national brut à cette coopération, mais, outre une poignée de pays comme la Suède ou la Norvège, ces promesses n'ont jamais été tenues.

En 2000, l'Assemblée générale de l'ONU tentait de relancer la question avec le programme dit des Objectifs du millénaire. Les pays membres s'étaient engagés à trouver 150 milliards de dollars par année en dons supplémentaires pour éradiquer la pauvreté extrême, mettre les enfants à l'école et réduire le nombre de victimes du SIDA et d'autres épidémies meurtrières qui frappent les pays les plus pauvres de la terre. Ces objectifs devaient être atteints en 2015. Cependant, peu de temps après, les priorités de plusieurs pays riches ont changé avec le début de la « guerre sans fin » en Afghanistan, en Irak et dans d'autres pays du Moyen-Orient. Les promesses du millénaire ont été reniées et, selon les études récentes de l'ONU, les financements ne sont pas au rendez-vous et, par conséquent, la plupart des Objectifs du millénaire ne seront pas atteints.

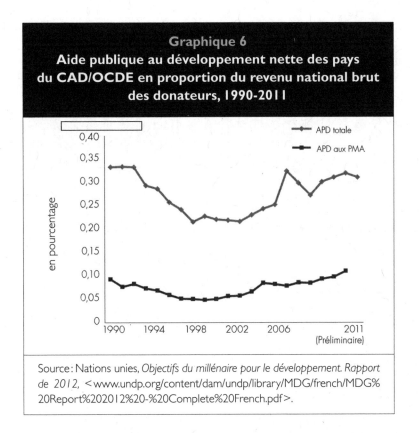

Graphique 6
Aide publique au développement nette des pays du CAD/OCDE en proportion du revenu national brut des donateurs, 1990-2011

Source : Nations unies, *Objectifs du millénaire pour le développement. Rapport de 2012*, <www.undp.org/content/dam/undp/library/MDG/french/MDG%20Report%202012%20-%20Complete%20French.pdf>.

Depuis la crise de 2008, plusieurs pays traversent des périodes d'austérité et de coupes budgétaires qui perturbent l'aide au développement. Le Japon a réduit son budget d'aide de quatre milliards de dollars. D'autres pays, les États-Unis par exemple, ont détourné une partie importante de leur aide vers les pays où ils sont militairement engagés, en Afghanistan notamment. Cela s'accomplit au détriment des programmes antérieurement mis en place dans les pays pauvres d'Afrique subsaharienne.

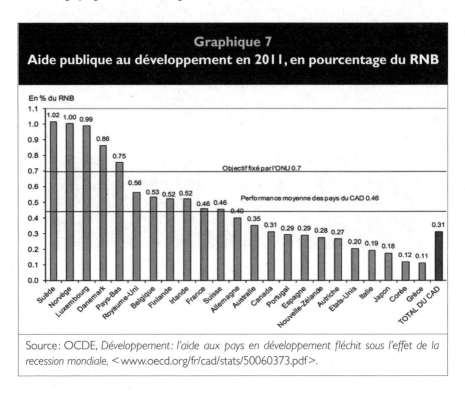

Graphique 7
Aide publique au développement en 2011, en pourcentage du RNB

Source: OCDE, *Développement: l'aide aux pays en développement fléchit sous l'effet de la recession mondiale*, <www.oecd.org/fr/cad/stats/50060373.pdf>.

Les « nouveaux » joueurs

Alors que le déclin des donateurs traditionnels se poursuit, des États et d'autres organisations font leur place dans le paysage de l'aide au développement. La Chine, le Brésil, l'Inde, le Mexique, l'Argentine, la Corée du Sud, la Turquie et l'Arabie Saoudite sont maintenant des donateurs importants, tant par les agences internationales que dans le cadre de programmes bilatéraux (de pays à pays). Certes, cette aide reprend globalement le même « modèle » que celui pratiqué par les G8. Il est étroitement lié aux intérêts commerciaux, économiques, géopolitiques des nouveaux donateurs. Cependant, en Amérique latine, une nouvelle coopération prend forme à l'échelle régionale avec des mécanismes plus ouverts et plus généreux. C'est le cas du projet de l'Alliance bolivarienne des Amériques, initié par le Venezuela et Cuba. L'ALBA regroupe maintenant une demi-douzaine de pays de l'hémisphère. Concrètement, les pays participants s'échangent des services (dans le domaine de la santé et de l'éducation). Les pays plus riches (Venezuela) aident les plus pauvres (Bolivie, Cuba).

La coopération de peuple à peuple

DEPUIS LONGTEMPS, des peuples s'entraident. À l'époque où l'aide publique au développement connaissait un essor, des programmes d'appui au travail de coopération des organisations de la société civile (ONG, coopératives, syndicats, mouvements sociaux, etc.) ont été mis en place avec des subsides de l'État. Maintenant que la tendance s'inverse, cette coopération de peuple à peuple est appauvrie financièrement, mais elle se poursuit et, même, prend de l'ampleur. En fait, des milliers d'organismes, petits et grands, s'investissent dans la coopération et dans l'aide au développement, souvent avec des moyens très modestes. Mises tout ensemble, ces initiatives deviennent importantes, aussi bien dans ce domaine que dans des champs spécifiques comme l'économie sociale. Fait à noter, cette coopération terre-à-terre se constitue en réseaux qui se rassemblent et s'entraident dans des secteurs comme l'éducation, la santé, le développement rural. Des réseaux de réseaux comme le Forum social mondial sont également des lieux de discussion et de concertation de la coopération populaire et solidaire.

Encadré 29
Que faire?

Il faut s'inspirer de certains mouvements sociaux [...] qui s'organisent entre eux en inventant de nouvelles formes de liens sociaux et de nouvelles manières d'assurer leur existence. [...] Tous partent du constat suivant: au cours des dernières décennies, toutes les mesures prises au nom du «développement» ont conduit à l'expropriation matérielle et culturelle. Leur échec a été si total qu'il est vain de vouloir persévérer dans cette voie. [...] Par conséquent, la tâche principale consiste à restaurer l'autonomie politique, économique et culturelle des sociétés marginalisées. [...] Très rapidement, la confiance en soi libère l'initiative, la reconstitution du lien social entraîne celle de la solidarité, l'insoumission aux anciens pouvoirs fait apparaître de nouvelles possibilités non seulement de tirer son épingle du jeu, mais aussi d'acquérir de nouvelles ressources.

Gilbert Rist, *Le développement. Histoire d'une croyance occidentale*, Paris, Presses Sciences Po, 1996, p. 398-401.

François Audet

Le dilemme humanitaire

LA FONDATION de l'humanitaire contemporain est généralement attribuée à Henry Dunant avec la création de la Croix-Rouge à la fin du XIXᵉ siècle. Ce mode d'action politique a désormais pris une grande importance dans le domaine de l'aide internationale et des relations entre les États. L'objectif de ce texte est d'exposer sommairement les principales caractéristiques, limites et dimensions de l'humanitaire comme action politique dans les relations internationales.

L'humanitaire : une action à définir

QUICONQUE S'INTÉRESSE à la question de l'aide humanitaire réalise qu'il n'y a pas consensus concernant sa définition. Compte tenu de l'envergure de ce système et de sa portée à la fois locale, nationale et internationale, ainsi que de sa multidisciplinarité, bien cerner « l'humanitaire » est particulièrement complexe. La multiplicité des définitions souligne la difficulté qu'il peut y avoir à circonscrire ce phénomène. Non seulement ces définitions varient-elles en fonction des disciplines, mais aussi des contextes, des représentations, du sens donné aux notions d'intervention, d'humanité, d'humanisme et de compassion. Elles sont aussi fonction de la temporalité de l'action, qui se modèle par l'urgence ou le développement ou encore l'objet visé (cible), suivant que l'action s'adresse aux individus ou aux institutions.

L'initiative *Good Humanitarian Donorship* (GHD), qui regroupe plus d'une vingtaine d'États, propose une définition orthodoxe, qui reprend les principaux éléments constituants de l'aide humanitaire, où il s'agit « […]

de sauver des vies, d'atténuer les souffrances et de préserver la dignité humaine pendant et après des crises provoquées par l'humain ou des catastrophes naturelles, ainsi que de prévenir de tels événements et d'améliorer la préparation à leur survie ». Au plan conceptuel, cette définition comprend deux éléments particuliers qu'il faut voir de manière distincte : la dimension « temporelle » de l'action humanitaire et l'objet, ou la « cible », de cette action. Ces deux éléments – la temporalité et la cible – permettent de distinguer de manière plus précise l'aide humanitaire de l'aide au développement.

Le premier élément est donc la notion de temporalité, qui est au cœur du débat sur l'action humanitaire. En effet, la durée des interventions est l'un des facteurs susceptibles de créer une confusion sur les « rôles » et les « objectifs » sous-jacents aux intérêts des organisations qui interviennent lors des catastrophes d'origine humaine ou environnementale. Comme la définition de GHD l'indique, l'aide humanitaire s'exerce selon différentes temporalités. On peut établir deux temporalités particulières, soit le moment où il s'agit de « sauver des vies » – synonyme de l'urgence contextuelle et de la période suivant immédiatement une crise – et le moment périphérique à l'urgence immédiate ayant pour objet de « prévenir » et de « reconstruire ». Il semble donc y avoir un domaine humanitaire à « court terme » et un domaine humanitaire à « moyen terme », qui obéissent à des logiques complémentaires, mais distinctes.

L'humanitaire à court terme est circonscrit au moment de l'urgence où la possibilité de « sauver des vies » est l'objet central de l'action. Sur le plan opérationnel, par exemple, il s'agit des scénarios de réponse humanitaire qui surviennent alors que des personnes sont piégées sous les décombres à la suite d'un tremblement de terre comme ce fut le cas en Haïti en 2010, ou lorsque des civils fuient des zones de conflits armés. Cet humanitaire à court terme est également synonyme du concept « d'impératif humanitaire ». Selon la charte humanitaire, ce concept est défini comme « toutes les mesures nécessaires et possibles qui doivent être prises pour porter assistance et protection aux populations ». Spécifiquement, l'objectif de cette urgence est le sauvetage des individus, la réponse s'effectue en fonction des besoins et fait référence à un humanitaire pragmatique en opposition à un humanitaire réflexif qui disposerait du luxe du « temps » pour penser et agir. Dans ce contexte d'une approche individualisée, l'ambition n'est pas de « transformer » en améliorant les conditions de vie des individus, mais plutôt d'arrêter l'intervention – et se retirer de la zone –, une fois le sauvetage effectué. Bien que les contextes varient, cette action couvre généralement une très courte période (approximativement d'un à trente jours). Par ailleurs, cette temporalité prend une autre dimension lors de crises chroniques ou dans les camps de réfugiées.

L'humanitaire à moyen terme, quant à lui, consiste à préparer la réaction aux crises et à les prévenir (en amont de l'humanitaire à court terme), ainsi qu'assurer la reconstruction (en aval) une fois les opérations de sauvetage effectuées. L'humanitaire à moyen terme cible davantage les groupes (communautés, villages) et les institutions (organisations communautaires, groupes de citoyenNes, municipalités, États) que les individus eux-mêmes. En comparaison avec l'aide d'urgence à « court terme », cette approche se caractérise par un objectif de « transformation » des groupes pour « améliorer les conditions de vie », « diminuer les risques » et « atténuer les impacts ». Dans le cas des institutions, cela comprend également des éléments de reconstruction physique et sociale. Malgré la variabilité des contextes, cette action couvre une période approximative d'un à douze mois, mais peut durer pendant plusieurs années dans les cas de très grands désastres comme celui du tsunami de 2005 qui a frappé l'Asie du Sud-Est.

Au-delà de ces périodes à « court terme » et à « moyen terme », qui constituent l'action humanitaire contemporaine, on retrouve une action développementaliste où sont mises en œuvre des politiques d'aide au développement. À côté de l'humanitaire, l'aide au développement vise les individus comme les institutions, mais son objectif central est essentiellement la « transformation » et l'amélioration, au moyen d'une action à long terme (économique, politique, etc.), des conditions de vie.

Acteurs et actrices de l'humanitaire

L'aide humanitaire s'inscrit généralement dans les politiques d'aide publique au développement. Ces politiques étrangères sont ordinairement déterminées en fonction de l'intérêt des pays donateurs. Ces États disposent d'agences responsables de la gestion et de l'attribution des fonds d'aide humanitaire. Au Canada, le Programme d'aide humanitaire international (PAHI) joue ce rôle dans l'ACDI. Comme État membre des Nations unies, le Canada est également partie prenante d'agences humanitaires onusiennes telles que le Haut-Commissariat aux réfugiés (HCR), le Programme alimentaire mondial (PAM) ou le Bureau de coordination des affaires humanitaires (OCHA). Cela constitue l'aide humanitaire multilatérale. Les organisations humanitaires de type non gouvernementales, qui mettent en œuvre des programmes ou des projets, se déclinent sous différentes formes et sont omniprésentes sur les théâtres des opérations.

Historiquement, on reconnaît généralement quatre générations de l'humanitaire contemporain, la première étant la fondation du mouvement de la Croix-Rouge et les courants idéalistes de la Première Guerre mondiale. Il est en effet reconnu que la Croix-Rouge constitue l'acteur prépondérant du mouvement humanitaire. Après avoir régné en solitaire jusqu'à la fin de la Deuxième Guerre mondiale, le monopole de la Croix-Rouge a pris fin avec la création d'agences onusiennes ayant un mandat humanitaire (comme le HRC) et des organisations anglo-saxonnes (comme CARE – *Cooperative for Assistance and Relief Everywhere*) dans les années 1950, lesquelles constituent la deuxième génération de l'humanitaire.

Né en France, le mouvement « sans frontières » constitue la troisième génération. Depuis les années 1970, cette génération d'organisations lie les actions urgentistes aux plaidoyers politiques. Effectivement, le mouvement humanitaire a subi une division lorsqu'un groupe de médecins s'est dégagé de la Croix-Rouge pour fonder l'organisation Médecins sans frontières (MSF). Cette brèche dans le mouvement a forcé l'ouverture d'un débat important sur l'utilisation et l'interprétation des principes humanitaires, mais a aussi entraîné l'arrivée massive de plusieurs organisations qui ont vu dans cet événement la possibilité d'élargir une action pratique arrimée à un discours politique. Ce moment dans l'histoire de l'humanitaire est crucial, car il aura scindé un mouvement qui était alors assez homogène. Si certainEs considèrent que ce nouveau modèle conceptuel contribue à élargir le champ d'application des idéaux d'Henry Dunant, d'autres pensent que cette scission dans le monde humanitaire contribue à la dissipation du mode d'action et du discours humanitaire, altérant ainsi l'interprétation originale de ses principes.

La quatrième vague est considérée comme étant celle de la spécialisation. Elle voit l'arrivée d'organisations ayant des mandats ou une expertise très pointue dans un domaine particulier. Handicap International est un bon exemple de ce type d'organisations. Elle se consacre au soutien des personnes handicapées. On observe depuis la dernière décennie l'émergence de nouvelles structures constituées notamment d'organisations issues des nouveaux pays donateurs (Brésil, Mexique et Thaïlande notamment). Même si certainEs voient dans l'arrivée de ces nouveaux joueurs une nouvelle influence dans le système humanitaire, il reste que ce groupe d'acteurs est encore négligeable par rapport aux organisations occidentales dominantes. Ainsi, le régime de l'aide humanitaire s'institutionnalise à travers cette pléthore d'organisations internationales spécialisées (agences onusiennes), transnationales et d'ONG.

Limites et défis

Toutes ces organisations, soutenues par des bailleurs de fonds institutionnels et privés, œuvrent dans un nouveau contexte international qui a été redéfini à la suite de la fin de la guerre froide et de l'adoption de nouvelles politiques sécuritaires postseptembre 2001. On peut identifier au moins deux grands défis de l'humanitaire moderne.

Le premier défi concerne l'accès aux populations civiles et les enjeux de sécurité. En effet, avec le début de la guerre au terrorisme, qui a suivi les événements du 11-Septembre, les conflits, comme la réponse humanitaire qui s'ensuit, ont subi d'importantes mutations. La transformation des théâtres d'opérations humanitaires ne s'est pas faite sans perturber les différents acteurs qui y participent. Cela a généré un débat encore d'actualité. De nombreuses analyses critiques et craintes ont été soulevées, notamment par le secteur des ONG humanitaires. Ces critiques portant sur la tendance à la politisation et à la militarisation de l'aide ont contribué au questionnement sur l'importance de ces transformations pour l'espace humanitaire. En effet, l'acteur humanitaire cherche à définir la marge de manœuvre avec laquelle il peut opérer en situation de conflit, protégeant ainsi son terrain d'action de l'influence de l'acteur militaire et de l'État qu'il représente.

Encadré 30
L'espace humanitaire

Le concept « d'espace humanitaire » est complexe, mais fondamental au mouvement humanitaire. Il peut se comprendre comme un espace de liberté d'intervention civile, caractérisée par certains principes et normes, comme ceux contenus dans la Charte humanitaire. Dans cet environnement complexe se côtoient de multiples acteurs aux objectifs divers et parfois antinomiques. L'acteur humanitaire utilise cet espace afin de réaliser son mandat qui consiste notamment à porter assistance et protéger les populations civiles victimes de conflits. Son objectif est d'avoir un accès direct et constant à ces victimes. L'acteur militaire, quant à lui, répond aux intentions de l'État politique qu'il représente afin de défendre la sécurité et les intérêts nationaux. L'espace humanitaire est donc plus qu'une zone physique. Il s'agit d'une zone symbolique déterminée par un environnement fonctionnel d'intervention dans lequel les organisations humanitaires cherchent à maintenir une action intégrée, et idéalement impartiale et non politisée. Il est le résultat d'une prise de conscience des multiples acteurs impliqués dans les zones de conflit qui prônent le respect des Droits de la personne et du Droit international humanitaire.

Illustration 14
Camp de réfugiéEs à Dadaab, au Kenya

© UNICEF

L'insécurité alimentaire chronique s'est intensifiée après une sécheresse importante provoquant une grave crise humanitaire dans la Corne de l'Afrique.

Le second défi concerne la question de l'efficacité. En effet, l'aide humanitaire n'a pas échappé aux débats sur l'efficacité de l'aide et sur les enjeux liés à la bonne gouvernance. S'inscrivant dans le continuum de l'aide au développement, l'aide humanitaire est soumise aux mêmes impératifs d'efficacité et d'impact que les programmes de politiques étrangères, ainsi qu'à la reddition de comptes quant aux investissements des pays donateurs. D'une part, ces exigences imposent une lourdeur bureaucratique aux organisations qui doivent répondre aux importantes exigences des bailleurs de fonds. D'autre part, l'enjeu de la capacité d'absorption de l'aide humanitaire dans les États en crises ou fragiles est souvent évoqué. Le problème se pose lorsque l'aide canalisée dans un pays dépasse les moyens de gestion de cet État. La documentation actuelle montre que, si un grand nombre de ces États bénéficiaires peuvent administrer plus d'aide qu'ils n'en reçoivent, plusieurs encaissent beaucoup trop d'aide par rapport à leur capacité. Ce phénomène est notamment causé par le manque de capacités des institutions locales.

CertainEs auteurEs concluent que les conditions comme la faiblesse des institutions, la pauvreté, les inégalités sociales, la corruption, la violence civile et les conflits armés ne sont pas des contextes « originaux », mais se sont déjà produits dans ces pays. Cela suggère que l'aide humanitaire internationale serait responsable – du moins en partie – de l'affaiblissement des capacités des institutions locales.

La coordination et la concurrence des acteurs sont également des enjeux majeurs dans le débat sur l'efficacité. On estime que, même si la coordination et l'harmonisation entre les acteurs s'effectuent correctement, notamment par les tables de concertation sectorielle, il existe des obstacles importants affaiblissant l'efficacité des interventions. L'amplitude et la dynamique de la crise, le manque de confiance entre les organisations et les intérêts politiques des donateurs contribuent à entraver les efforts de coordination. Il semble également que la concurrence entre les acteurs (États et organisations) soit un facteur important dans l'efficacité des interventions humanitaires. Effectivement, il apparaît que tous les acteurs favorisent leurs intérêts au détriment de ceux des autres. Cette concurrence provient de la recherche de financements et des besoins de survie institutionnels.

Si le débat sur l'efficacité de l'aide au développement soulève un grand intérêt dans les recherches scientifiques, la réforme de l'aide humanitaire qui est en cours passe assez inaperçue. Le débat sur l'efficacité de l'aide au développement aura malgré tout touché directement le système d'organisations humanitaires. En effet, la réforme, qui a été entreprise vers le milieu des années 1990 par certaines ONG, a été suivie par les principaux bailleurs de fonds de la Direction de la coopération pour le développement (DAC) de l'OCDE. Institutionnalisée en 2005 par les Nations unies, cette réforme est désormais à l'ordre du jour chez tous les acteurs humanitaires. Elle vise tant les processus, les secteurs d'intervention, les acteurs, la responsabilité, la performance, la préparation et la coordination. Or, en dépit de l'importance de la réforme et des publications officielles produites par le Bureau de la coordination des affaires humanitaires des Nations unies, il y a une carence de références scientifiques sur le sujet et sur les critiques plus poussées de l'action humanitaire internationale.

Éléments de conclusion

LE CONCEPT D'AIDE HUMANITAIRE reste donc mal défini. Si on peut arriver à circonscrire un certain nombre de paramètres généraux, il apparaît cependant impossible de pouvoir appliquer une définition unique à l'ensemble des contextes. En effet, le contexte dans lequel œuvrent les organisations humanitaires est également susceptible d'influer sur le type et la durée de l'intervention, sur les modalités des relations avec les partenaires locaux ainsi que sur le groupe cible (individus ou institutions). Par exemple, il est raisonnable de soutenir que, durant un conflit armé de haute intensité, comme le contexte syrien de 2012-2013, les organisations ne réaliseront pas le même genre d'activités humanitaires que dans une situation de sécheresse, comme dans le cas du Sahel en 2012. De même, l'intervention, la cible et le rapport avec les partenaires seront différents dans un contexte où les capacités des institutions locales sont « fortes » ou « faibles ». Le cas de la triple catastrophe de 2011 au Japon comparé à celui du tremblement de terre survenu en Haïti en 2010 en est un excellent exemple.

Dans ces multiples scénarios, il faut noter également « l'effet de surprise » ou inversement, la prévisibilité de la crise. En effet, l'intervention diffère grandement lorsqu'une catastrophe survient de manière complètement imprévisible comme dans les cas de tremblement de terre ou dans les cas plus prévisibles de certains conflits latents.

Dans tous les cas, l'aide humanitaire est aujourd'hui assujettie à une multitude de défis et de limites tout en faisant également face à de nombreuses critiques. Qu'elles se posent dans la foulée des débats touchant l'efficacité des politiques d'aide ou sur son instrumentalisation politique, les courants critiques de l'humanitaire sont le symptôme d'une pensée qui cherche une nouvelle légitimité d'action. Malgré ses nombreux défis, l'aide humanitaire reste toutefois l'unique moyen de soutenir des populations victimes de conflits ou de catastrophes naturelles.

POUR EN SAVOIR PLUS :

François Audet, « L'acteur humanitaire en crise existentielle : les défis du nouvel espace humanitaire », *Études internationales*, vol. 42, n° 44, 2011, p. 447-472.
Philip Ryfman, *Une histoire de l'humanitaire*, Paris, La Découverte, 2008.
Pierre Micheletti, *Humanitaire, s'adapter ou renoncer*, Paris, Hachette, 2008.

Louis Favreau

Tisser l'économie solidaire du Nord au Sud

COALITION D'ORGANISATIONS QUÉBÉCOISES actives dans l'économie sociale et solidaire, le Groupe sur l'économie sociale du Québec (GESQ) a été créé en 1999 pour réaliser au Québec, en 2001, une rencontre internationale qui donnait suite à la première, fondatrice, qui s'était tenue dans un pays du Sud (Lima, au Pérou, en 1997). L'évènement a débouché sur un nouveau rendez-vous à Dakar (Sénégal, 2005). Dans la perspective de respecter un principe, qui était cher au GESQ, celui de l'alternance Nord-Sud, le GESQ s'est engagé alors à soutenir le réseau sénégalais responsable de cette troisième rencontre internationale qui fut un succès de mobilisation et de présence africaine avec 1 200 responsables d'organisations paysannes, la présence d'ONG, de coopératives, de syndicats et de chercheurs en provenance de 66 pays. Depuis ses débuts, l'axe central de travail du GESQ est de croiser au Québec et ailleurs dans le monde la coopération internationale et l'économie solidaire.

Qu'est-ce que l'économie solidaire ?

LE SENS PREMIER et fondamental attribué à l'économie sociale et solidaire se résume dans la formule utilisée par les coopératives depuis longtemps : s'associer pour entreprendre autrement. Formule construite autour de cinq critères de base :

- Lucrativité maîtrisée (par distinction avec l'entreprise capitaliste qui mise sur le maximum de profit) ;

- démocratie d'associéEs (par distinction de l'entreprise capitaliste où dominent de grands actionnaires contrôlant le pouvoir dans l'entreprise) ;
- logique d'engagement social dans la communauté (par distinction avec une logique de surconsommation individuelle) ;
- réponse à des besoins dans la recherche d'un « bien vivre » (par distinction avec la création de richesse liée à un « vivre avec toujours plus ») ;
- ancrage dans les territoires (par distinction avec l'entreprise capitaliste peu soucieuse de sa localisation).

Ces traits communs distinguent ces initiatives de celle de l'économie capitaliste de marché. Sur tous ces registres, le capitalisme ne suit pas.

Aujourd'hui, le GESQ témoigne de son engagement international par une présence active dans les Forums sociaux mondiaux et plus récemment dans les Rencontres du Mont-Blanc (RMB) organisées par le Forum international des dirigeantEs de l'économie sociale et solidaire (FIDESS), organisation qui a émergé comme réseau international à partir de 2004 à l'initiative d'organisations françaises (mutuelles et coopératives) et québécoises (Caisse d'économie solidaire Desjardins, Fondaction, groupes coopératifs, etc.).

Un carrefour de débats

L'ÉCONOMIE SOLIDAIRE est traversée par divers courants qui collaborent, mais rivalisent parfois tant dans la réflexion menée sur les enjeux que sur les stratégies de développement d'une économie alternative au capitalisme. De son côté, le GESQ remet en question :

- La place quasi exclusive faite par certaines organisations au financement public dans les activités entreprises (la dépendance fait problème!) ;
- la faible réciprocité réelle dans les partenariats internationaux (des conditionnalités implicites et la faible prise en considération des conditions fort différentes de développement de l'économie solidaire au Sud) ;
- le fait de miser surtout sur des « *best practices* » dites innovatrices sans faire l'examen critique de la crise et du capitalisme, et des rapports de force dans les différents secteurs économiques ;
- le fait de prioriser des « relations internationales » au détriment d'un travail dans la durée et structurant pour des communautés et des mouvements ;
- le fait de s'en tenir au lobbying auprès d'instances internationales sans entreprendre une action politique ouverte avec d'autres mouvements ;

> ### Encadré 31
> ### Le GESQ en un coup d'œil
>
> Le GESQ réunit des dirigeants du mouvement coopératif (Conseil québécois de la coopération et de la mutualité, Société de coopération pour le développement international et Développement international Desjardins); du mouvement des producteurs agricoles, l'Union des producteurs agricoles-Développement international; de l'Association québécoise des organismes de coopération internationale; de la Confédération des syndicats nationaux; de réseaux institutionnels (Services de coopération et de développement international de cégep) et de groupes de recherche rattachés à des universités. Plus récemment, des réseaux régionaux se sont formés (Outaouais, Saguenay, Estrie). Au plan financier, le GESQ est soutenu par ses membres et des financements institutionnels (universités, appuis ponctuels de différents paliers de gouvernement). Le GESQ a peu de ressources, mais son indépendance et son noyau de militants lui donnent une liberté de parole et d'action que bon nombre d'organisations dans cette mouvance n'ont pas.

- le refus de favoriser une représentation partagée sur la scène internationale;
- le fait d'accorder une faible importance stratégique à la crise écologique.

Une zone de tension est apparue sur ces questions au tournant de la dernière décennie. Ce qui laisse voir que l'économie solidaire n'est pas homogène et ne parle pas d'une seule voix sur plusieurs dossiers. Tout en assumant ces questionnements, les activités du GESQ servent à établir des passerelles entre des organisations d'ici qui, malgré leurs différences de vision, de stratégie et de culture organisationnelle, ont un intérêt politique à dépasser le travail en silo et à faire mouvement.

Les universités d'été comme point d'ancrage

POUR ÉTABLIR CES PASSERELLES, le GESQ tient des assises annuelles (un Forum dans le cadre de son assemblée générale). Une de ses activités les plus importantes: l'organisation depuis 2005 d'universités d'été sur des thématiques majeures d'une coopération internationale adossée à des projets de développement coopératif et d'initiatives économiques solidaires. Les dernières ont porté sur le développement des territoires au Nord et au Sud (2008), la souveraineté alimentaire (2010) et la transition écologique de l'économie (2012). Ces occasions permettent de renforcer la mise en réseau des organisations québécoises qui ont chacune leur propre action internationale, mais qui veulent également développer des collaborations plus structurantes, prioritairement au Sud, pour la promotion de l'économie solidaire.

En fin de compte, ces universités d'été sont un moment privilégié et un espace de liberté pour alimenter le débat sur les enjeux centraux dans le but de faire avancer une économie alternative au capitalisme.

L'action politique

Le GESQ est de plus en plus associé à l'AQOCI dans les dossiers d'économie solidaire, mais aussi dans celui qui s'occupe de contrer la position du gouvernement Harper, qui cherche à annuler sciemment et systématiquement la place qu'occupait et qu'occupe la société civile au Québec et au Canada dans leurs engagements internationaux respectifs. Plus généralement, le GESQ aspire à ce que cette mouvance se donne une action politique autonome qui se développe au grand jour autour d'une plate-forme commune susceptible d'être portée aussi bien à l'échelle québécoise qu'à l'échelle internationale. D'où le projet des 5/20 : cinq chantiers prioritaires

---

Encadré 32
La nécessaire transition écologique

La crise actuelle est une crise du modèle dominant de développement. Elle n'est ni accidentelle, ni temporaire. Elle est globale, tout à la fois et à la même hauteur, économique, sociale et écologique. Elle est aussi plus que jamais internationale par l'interdépendance accrue de la nouvelle phase de la mondialisation. Le XXIᵉ siècle sera celui d'une révolution écologique adossée à l'égalité sociale et à la transformation des dispositifs et formes de la démocratie de nos sociétés (pour confronter) la crise de l'agriculture et de l'alimentation ; la crise de l'énergie et du climat ; l'affaiblissement de l'État social ; la faible diversité de l'économie et le fait que la finance soit aux postes de commande de cette économie ; une mondialisation néolibérale qui accentue les dépendances et les interdépendances. Dans la lignée de la Conférence des Nations unies de Rio 2012, l'économie sociale et solidaire doit se mobiliser pour cette nécessaire transition écologique au plan économique comme au plan politique. Le fil rouge commun : développer, par-delà une vision environnementaliste, une vision politique de l'écologie.

Extraits de la déclaration de Joliette, avril 2011

et 20 propositions pour une économie plus démocratique, plus écologique et plus équitable.

Toujours dans cette perspective, la thématique qui marque un tournant et rapproche depuis peu le GESQ des groupes écologistes a trait à la transition écologique de l'économie. La dernière université d'été organisée à Joliette, menée en collaboration avec la Caisse d'économie solidaire Desjardins, est allée dans ce sens.

Faire mouvement

Pour le GESQ, les coopératives et d'autres formes d'activités économiques solidaires ne sont pas là pour remplacer ce que Ricardo Petrella nomme si justement l'« économie capitaliste de marché ». Ce n'est pas leur rôle dans le concert des mouvements. Elles peuvent cependant offrir une solution de rechange et endiguer l'influence du modèle économique dominant dans plusieurs secteurs, comme on le voit depuis longtemps, au Nord comme au Sud, en finance et dans l'agriculture.

En occupant 10 % du marché de l'emploi, 10 % de la finance et 10 % du PIB dans un très grand nombre de pays de la planète (et parfois plus comme dans le cas des pays scandinaves), ce type d'initiatives peut modifier sérieusement la structure économique.

À partir de ce seuil, elles représentent un important levier économique pour qu'une communauté, une région ou un pays puisse faire du développement durable et solidaire sa priorité. On évite ainsi l'épuisement des ressources et l'exode des régions. Ces initiatives ne subsistent pas sans faire de profits, mais leur profitabilité est limitée et marquée par des préoccupations de bien commun, tant dans leur structure que dans leurs valeurs. Ces initiatives ne se délocalisent pas et participent au développement d'une économie des territoires qui favorise la création et la distribution de la richesse.

Or, il leur faut faire mouvement afin que leur représentation politique soit à la hauteur de leur poids économique. Il faut qu'elles affirment d'un commun accord qu'elles font partie des solutions à la crise actuelle qui, à la différence de la crise des années 1930, est tout à la fois économique et écologique : une réponse qui serait uniquement économique, même engagée dans un développement durable, ne suffirait pas. Elle doit être adossée à une action politique pour influencer pouvoirs publics et institutions internationales.

Le défi est de taille. D'une part, la faible reconnaissance politique de ses initiatives découle en partie de la pression exercée sur les pouvoirs publics et les institutions internationales par la pensée capitaliste où domine le « tout au marché » et par les lobbies des multinationales. D'autre part, au sein même de ce mouvement, il y a encore une faible capacité à prendre parole collectivement et offensivement, à « faire mouvement ». Cependant, au GESQ, on observe que les choses changent : le renouvellement en cours au sein de l'Alliance coopérative internationale (ACI), l'émergence des Rencontres du Mont-Blanc et l'initiative d'un Sommet international des coopératives organisé conjointement par Desjardins et l'ACI sont autant de gestes signalant l'ouverture de nouvelles possibilités. Le dossier est à suivre.

Claude Vaillancourt

Pour une autre mondialisation

Nous retenons surtout de l'année 2001 la tragique journée du 11 septembre, avec la destruction des deux tours du World Trade Center et la mort de 3 000 personnes, ce qui lança une politique d'agression militaire sans pareille de la part des États-Unis. Cette même année ont aussi été mis en place deux projets d'une ambition folle, qui visent à transformer le monde en un immense libre marché. Au printemps de 2001, les chefs des États d'Amérique – sauf le Cubain Fidel Castro – se réunissent à Québec pour lancer la Zone de libre-échange des Amériques (ZLÉA). Enfermés derrière un périmètre de sécurité, sous les cris des protestataires qui cherchent à se faire entendre malgré une violente répression policière, les chefs d'État discutent d'un accord qui mettra tout aux enchères : biens, services, ressources naturelles.

Quelques mois plus tard, au lendemain du 11-Septembre, les membres de l'Organisation mondiale du commerce (OMC) sont rassemblés au Qatar, une dictature. Profitant d'un traumatisme dont on se remet à peine, les pays les plus riches forcent leurs partenaires à se lancer dans le cycle de négociations commerciales le plus ambitieux jamais entrepris : le cycle de Doha, du nom de la capitale du pays d'accueil. Cette fois, le libre marché ne s'organisera pas à la dimension d'un continent, mais quasiment de la planète entière, puisque la très forte majorité des pays sont membres de l'OMC – l'organisation compte aujourd'hui 156 pays.

Ces deux projets demeurent beaucoup plus discrets que les guerres contre l'Afghanistan et l'Irak dont on parle pratiquement tous les jours. Ils

sont annoncés comme d'excellentes nouvelles : ces accords de libre-échange
amèneront une nouvelle ère de prospérité, tous profiteront des échanges
qui se multiplieront de façon exponentielle, alors que dans le grand marché
universel, les produits et services les plus variés circuleront à des prix plus
abordables et avec une grande facilité. Ces projets ont été préparés par des
expertEs en qui il faut avoir confiance, et leurs bienfaits semblent d'une telle
évidence que ni les citoyenNEs ni les parlementaires ne sont consultéEs pour
leur mise en place.

Le pouvoir de dire non

BEAUCOUP DE GENS ne partagent pas l'enthousiasme des dirigeants. On
se méfie de ces ententes conclues dans l'intérêt de la classe des affaires.
L'ALÉNA, signé entre le Canada, les États-Unis et le Mexique, affecte plus
particulièrement les paysanNEs mexicainEs et met en rude concurrence les
travailleuses et les travailleurs de ces trois pays.

En 1999 à Seattle, lors d'une conférence ministérielle de l'OMC, d'importantes manifestations viennent perturber la rencontre pendant que les
pays du Sud refusent d'accepter les libéralisations des marchés publics proposées par les pays les plus riches. L'ordre du jour de la réunion est vivement
remis en cause par les représentantEs des mouvements sociaux. Les manifestantEs sont répriméEs avec force, la ville est sens dessus dessous. Plusieurs
voient dans cet événement le début du mouvement altermondialiste. Des
scènes semblables se produisent par la suite, comme dans un prévisible céré-
monial, lors de sommets internationaux à Nice, à Prague, à Göteborg, à
Washington, à Québec, à Gênes, où un jeune manifestant est tué par un
policier. Les attentats du 11-Septembre viennent mettre temporairement
fin à cette puissante poussée de fièvre.

À la suite du Sommet des Amériques à Québec, la ZLÉA déclenche une
importante bataille, gagnée par les opposantEs à la mondialisation néolibérale. Le Sommet des peuples, qui précède de peu la rencontre des chefs
d'État, permet d'organiser et coordonner la résistance. Au Québec, la lutte est
menée principalement par le Réseau québécois sur l'intégration continentale
(RQIC) et la Table de convergence (qui a changé de nom pour Cap monde).
Le RQIC lance une consultation populaire, appelée « Consulta », qui permet
d'entreprendre une vaste campagne de sensibilisation sur la ZLÉA. Dans un
vote auprès de 60 000 personnes, 93 % se prononcent contre l'entente.

Cette action s'ajoute à d'autres à travers le continent. Ces actions sont
chapeautées entre autres par l'Alliance sociale continentale et par de nom-

Illustration 15
Manifestation à Seattle en 1999

breuses organisations locales. L'élection en Amérique du Sud de gouvernements de gauche opposés à ce type d'entente change considérablement
la donne. En 2005, réunis à Mar del Plata, en Argentine, les chefs d'État
renoncent à l'accord, notamment grâce à la ferme opposition du Venezuela.

Un an plus tard, le cycle de Doha subit un sort semblable. Comme dans
le cas de la ZLÉA, la lutte pour en arriver à ce résultat a été longue. Le rapport de cause à effet entre l'échec de l'OMC et la résistance des mouvements
sociaux est difficile à établir : les raisons de la suspension des négociations
sont complexes.

Les mésententes sur l'agriculture sont particulièrement vives entre les
pays du Sud d'une part, et l'Union européenne et les États-Unis d'autre part.
Les deux grandes puissances souhaitent abolir les barrières commerciales afin
d'exporter les produits de leur agriculture largement subventionnée. Ces subventions sont d'une telle ampleur que, même avec une main-d'œuvre très
peu chère, les pays d'Afrique ou d'Amérique du Sud n'arrivent pas à être
concurrentiels pour certains produits comme le coton. De plus, les droits
de douane constituent un revenu rare et indispensable dans des pays où les
populations très pauvres ne peuvent pas payer d'impôt.

Seul le modèle agro-industriel, avec ses produits principalement destinés à l'exportation, est promu à l'OMC. Pourtant, viser la souveraineté
alimentaire est de loin plus efficace pour lutter contre la faim, assurer une

agriculture diversifiée et donner du travail aux paysanNEs. Devant le danger d'abandonner à la logique d'un marché dominé par les plus forts un secteur aussi vital que l'agriculture, plusieurs pays se sont retirés des négociations, ce qui a largement contribué à les faire échouer.

Dans les pays du Nord, le mouvement social se mobilise surtout contre un des plus importants accords négociés dans le cadre du cycle de Doha : l'Accord général sur le commerce des services (AGCS). Cet accord vise à libéraliser progressivement tous les secteurs des services : santé, éducation, culture, eau, transports, services financiers, etc. Il est donc une menace directe à l'intégrité des services publics et répond à une grande ambition de certains chefs d'entreprise : privatiser des secteurs, les transformant ainsi en source inépuisable de profits.

Le projet déclenche rapidement de vives inquiétudes : ces privatisations seront à l'avantage de riches actionnaires qui penseront surtout à la rentabilité et non à la qualité du service. De nombreuses expériences, dans les pays du Sud surtout, ont démontré les inconvénients de ces privatisations : détérioration de la qualité et de l'accessibilité des services, baisse des investissements, hausse marquée des tarifs. Seuls de véritables services publics peuvent assurer que touTEs les citoyenNEs sont traitéEs équitablement.

L'action des mouvements sociaux – principalement des organisations ATTAC en Europe et au Québec, et le Conseil des Canadiens au Canada anglais – vise surtout les municipalités. Des centaines de villes, régions et villages adoptent des résolutions contre l'AGCS. Les villes européennes se déclarent «zones hors AGCS», appellation symbolique qui marque leur nette opposition. Parmi les villes qui se sont opposées à l'AGCS, soulignons Montréal, Québec, Toronto, Vancouver, Paris, Gênes et Vienne. Cet important mouvement a rendu moins légitime la tâche des négociateurs. Elle a aussi sans doute contribué à l'arrêt des négociations à l'OMC.

Aujourd'hui, lors des rencontres du G20, des appels sont régulièrement lancés pour remettre en branle le cycle de Doha. Mais le cœur n'y est pas et l'OMC est une grande organisation condamnée à ne plus trop avancer. Une vigilance de tous les instants s'impose toutefois, car elle peut encore renaître, comme un volcan longtemps endormi.

Nouvelles stratégies

Ces victoires de la société civile contre les projets des grandes entreprises n'ont pas abouti à une réelle remise en cause des politiques de libre-échange, pas plus que la crise économique qui s'est amorcée en 2007. Pourtant, tous reconnaissent que cette crise a été provoquée par la déréglementation des marchés financiers et la circulation hors contrôle des capitaux. Au plus fort de la crise, les plus puissants chefs d'État – Angela Merkel en Allemagne, Nicolas Sarkozy en France, Barack Obama aux États-Unis, Gordon Brown au Royaume-Uni – ont fait de belles déclarations selon lesquelles il fallait soumettre la finance à des réglementations fortes et bien ciblées. Rapidement, le naturel a repris le dessus. La crise a même permis de justifier la relance du libre-échange. Devant la stagnation de l'économie, dit-on, il faut éviter le « protectionnisme » et développer le commerce international. Or, les solutions que l'on propose sont celles qui ont provoqué la crise. Si elles permettent à quelques grandes entreprises et à leurs actionnaires de réaliser de bons profits, elles ne règleront en rien les problèmes les plus graves : le chômage, les inégalités, la dégradation de l'environnement, l'instabilité du système financier. Le libre-échange réduit la qualité des emplois, empêche les gouvernements de passer des lois pour protéger la population – sous prétexte qu'il s'agit « d'obstacles au commerce ». Il rend ultra-puissantes de grandes compagnies : elles forment de gigantesques oligopoles et contrôlent le marché.

La stratégie libre-échangiste a beaucoup évolué. Plutôt que de procéder de façon multilatérale, on favorise désormais les accords bilatéraux. Cette façon de procéder est plus lente et plus complexe, mais devient beaucoup plus difficile à bloquer. Plusieurs pays avaient déjà conclu de ces accords parallèlement aux négociations à l'OMC. Mais aujourd'hui, ils sont beaucoup plus nombreux. Ils laissent les opposantEs déconcertéEs : comme les enjeux sont moins visibles, ils se ratifient sans attirer l'attention, et ils sont d'un nombre si élevé qu'on ne sait pas toujours lequel cibler. Qui dans la population canadienne, par exemple, sait que notre pays a signé des accords de libre-échange avec la Colombie, un pays peu soucieux du respect des droits de la personne, et le Panama, un important paradis fiscal lié au narcotrafic ?

Le gouvernement Harper a fait du libre-échange l'une de ses priorités. Le Canada négocie actuellement 14 accords : avec l'Union européenne, le Japon, l'Inde, la Turquie, le Maroc, Singapour, l'Ukraine, la République dominicaine. Il vient de se joindre aux négociations de l'accord transpacifique entre plusieurs pays du Pacifique. Outre l'ALÉNA, ceux avec la Colombie et le Panama, cinq autres accords sont conclus : avec le Pérou, le Costa Rica, le Chili, Israël et quatre pays européens hors de l'Union européenne (l'Islande, la Norvège, la Suisse et le Liechtenstein). Tout cela sans oublier de nombreux traités internationaux sur l'investissement, qui favorisent eux aussi une forme de libre-échange.

Plusieurs pays font comme le Canada, si bien qu'il se constitue une grande toile d'accords d'une complexité croissante, qui limitent les pouvoirs des gouvernements et favorisent l'expansion des multinationales, car dans de pareilles ententes, les entreprises n'ont ni obligations, ni responsabilités légales, alors que les gouvernements doivent soumettre leurs politiques commerciales aux intérêts des entreprises.

Malgré cette nouvelle expansion du libre-échange, il semble plus difficile de susciter une opposition aussi forte et organisée que lors des batailles contre la ZLÉA et l'OMC. Il n'est pas aisé d'en expliquer les raisons. Les populations se résignent-elles à accepter le libre-échange comme une fatalité ? Les militantEs européenNEs, au cœur de la résistance il y a quelques années, ont-ils perdu leur motivation devant les privatisations massives de leurs services publics et devant des plans d'austérité draconiens ? La multiplicité des accords et le secret qui entoure les négociations parviennent-ils efficacement à les protéger des regards indiscrets ?

De la résistance, encore et toujours

Au Québec et au Canada, la résistance a été réanimée par la lutte contre l'Accord économique et commercial global (AÉCG) entre le Canada et l'Union européenne. Cette bataille est relativement peu connue et est encore inachevée. Or, elle a mobilisé d'importantes énergies et a déjà réussi à rendre ceux et celles qui s'y intéressent plus méfiantEs malgré les discours rassurants de nos gouvernements.

De l'avis même des négociateurs, l'AÉCG est le premier d'une deuxième génération d'accords bilatéraux. Son ampleur est considérable puisque tout est inclus de prime abord dans l'accord, sauf ce qu'on choisit d'en retirer. Les services, y compris les services publics, font donc l'objet de négociations. Le mécanisme qui vise à « protéger » les investisseurs aura une portée plus large que dans les accords précédents, et surtout, pour une première fois, les champs de juridiction des provinces et des municipalités sont directement concernés. Les provinces sont invitées à participer aux négociations, bien qu'elles y occupent une place secondaire.

Rapidement, les opposantEs à l'accord ont mis en évidence le grand secret qui entoure les négociations. Il est impossible de savoir, par exemple, quels secteurs le Québec met en jeu dans l'accord. Des fuites révélant les textes préparés par les négociateurs ont permis de se faire une idée de l'ensemble. Avec une mauvaise foi évidente, nos gouvernements prétendent qu'il ne faut pas se fier à ces esquisses. Pourtant, elles nous permettent d'avoir une idée de l'accord, ce qui est très peu rassurant.

Le Canada et le Québec protègent mal certains secteurs comme les transports, l'eau, la santé, alors que l'Europe a émis sur ces mêmes secteurs des « réserves » beaucoup plus contraignantes. Le Canada semble prêt à offrir ses marchés publics à ses partenaires, et cela à tous les niveaux de gouvernement. Ce contexte nuit aux autorités publiques qui veulent offrir des contrats à des entreprises créant de l'emploi local et favorisant le développement local, ou qui encouragent celles qui protègent l'environnement. Ces politiques sont établies sous le prétexte d'éliminer la « discrimination ». Le critère d'attribution sera le plus bas soumissionnaire, ce qui favorisera de grandes entreprises européennes en position d'oligopoles, qui se sont fait une spécialité de répondre à ce type d'appel d'offres. De pareilles procédures se prêteront très bien à de nouvelles tentatives de corruption, comme on a pu le voir en Europe.

D'autres aspects sont tout aussi inquiétants : la culture, qui devait pourtant être protégée par la Convention sur la protection et la promotion de la diversité des expressions culturelles, intéresse bel et bien les négociateurs européens. Une section sur la protection du droit de propriété intellectuelle risque de prolonger l'exclusivité des médicaments non génériques, ce qui fera exploser leur prix.

Un pareil projet ne peut que soulever une réelle aversion. Au Canada comme au Québec, différents groupes se sont activés pour faire connaître ces enjeux, rencontrer des éluEs et des journalistes pour leur faire part de leur inquiétude. On pense notamment à l'Institut de recherche en économie contemporaine (IREC), au Réseau québécois sur l'intégration continentale (RQIC) et à ATTAC-Québec, de même qu'au Canada, au Conseil des Canadiens et au Réseau pour un commerce juste. Il faudra bientôt conclure et ratifier cet accord qu'il est encore possible de bloquer. Espérons que ces organisations aient réussi à semer ce qu'il faut pour déclencher une solide opposition, car s'attaquer à cet accord, c'est aussi s'attaquer à tous les autres qui vont suivre et qu'on voudra reproduire selon le même modèle.

La participation des jeunes à la lutte contre de tels accords peut se situer à deux niveaux. Il serait d'abord possible de joindre ou d'encourager certaines organisations nommées plus haut qui ont déjà une bonne expertise des accords, ou faire connaître ces enjeux à des organisations auxquelles les jeunes sont intégrés et qui pourraient être concernées : ONG, syndicats, associations étudiantes, partis politiques, médias alternatifs, etc. Pour cela, il faut penser se former soi-même pour développer les connaissances nécessaires pour mener une lutte efficace, ce qui nécessite du temps et des efforts.

Mais surtout, les mouvements qui ont animé les jeunes récemment sont liés à des luttes qu'on ne peut séparer de la nouvelle structuration de la finance par les accords commerciaux. Le mouvement des IndignéEs, en opposant les 99% des gens au 1% des superprivilégiés, a expliqué à sa manière comment notre système économique fabrique l'injustice. Le mouvement étudiant au Québec a rappelé l'importance d'une éducation accessible et libérée des impératifs de la marchandisation.

C'est donc en refusant d'accepter les solutions toutes faites soi-disant bonnes pour touTEs, en les comprenant, en les expliquant, en montrant comment on peut trouver mieux, qu'on remet en question un ordre des choses qui n'est pas à l'avantage de la très forte majorité des gens. Comme les peuples du monde sont parvenus à le faire au début de notre nouveau siècle. Ou comme les IndignéEs et les étudiantEs québécoisEs nous l'ont montré récemment.

Pour en savoir plus :

Bernard Élie et Claude Vaillancourt (coord.), *Sortir de l'économie du désastre*, Mont-Royal, M éditeur, 2012.
Alain Denault, *Paradis fiscaux et souveraineté criminelle*, Montréal, Écosociété, 2012.

Sur la toile :

Attac-Québec : < www.quebec.attac.org/ >.
Réseau québécois sur l'intégration continentale : < www.rqic.alternatives.ca/ RQIC-fr.htm >.
Conseil des Canadiens : < www.canadians.org/francais/index.html >.

Stéphan Corriveau

Un bateau pour Gaza
Une vague de solidarité avec la Palestine

JUILLET 2011, télévisions, radios et journaux du monde entier couvrent une opération de solidarité de grande envergure: 1 000 personnes sur dix bateaux en provenance des quatre coins de la planète, y compris du Québec, se préparent à quitter la Grèce avec leur cargaison d'aide humanitaire et leurs messages de solidarité. Soudain, l'armée grecque attaque les navires remplis de médicaments, d'ambulances, de pacifistes, de médecins et de grands-mères! Mais qu'est-ce qui a bien pu se passer?

Une aventure humanitaire hors de l'ordinaire

LA PLUPART des citoyenNEs du monde occidental tiennent pour acquis que les guerres, les famines et la répression violente sont le fait d'États voyous où les élections libres n'existent pas, où la liberté d'expression est sévèrement brimée et où un dictateur et sa garde rapprochée pillent le pays, agressent et violentent arbitrairement la population. Ces pays sont donc naturellement mis au ban de la communauté internationale et, avec plus ou moins d'énergie et en fonction des conjonctures politiques, les pays « civilisés » finissant un jour ou l'autre par s'occuper du dossier pour mettre fin aux abus les plus grossiers. C'est ainsi que, croyons-nous, le monde progresse lentement, mais sûrement. Pourtant, il existe un cas qui défie ces stéréotypes tant sur le fonctionnement de sa société que sur les réactions de la communauté internationale : Israël et la Palestine!

Une prison à ciel ouvert

Imaginez 1 800 000 personnes emprisonnées, encerclées par des tanks et des soldats armés jusqu'aux dents. Ces derniers empêchent l'aide humanitaire d'entrer, laissent mourir des femmes en couches devant l'un ou l'autre des deux seuls points de passage permettant d'accéder à des hôpitaux sophistiqués situés à quelques kilomètres à peine. Des drones, des hélicoptères et des F-16, qui passent au-dessus des villages de cette prison à ciel ouvert, laissent tomber une bombe de temps à autre, dans le dessein de maintenir la pression sur ces civils dont l'essentiel des infrastructures sanitaires (eau, égouts, hôpitaux) et économiques (85 % de gens ont besoin d'aide alimentaire d'urgence) a été détruit par cette guerre d'usure. Il ne s'agit pas d'un roman de science-fiction. C'est la vie quotidienne dans la bande de Gaza, où les habitantEs sont entasséEs et contraintEs de tenter de survivre sur un bout de territoire 33 % plus petit que l'île de Montréal. Leur seul crime : vouloir vivre sur la terre de leurs ancêtres. Bien que le Comité international de la Croix-Rouge (CICR), le Conseil des droits de l'homme des Nations unies et des juristes de renom aient dénoncé le blocus comme illégal et constituant une violation flagrante des conventions de Genève, du droit de la guerre et des droits de la personne, Israël reste inflexible. De son côté, la communauté internationale abandonne cette population aux punitions collectives, à la répression et à l'oubli.

Do it!

Devant cette complaisance internationale, un petit groupe a lancé, il y a quelques années, l'idée d'une action citoyenne directe en dépêchant des bateaux sur les côtes de Gaza. Commencé en 2008 avec deux minuscules bateaux de pêche, le mouvement prend progressivement de l'ampleur, augmentant constamment le nombre et la dimension des navires, et finit par s'appeler le mouvement des flottilles pour Gaza. En juin 2010, lors de l'arraisonnement par l'armée israélienne de la flottille, les choses tournent mal. Les commandos israéliens s'attaquent aux passagers, des humanitaires non arméEs, plusieurs accompagnéEs de leurs enfants ainsi que des personnalités telles que des évêques, des députéEs européenNEs, des écrivainEs, des journalistes, etc. Bilan : neuf morts (certains ayant été abattus d'une balle dans la nuque à la manière d'une exécution) et 54 blesséEs graves. Tous étaient des passagers du Mavi Marmara, le principal navire de cette flottille. Immédiatement, des gens du monde entier se mobilisent pour dire que c'est assez !

En quelques jours, dans une vingtaine de pays, des initiatives sont prises afin d'envoyer une nouvelle flottille à Gaza. Le but de l'opération est triple : démontrer aux IsraélienNEs que leur opération d'intimidation ne suffit pas à briser la quête de justice et la solidarité pour les droits des PalestinienNEs ; faire comprendre aux gouvernements occidentaux que leur complaisance à l'égard des actions agressives et illégales d'Israël n'est pas acceptée par leur population ; transmettre un message d'espoir et de solidarité directement aux PalestinienNEs. C'est ainsi qu'est né le projet du Bateau canadien pour Gaza.

Québec-Canada : les deux solitudes

Comme tout nouveau projet, l'idée prend quelques semaines avant de se structurer. Au début, le principal problème est d'harmoniser les différentes initiatives spontanées. Le Québec aurait évidemment aimé avoir son propre bateau, mais ramasser en quelques mois un demi-million de dollars et accomplir l'ensemble des tâches techniques (dont l'achat d'un navire), politiques et médiatiques, ne peut se faire qu'en se coalisant avec nos cousinEs du *Rest of Canada*. En dépit de ce constat, tout au long du projet, c'est un exercice incessant de conciliation des approches et des pratiques distinctes. Pour aller à l'essentiel, nous avons pu voir à quel point la société civile québécoise est plus structurée et prête à en découdre avec le gouvernement fédéral que son alter ego anglo-canadien.

Une mobilisation populaire exceptionnelle

D'une manière générale, ce projet aura été un exemple de solidarité populaire directe, tant au Québec qu'au Canada. Plus de 500 000 dollars ont été donnés par des individus ou des organisations de la société civile (les dons sont en grande majorité de 100 dollars et moins) au moyen de rencontres d'information, d'envois de courriels et d'échanges sur les médias sociaux. Le Québec a contribué à un peu plus du tiers de cette somme. Plus de 200 syndicats, groupes populaires, associations étudiantes et groupes de différentes appartenances religieuses ont pris le temps de répondre positivement à l'appel de la flottille et du peuple palestinien. À cet égard, le Québec a nettement été à l'avant-garde par rapport au reste du Canada. Toutes les grandes organisations syndicales, l'AQOCI et les principaux réseaux communautaires comme le Front d'action populaire en réaménagement urbain (FRAPRU) et la Fédération des femmes du Québec (FFQ) ont pris position en faveur du projet.

Harper contre la flottille!

SI PENDANT DES ANNÉES, le gouvernement canadien a prétendu agir comme un intermédiaire favorisant la résolution du conflit israélo-palestinien, depuis l'arrivée au pouvoir des conservateurs de Stephen Harper, les choses ont changé. Par exemple, la contribution canadienne à l'UNWRA, l'agence des Nations unies qui aide les réfugiéEs palestinienNEs (notamment de la bande de Gaza), a été sérieusement réduite. De plus, la plupart des ONG canadiennes présentes sur le terrain ont vu le financement de leurs projets interrompu. Alors que le projet du Bateau prend de l'ampleur et reçoit l'appui de milliers de personnes et de centaines d'organisations, le ministre John Baird prend la peine de publier des communiqués pour condamner le projet. L'argument du ministre est que si nous voulons envoyer de l'aide humanitaire à Gaza, il vaut mieux passer par les canaux officiels, comme le Comité international de la Croix-Rouge (CICR). Le problème, c'est qu'au même moment, le CICR déclare être incapable de franchir le blocus israélien! Comme s'il voulait explicitement contredire le gouvernement canadien, le CICR affirme que l'allègement partiel du blocus est une répercussion directe de l'activité de la dernière flottille! Il écrit également «l'assistance humanitaire à elle seule ne suffit pas. La seule solution durable consiste à lever le blocus». Néanmoins, l'effort collectif, l'engagement des militantEs et le soutien de la société civile permettent d'acquérir une bonne quantité de médicaments et un navire de belle envergure, baptisé Tahrir (liberté en arabe).

Exigeant, mais gratifiant

UNE DES PARTICULARITÉS du projet est le niveau d'engagement individuel exigé de la part de ceux et celles qui sont à bord du navire. ChacunE a nécessairement en mémoire l'accueil brutal que l'armée israélienne a réservé à la flottille précédente. Le risque d'infiltration d'agents provocateurs étant réel, l'équipe du Bateau s'est dotée d'un processus de sélection des participantEs extrêmement rigoureux. Il importe également d'avoir une délégation qui soit représentative de la population. Au bout du compte, le groupe d'une cinquantaine de personnes affiche un équilibre respectable d'hommes, de femmes, d'Autochtones, de chrétiens, de juifs, de musulmans, de gens des grands centres et des régions rurales, de jeunes, de retraitéEs, de travailleuses et de travailleurs. Chaque membre de la mission apporte également une expérience technique, sociale et politique. Une fois les participantEs rassembléEs en Grèce, un programme de formation intensif est imposé aux membres de la mission. Outre des QuébécoisEs et des CanadienNEs, le Tahrir accueillera quelques personnes du Danemark, de la Belgique, de l'Australie, de la Turquie et un Allemand. Il faut, en quelques jours, créer un esprit de corps entre tous ces gens qui viennent de partout, mais surtout développer chez chacunE les bons réflexes non violents en cas d'agression israélienne.

Illustration 16
Le Tahrir

Les grands-mères de James Bond

CETTE FORMATION, qui a lieu à Agio Nikolaos, où mouille le Tahrir, fait vivre bien des émotions à ce groupe hétéroclite qui compte une demi-douzaine de grands-mères ! Rapidement, le mot circule que l'un des films de James Bond a été tourné sur place, ce qui fait bien sourire. Néanmoins, l'ambiance devient plus tendue quand deux des bateaux de la flottille, l'irlandais et le suédois-grec, sont sabotés. Un site web sioniste lance une « chasse aux

bateaux» invitant les partisanɛs d'Israël à identifier les navires et leur localisation afin de les empêcher de prendre la mer. Le groupe augmente le niveau
de sécurité. Surveillance continue du navire et consignes supplémentaires
de discrétion. Néanmoins, il faut poursuivre les préparatifs, alimenter les
médias qui nous accompagnent, sans donner des informations de nature
à dévoiler notre emplacement. L'attention médiatique est certainement
l'un des aspects les plus positifs de l'opération. Les journalistes prennent le
temps de vivre sur le bateau avec nous pendant trois semaines, ce qui leur
permet de mieux nous comprendre et apprécier nos valeurs et notre travail.
Le résultat est une couverture de presse importante et globalement positive.

Gaza s'étend à Agio Nikolaos

Toute la flottille affronte un obstacle qu'elle n'avait pas vu venir. En
juin et juillet 2011, la Grèce est au bord de l'explosion sociale, politique et
économique. Depuis quelques semaines, la dette du gouvernement grec est
devenue un enjeu international. La Grèce avait été choisie comme point
de départ de la flottille, car elle était considérée comme le pays européen le
plus sympathique aux PalestinienNEs. Pourtant, avec la crise, le gouvernement accepte d'étendre le blocus de Gaza jusqu'à ses propres côtes! Après
avoir suscité toutes sortes d'obstacles bureaucratiques pour empêcher le
départ des navires de la flottille, le ministre de la Sécurité publique émet
une ordonnance interdisant tout départ à destination de Gaza. Quelques
minutes plus tard, un bateau de la garde côtière grecque vient s'amarrer à
trois mètres du Tahrir. Devant cette situation, il faut prendre une décision.
Faut-il abandonner? Contester le décret? Ignorer celui-ci?

Pavillon aux vents

Alors que jusque-là nous tentions de garder un profil bas, nous décidons
de sortir au grand jour. Nous dévoilons les bannières et partons manifester à
travers le village. Les touristes sont surprisɛs de voir ce groupe d'hurluberlus
scander des slogans en français, en anglais et dans un (très) mauvais grec
pour réclamer la libération de Gaza et de leur bateau. En comprenant ce qui
se passe, plusieurs villageoisɛs se joignent à nous et la grande majorité nous
salue. C'est que l'histoire de la flottille fait la première page des journaux
depuis déjà quelque temps. Le lendemain, à Agios Nikolaos, le député local
qui rentre d'Athènes monte à bord de notre navire pour nous offrir son

soutien. Les délégations syndicales locales se succèdent avec des messages de solidarité. Si le gouvernement grec a cédé aux pressions des IsraélienNEs, la population d'Agios Nikolaos est nettement avec nous. Pourtant, le gouvernement grec ne recule pas. Israël le félicite et le remercie pour son soutien en promettant son aide pour affronter la dure crise économique que traverse la Grèce. On comprend les décisions du gouvernement grec.

Larguez les amarres

DEVANT L'IMPOSSIBILITÉ d'obtenir l'autorisation, nous décidons de partir sans l'accord des autorités. Le plan est simple : démarrer sans préavis et y aller à pleins gaz. Si nous réussissons à franchir douze milles marins avant d'être arraisonnéEs, nous serons dans les eaux internationales et pourrons nous diriger vers Gaza. Une entente est conclue avec les autres navires de la flottille pour que chacun fasse une tentative similaire. Le départ est fixé le lendemain. Toute la journée, nous inspectons, ajustons, préparons le navire. À 16 heures, grâce à une manœuvre de diversion à l'intention des garde-côtes, nous passons sous leur nez.

Notre bateau est solide et puissant, mais lent. Après cinq minutes, le bateau des garde-côtes nous rattrape et tente l'interception. Nous refusons de coopérer et continuons notre route. Nous avançons de quatre milles marins. Le garde-côte décide d'utiliser le canon à eau, la tension monte. Coup de théâtre, le jet d'eau est si faible que c'est à peine si nous sommes arroséEs! L'énergie augmente sur le navire qui joue à faire des zigzags avec celui du garde-côte, nous en sommes à cinq milles. À l'horizon apparaît un zodiac des forces spéciales de la marine grecque, armé de fusils mitrailleurs. Nous poursuivons pleins gaz vers les eaux internationales. À six milles, le zodiac s'approche de nous, mais le mouvement l'empêche d'aborder. À sept milles, le commando réussi à monter à bord, M-16 au poing. Il se fait un passage, en dépit des obstacles et de la résistance non violente des passagers et des passagères. À huit milles marins, il réussit à prendre le contrôle de la cabine de pilotage, désertée depuis une fraction de seconde, le bateau vogue encore à plein régime sous le contrôle du pilote automatique. Toute l'opération est couverte en direct par Radio-Canada, Radio-Moscou et Press TV. Le lendemain, les journaux grecs, turcs et québécois en font leur une. Il est évident que le Tahrir ne repartira pas à court terme, les médicaments que nous transportons sont remisés dans un entrepôt approprié dans l'attente d'une prochaine mission et les participantEs rentrent à la maison.

Illustration 17
Le Tahrir, retour forcé à Agios Nikolaos

© Stefanos Rapanis / Reuters

Les garde-côtes grecs devant le Tahrir après avoir forcé le navire à destination de Gaza à revenir au port d'Agios Nikolaos, le 4 juillet 2011.

Pendant ce temps au Québec

TOUT AU LONG de cette opération (plus d'un mois), un important réseau de solidarité fait activement pression sur les autorités canadiennes et israéliennes. Le fait de tenir des activités publiques au Québec favorise également une couverture de presse généreuse et globalement positive, tout en permettant de sensibiliser un grand nombre de citoyenNEs au sort des PalestinienNEs. Ces interventions avec les porte-paroles des organisations de la société civile permettent de fragiliser la position du gouvernement Harper et démontrent que celui-ci ne peut pas affirmer avoir l'appui de la population en ce qui concerne sa politique pro-israélienne.

Pendant ce temps à Gaza

MALHEUREUSEMENT, le blocus de Gaza est toujours en vigueur. Mais nous avons réussi à faire monter la pression sur Israël qui a fini par alléger le blocus. Comme par hasard, c'est au moment où nous étions prêts à partir que l'Égypte et Israël permettent une ouverture minimale du passage de Rafat. Bien qu'il s'agisse d'un compromis (quelques centaines de personnes sont autorisées à passer chaque jour et la liste des produits permis est élargie), cela démontre que la mobilisation internationale produit son effet et que, même si l'aide à bord des bateaux n'a pas pu être livrée directement, les actions ont fait changer les choses. Le mot de la fin est pour Ziad Medoukh, un professeur à Gaza : « Outre la résistance sur leur terre, la volonté de s'adapter à leur contexte et de rester sur les ruines de leurs maisons détruites, il reste aux Gazaouis un espoir en la solidarité internationale de la société civile qui s'organise partout dans le monde afin d'essayer, par des actions pacifiques, de briser ce blocus, avec [...] toute une flottille pour Gaza. »

POUR EN SAVOIR PLUS :
Alain Gresh, *De quoi la Palestine est-elle le nom ?*, Paris, Les Liens qui libèrent, 2010.
Alain Gresh et Dominique Vidal. *Les 100 clés du Proche-Orient*, Paris, Hachette Pluriel, 2011.

SUR LA TOILE :
Bureau des Nations Unies pour la Coordination des affaires humanitaires dans les Territoires palestiniens occupés : < www.ochaopt.org >.
CJPMO – Canadiens pour la justice et la paix au Moyen-Orient : < www.cjpme.org >.
Palestine Solidarité : < www.palestine-solidarite.org >.
Bateau canadien pour Gaza : < http://tahrir.ca >.

Anne Delorme

**Remettre les femmes
au centre du processus de développement**

BEAUCOUP DE PROGRÈS *ont été accomplis en faveur de l'égalité entre les femmes et les hommes (ÉFH) au cours des dernières décennies, en particulier, la reconnaissance internationale de l'importance d'atteindre l'égalité entre les sexes. Ainsi, la* Convention sur l'élimination de toutes les formes de discrimination à l'égard des femmes, *une des conventions les plus ratifiées dans le monde, a été adoptée par 187 pays. Par ailleurs, l'ÉFH est l'un des sept Objectifs du millénaire pour le développement et est reconnue comme essentielle à l'atteinte des six autres.*

L'égalité, un droit fondamental

L'ÉFH ACCROÎT LA PRODUCTIVITÉ des femmes, ce qui augmente l'efficience économique. L'amélioration de la condition féminine favorise aussi la santé et le bien-être des enfants. La participation des femmes à la politique crée des institutions plus représentatives. Sans oublier que non seulement l'ÉFH est un facteur de développement, mais aussi qu'elle est importante en soi. Il s'agit en d'autres termes du droit fondamental de plus de la moitié de la population de vivre sans discrimination et sans pauvreté.

Les conditions des filles et des femmes se sont grandement améliorées. L'espérance de vie des femmes dans les pays en voie de développement a augmenté à soixante-et-onze ans, alors qu'elle est de soixante-sept ans pour les hommes. Le nombre de filles ayant une éducation de base est plus élevé que jamais. Les femmes constituent maintenant plus de 30 % de la population active à l'échelle mondiale.

La lutte continue

En dépit des nombreux exemples d'une reconnaissance formelle et des progrès accomplis, l'égalité entre les femmes et les hommes est loin d'être devenue réalité. Les droits des femmes sont toujours moins respectés, elles continuent à être moins éduquées, à avoir une moins bonne santé, moins de revenus et un accès moindre aux ressources et à la prise de décisions que les hommes. Ainsi, le Rapport de 2010 sur les Objectifs du millénaire pour le développement fait état des nombreux défis qu'il reste à surmonter au chapitre de l'égalité entre les femmes et les hommes, notamment :

- Dans certaines régions, le droit à l'éducation reste hors de portée ;
- la pauvreté est un obstacle à l'éducation, surtout pour les filles plus âgées ;
- dans toutes les régions en développement, sauf la Communauté des États indépendants (CEI), les hommes sont plus nombreux que les femmes à avoir un emploi rémunéré ;
- les femmes sont surreprésentées dans le secteur informel, lequel est caractérisé par une absence de sécurité et d'avantages sociaux ;
- les emplois de haut niveau sont encore majoritairement réservés aux hommes ;
- les femmes accèdent lentement au pouvoir politique, essentiellement quand des quotas et autres mesures spéciales les y encouragent.

L'intégration du genre dans les programmes et les projets de développement international

Un autre problème découle du fait que dans plusieurs projets de développement international, les femmes ne sont pas visibles. Ce sont des projets de souveraineté alimentaire qui visent les fermiers, des projets d'eau et d'assainissement dont bénéficient les familles d'un village, des programmes qui ont pour objectif le développement économique d'une communauté ou l'augmentation des revenus du ménage. Trop souvent, la planification ne tient pas compte du rôle des femmes, de leurs besoins et de leurs priorités particuliers. Elles n'ont donc pas le même accès aux retombées du projet. Après toutes les conférences, ces accords internationaux et ces recherches sur l'importance de l'égalité entre les femmes et les hommes, pourquoi y a-t-il toujours cet écart entre la théorie et la pratique?

Selon des recherches réalisées au Canada en 2008, les ONG font face à plusieurs défis pour intégrer l'ÉFH dans l'ensemble de leurs programmes ici, dans leur organisation et à l'international. Il n'y a pas de réponses faciles ni de solutions passe-partout. Chaque projet demande une analyse de genre distincte et continue: il faut rendre les femmes visibles! Il faut mettre la transformation des relations entre les femmes et les hommes au centre du processus de développement. Il faut regarder cela attentivement et se poser bien des questions.

Encadré 33
Questions-clés d'une analyse « genre et développement »

- Où sont les femmes? Sont-elles absentes? Que font-elles? Quels sont leurs rôles dans la sphère productive, reproductive, sociale, communautaire et politique?
- Quels sont leurs besoins, leurs priorités et leurs aspirations?
- Qui a accès aux ressources et qui les contrôle?
- Qui participe? Qui a une voix? Qui a de l'influence? Qui prend les décisions?
- Qui en profite? Quels sont les impacts attendus ou inattendus, négatifs ou positifs, sur les femmes, les filles, les hommes et les garçons?
- Comment le projet transforme-t-il les relations entre les femmes et les hommes? Comment renforce-t-il les inégalités existantes?
- Comment enrôler les hommes dans les objectifs d'égalité?

En général, ces questions ne trouvent pas de réponses auprès des agences multilatérales ou des gouvernements. Ce n'est que la communauté locale qui peut nous permettre d'y répondre. Plusieurs techniques participatives existent pour nous aider dans nos recherches, mais l'important est de réaliser que les femmes n'ont pas les mêmes besoins et priorités, et qu'elles se différencient par leur statut, leur culture, leur ethnie, etc. N'oublions pas les filles: plusieurs projets de développement international ont comme objectif d'augmenter l'accès des femmes à des activités génératrices de revenus. Ces projets jouissent souvent d'un très grand succès, avec des taux de participation de 100%. Or, ils ont aussi eu comme conséquence inattendue une diminution des inscriptions et de l'assiduité des jeunes filles à l'école secondaire. En fait, lorsque les mères partaient travailler, les filles devaient rester à la maison pour s'occuper des enfants et préparer les repas. Chaque contexte

**Illustration 18
Agricultrices Hmong au marché de Bac Ha, Viêt-nam**

© Nations unies

est unique. Un exemple parmi tant d'autres : en vue de réduire la charge de travail des femmes, qui devaient marcher plusieurs kilomètres pour la collecte d'eau, une ONG canadienne a construit un puits plus près du village. Les femmes ont refusé de l'utiliser, et ont continué à marcher jusqu'au vieux puits. Pourquoi ? C'était le seul moment où les femmes pouvaient sortir de la maison, parler entre elles, offrir et chercher l'appui de leur réseau social.

Comment mobiliser les hommes ?

Puisque l'analyse selon le genre met l'accent sur les relations de pouvoir entre les hommes et les femmes, il est inconcevable de ne pas tenir compte de l'une des deux moitiés de l'équation. Il ne s'agit pas ici de percevoir l'homme uniquement comme le responsable des inégalités et des violences à l'égard des femmes, comme celui qui doit porter le blâme et corriger son comportement. Il s'agit plutôt de considérer les hommes et les garçons comme des agents de changement en voyant le rôle positif que ceux-ci peuvent jouer comme alliés dans la lutte pour l'égalité des sexes. Intégrer tous ces éléments dans notre travail de développement demande des efforts persistants, une vigilance soutenue et une réflexion continue.

Pour en savoir plus, des documents du CQFD :

Les audits de Genre permettent de déterminer le niveau d'intégration de l'égalité entre les sexes à l'intérieur d'une organisation.

Le guide *Genre en pratique* pour faciliter le partage et l'apprentissage de connaissances et de savoirs à travers l'entraide et les valeurs de réciprocité.

Encadré 34
Le Comité québécois sur les femmes et le développement

Fondé en mai 1984, le Comité québécois sur les femmes et le développement (CQFD) est né de l'intérêt des ONG membres de l'AQOCI de mettre sur pied une structure d'échange, d'information et d'expertise sur les questions touchant les femmes et le développement international, et ce, dans le sillage des appels de l'ONU lors de la « décennie des femmes » (1975-1985). Encore aujourd'hui, le CQFD joue un rôle déterminant pour faire avancer l'égalité entre les sexes dans les initiatives de développement. Le Comité publie des documents pour alimenter la réflexion. Il anime également des conférences, des ateliers et des tournées. Il participe aux activités de la Journée internationale de la femme et de la Marche mondiale des femmes ; il se retrouve au cœur du combat pour l'égalité au Québec comme dans le monde.

La trousse de formation *Promouvoir l'égalité entre les femmes et les hommes*, un outil indispensable au renforcement des capacités en matière d'égalité entre les femmes et les hommes au sein des organismes de coopération internationale. Tous ces documents et d'autres sont accessibles sur le site Internet de l'AQOCI : < www.aqoci.qc.ca/spip.php?article331 >.

Aurélie Arnaud

Valoriser les droits des peuples et des femmes autochtones
Un maillon essentiel de la solidarité

IL N'EXISTE PAS UNE DÉFINITION unique et universellement acceptée des «peuples autochtones», mais le critère auquel on réfère la plupart du temps est la relation particulière entre ces peuples et le territoire traditionnel, pas simplement comme sources de survivance économique, mais avant tout pour la signification culturelle et spirituelle qui sous-tend le fondement de leur identité en tant que peuple. Malgré deux décennies de progrès pour la reconnaissance de leurs droits sur le plan international (avec l'adoption de plusieurs instruments, dont la Déclaration des Nations unies sur les droits des peuples autochtones*), l'existence même des peuples autochtones reste menacée. Aussi, la protection des droits des peuples autochtones en général, et des femmes autochtones en particulier, est une question de solidarité transnationale: il y a plus de 370 millions de personnes qui s'identifient comme Autochtones dans plus de 90 pays sur tous les continents. La situation des peuples autochtones est critique dans la plupart de ces pays. Les taux de pauvreté sont plus élevés pour les Autochtones que pour les autres groupes de la population. Partout, ils sont confrontés à la discrimination et à l'exclusion des pouvoirs économiques et politiques. Ils sont parmi les plus vulnérables lors des conflits armés et subissent des déplacements forcés. Ils sont dépossédés de leurs terres ancestrales et donc de leurs moyens de survie. Ils sont menacés aussi bien du point de vue physique que culturel. Des 4 000 langues autochtones encore parlées aujourd'hui, on estime que plus de 90 % risquent de disparaître d'ici la fin du siècle.*

L'HISTOIRE DES PEUPLES AUTOCHTONES en est une de colonisation, de dépossession et d'acculturation forcée. Ils ont le malheur de revendiquer

Illustration 19
Résistance des femmes mayas (de langue tzotzil)
de la communauté déplacée de Xoyep (Chiapas, Mexique), 1998

© Pedro Valtierra

des territoires, qui ne sont pas seulement immenses, mais surtout riches en minerais et en biodiversité. Les territoires autochtones ancestraux couvrent 24 % de la surface du globe et comprennent 80 % de la biodiversité mondiale. Or, ces territoires regorgent de pétrole, de gaz et d'autres ressources extractives hautement convoitées. Alors, partout l'histoire se répète : les droits territoriaux ancestraux ne sont pas reconnus, les communautés ne sont pas consultées et sont déplacées, mettant en danger leur existence même en tant que peuple. Leur territoire est leur lieu d'ancrage économique ainsi que social, culturel et spirituel. Ce sont en fait leurs droits en tant que peuple qui ne sont reconnus qu'à demi-mot. Et ce sont les femmes qui en pâtissent le plus.

L'imposition d'un modèle patriarcal et colonial aux peuples autochtones a provoqué une distorsion des rapports sociaux dans les communautés, reléguant les femmes à un rôle secondaire qu'elles n'avaient pas traditionnellement dans la plupart des peuples. Les tentatives d'assimilation culturelle, de dénigrement et d'appauvrissement des communautés ont entraîné dans leur sillage la violence, ce qui est une conséquence de la perte d'estime de soi. L'alcool et la drogue s'insèrent là où l'espoir disparaît. Les femmes et les enfants se retrouvent au bout de la chaîne de la violence, comme principales victimes d'un cercle vicieux.

Le Canada, ce pays développé qui trône au 6ᵉ rang de l'indicateur de développement humain, laisse les peuples autochtones qui l'habitent se débattre au 68ᵉ rang de ce même indicateur (si on appliquait ces critères aux seules Premières Nations). Dans ce pays défenseur des droits de la personne, le premier ministre canadien peut annoncer fièrement devant le G20 que « le Canada n'a jamais connu d'épisode de colonisation », si évidemment on oublie encore une fois l'histoire de ces peuples. Ce sont des peuples voués à disparaître, du moins si l'on en croit les tentatives politiques et législatives répétées des cent cinquante dernières années.

Au Canada, une histoire sordide méconnue

Regardés comme des Sauvages sans âme parce qu'ils se trouvaient sur des territoires convoités, les peuples autochtones entretiennent des relations inégales avec les gouvernements canadiens successifs, bien qu'elles aient été bâties à l'origine sur une prétendue bonne foi : les peuples se soumettant à la Reine d'Angleterre en échange de sa protection et du respect de leur existence sur leurs territoires.

Pourtant, dès 1867, avec l'adoption de l'Acte relatif aux Sauvages (qui sera ensuite « bonifiée » en 1876 dans la première Loi sur les Indiens), l'intention se fait loi et le Canada va tenter délibérément d'assimiler ces Sauvages. À l'origine, cette loi devait être transitoire et faisait la promotion de l'assimilation des *Indiens* à la société non *indienne*. Le statut d'*Indien* devait les protéger jusqu'à ce qu'ils s'émancipent, qu'ils s'installent sur les terres et acquièrent les habitudes des agriculteurs d'origine européenne. Au fil des ans, la loi a été accompagnée de plusieurs autres interdictions, comme celle de pratiquer les rituels traditionnels, d'engager un avocat, de constituer une organisation politique. Vouloir aller à l'université ou entrer dans l'armée était alors considérés comme un des facteurs d'émancipation et faisait perdre le statut d'*Indien* à ceux qui y aspiraient. La perte de ce statut impliquait l'abandon de l'appartenance à la bande et des droits lui étant rattachés, dont le droit à la terre et la possibilité de transmettre son statut à ses enfants. En fait, le concept d'émancipation, voté en 1869, est le véhicule de l'assimilation et consiste en une renonciation « volontaire » au statut d'*Indien*.

Pour ajouter une pierre à l'édifice de l'assimilation, le Canada a importé d'Australie et des États-Unis un système qui a fait ses preuves : les pensionnats indiens. Ces écoles dans lesquelles ont été envoyées, souvent par la force, les enfants des Premières Nations étaient situées à plusieurs milliers de kilomètres des familles. Pendant plusieurs années, ces pensionnats, dirigés par différentes congrégations religieuses et approuvés par l'État canadien, se sont échinés à « tuer l'Indien dans l'enfant » en leur faisant subir toutes sortes de sévices psychologiques, physiques ou sexuels en plus de leur apprendre à lire dans une langue qu'ils ne connaissaient pas en arrivant. La période faste des pensionnats se situe entre 1940 et 1960, mais le dernier pensionnat a officiellement fermé ses portes en 1996. Au sortir des pensionnats, c'est l'alcool et la drogue qui ont attendu les « survivantEs », d'où des compétences parentales détruites, des langues et des coutumes oubliées, tout un pan de leur culture annihilé.

Cette émancipation était loin d'être toujours volontaire, en particulier, dans le cas des femmes. Selon la Loi sur les Indiens, toute femme autochtone qui épousait un homme non autochtone « s'émancipait » et donc perdait son statut pour elle et ses enfants, même dans le cas où elle divorçait par la suite. *A contrario,* lorsqu'un homme autochtone épousait une femme non autochtone, celle-ci acquérait avec ses enfants le statut d'*Indien*, selon la logique patriarcale. Pendant des dizaines d'années, les femmes autochtones à travers le Canada ont dénoncé cette discrimination. Parmi elles, mentionnons celles qui ont mené leurs luttes devant les tribunaux : Jeannette Corbière-Lavell et Sandra Lovelace.

Jeannette Corbière-Lavell a épousé un homme non autochtone et a perdu son statut. Elle a porté sa cause devant les différentes instances judiciaires du pays jusqu'à ce que la Cour suprême juge en 1973 que l'article 12 de la Loi sur les Indiens n'enfreignait pas le principe « d'égalité devant la loi » prévu par la Déclaration canadienne des droits de 1960. Mme Corbière-Lavell ayant épuisé les recours internes, Sandra Lovelace a pu continuer là où la cause en était restée : elle l'a amenée devant le Comité des droits de l'homme des Nations unies. En 1981, le Comité des droits de l'homme déclare que le Canada enfreint l'Accord international sur les droits civiques et politiques. Ce n'est qu'en 1985 que le Canada réforme finalement la Loi sur les Indiens en adoptant la loi C-31, pour redonner leur statut aux femmes et à leurs enfants l'ayant perdu.

La naissance de Femmes autochtones du Québec

Jeannette Corbière-Lavell et Sandra Lovelace ont été les pointes médiatisées d'un iceberg rassemblant des milliers de femmes à travers le Canada, rassemblées en organisations pour sensibiliser les femmes de leurs communautés à l'injustice. De ce mouvement est né Femmes autochtones du Québec (FAQ). À partir des années 1970, des pionnières comme Mary Two-Axe Early, Mohawk de Kahnawake, se sont rassemblées pour refuser ce qui semblait être un état de fait. Leur combat était loin d'être évident pour la plupart des membres des Premières Nations. Lorsqu'elles faisaient la tournée des communautés, elles étaient bien souvent mal reçues. On les accusait de déranger l'ordre établi, on les traitait de « femmes autochtones » du nom de l'association, on leur disait qu'elles savaient, en se mariant, qu'elles perdraient leur statut. Pourtant, progressivement, les rangs de l'Association ont grossi jusqu'à atteindre plus de 2 000 membres issues des onze nations du Québec. Les pressions exercées ont forcé le changement de la loi en 1985. Depuis, loin de se terminer, le combat s'est étoffé. Dès 1989, la loi C-31 était dénoncée, car elle introduisait de nouvelles inégalités entre les hommes et les femmes n'octroyant pas le même statut aux enfants des cas réglés par la loi C-31[1]. Sharon McIvor, une femme autochtone de l'ouest du Canada, a mené cette bataille pendant vingt ans devant les tribunaux pour obtenir gain de cause devant la Cour d'appel de Colombie-Britannique en 2009.

État des lieux actuels

EN FAIT, LES RAISONS DE REVENDIQUER l'égalité n'ont cessé de se multiplier et, aujourd'hui, l'Association comprend près de douze employées et s'occupe de sept dossiers différents : santé, promotion de la non-violence, justice, jeunesse, emploi et formation, analyse politique, communication. FAQ se mobilise en effet sur plusieurs questions de fond qui empêchent encore les femmes autochtones de jouir pleinement de leurs droits et entravent leur possibilité d'améliorer leurs conditions de vie. Aujourd'hui, une femme autochtone est en effet cinq fois plus à risque de mourir des suites de la violence qu'une femme non autochtone. Au niveau du droit et de la justice, en 1985, lorsque la loi a changé, le gouvernement a aussi introduit une politique obligeant les femmes à déclarer le nom du père de l'enfant, car, dans le cas contraire, il serait trouvé non autochtone. Cette question de la paternité non déclarée a été portée devant la Commission interaméricaine des droits de l'homme dans le cadre d'un projet panaméricain visant à démontrer la double discrimination dont sont victimes les femmes autochtones dans les Amériques.

---

1   En fait, C-31 complexifie l'obtention du statut d'*Indien* en comptabilisant tous les métissages, enlevant la possibilité pour les membres des Premières Nations de choisir leurs membres et de s'autodéfinir. Les enfants des femmes qui recouvraient leur statut n'obtenaient qu'un statut 6 (2), un statut indiquant leur métissage, les empêchant de transmettre leur statut à leurs enfants. Or, les enfants issus d'un père autochtone et d'une mère non autochtone ont obtenu un statut 6 (1), statut n'indiquant pas de métissage et permettant de transmettre son statut.

Illustration 20
Fini l'inaction (*Idle No More*)

© Idle No More

Manifestation à Ottawa, le 21 décembre 2012.

Sur le plan fédéral, FAQ a participé aux débats sur la modification de nombreux projets de loi, entre autres celui qui a permis de faire avancer l'ouverture de la Loi canadienne sur les droits de la personne aux dispositions de la Loi sur les Indiens, ou encore celui sur *les biens matrimoniaux* sur une réserve, puisqu'actuellement aucune disposition de loi ne couvre la disposition des biens matrimoniaux lors d'une séparation survenue dans une réserve (ce domaine étant couvert par le droit provincial et les réserves étant de juridiction fédérale). Sur le plan provincial, FAQ a dénoncé le placement massif d'enfants autochtones dans des familles non autochtones et a participé au groupe de travail sur l'adoption coutumière pour faire valoir les effets de l'adoption coutumière en droit civil. FAQ donne des formations aux intervenantEs autochtones et non autochtones sur les ressources disponibles et sur l'approche autochtone en matière de violence familiale ou en violence sexuelle. Et, en 2012, FAQ se lance dans le débat sur les impacts que le développement minier du Nord québécois a et aura sur les femmes autochtones.

Bien qu'il reste beaucoup à faire pour parler d'une réelle égalité des femmes autochtones avec le reste de la société, il faut néanmoins mentionner que les femmes autochtones connaissent un pourcentage de retour aux études, lequel est supérieur aux autres groupes de la société québécoise. Il y a de plus en plus de femmes conseillères dans les Conseils de bande même si elles sont une petite minorité parmi les chefs. Sur le plan international, de nombreux outils et mécanismes ont été mis en place au cours de la dernière décennie pour vérifier le respect des droits des peuples autochtones, en particulier des femmes autochtones, dans les décisions et les traités des Nations unies notamment. Parmi ceux-ci, outre la Déclaration des Nations unies, mentionnons l'Instance permanente des Nations unies sur les questions autochtones, le Mécanisme d'experts sur les droits des peuples autochtones et la nomination d'un Rapporteur spécial des Nations unies sur les droits des peuples autochtones. Le Canada se fait d'ailleurs régulièrement sermonner en ce qui concerne son traitement des Autochtones. Du côté des Amériques, la Commission interaméricaine et la Cour interaméricaine des droits de l'homme ont développé une jurisprudence avant-gardiste donnant raison à plusieurs reprises aux peuples autochtones à l'encontre des États.

Alors, aujourd'hui, que faire?

- *S'informer.* Une grande partie des discriminations dont sont victimes les peuples autochtones au Canada et à travers le monde vient de la méconnaissance et des préjugés véhiculés par la société dominante. Mieux comprendre leur histoire permet de mieux comprendre le présent. Au Canada, les « survivantEs » des pensionnats sont encore là pour témoigner devant la commission Vérité et Réconciliation mise en place en 2009 pour reconnaître et écrire l'histoire de ce terrible épisode de l'histoire du Canada.

- *Intégrer une analyse culturellement adaptée aux problèmes et aux ressources pour les peuples autochtones.* Il est important de dépasser le paradigme d'assimilation dans lequel on a voulu cloisonner les peuples autochtones et oser le dialogue de Nations à Nations. Que cela porte sur les questions juridiques, politiques ou sociales, de féminisme, de violence familiale ou sexuelle, d'adoption, d'environnement, de protection de la biodiversité ou de développement économique, de culture ou de justice, les peuples autochtones ont beaucoup à apprendre aux autres peuples. Pour chaque situation, les organisations autochtones ont développé des méthodes de travail culturellement adaptées qui permettent de répondre plus adéquatement aux besoins, dans le respect des langues et des cultures des Premières Nations.

- *S'engager.* Rien ne peut être changé ou amélioré sans la participation de touTEs dans un réel esprit de réconciliation. Il y a plusieurs façons de s'engager : en intégrant la question autochtone dans son organisation locale ou dans le cadre de ses études ; en participant aux évènements organisés par les organisations autochtones ; en faisant du bénévolat pour les organisations autochtones.

Depuis trente ans, les peuples autochtones à travers le monde se mobilisent et s'organisent pour se faire entendre sur les plans national et international. Leur résurgence sur la scène politique a permis plusieurs avancées, mais elles sont encore minimes. Le dialogue a besoin d'une écoute égale et sans préjugés de la part de chacun des partenaires. Il y a de la place pour plus de mobilisation et d'engagement de la part des partenaires non autochtones sur les questions autochtones. Leur avenir en dépend.

Raphaël Canet et Carminda Mac Lorin

Occupez!

TOUT COMMENCE EN TUNISIE, à la fin décembre 2010, avec l'immolation volontaire de Mohamed Bouazizi. Ce jeune homme devient le symbole d'une génération sacrifiée, étouffée, bafouée, condamnée à l'exclusion sociale. Au-delà des conditions inacceptables sur le plan économique, les jeunes TunisienNEs et plus tard, ÉgyptienNEs, MarocainNEs, JordanienNEs remettent à l'ordre du jour les thèmes de la dignité, de l'honneur et de la volonté de mettre fin à l'humiliation[1]. Ce « Printemps arabe » déclenche alors une réflexion partout dans le monde. Des jeunes au Nord se demandent : qu'est-ce qui ne va pas dans nos sociétés? Le mouvement se répand en Espagne, où des millions de gens refusent les politiques d'austérité imposées par les institutions financières et les élites, le fameux 1 % de la population. Ces IndignéEs occupent les places publiques comme la Puerta del Sol à Madrid : « Nous sommes tous inquiets et indignés du panorama politique, économique et social que nous voyons autour de nous. Par la corruption des politiques, des chefs d'entreprise, des banquiers. Par l'impuissance des citoyens ordinaires. Cette situation nous fait du mal à tous au quotidien. Mais si nous sommes tous unis, nous pouvons la changer. Il est l'heure de se mettre en mouvement, il est l'heure de construire entre nous tous, une société meilleure[2]. »

1. Bertrand Badie et Dominique Vidal, *L'État du monde 2012, Nouveaux acteurs, nouvelle donne*, Paris, La Découverte, 2011, p.18-19.
2. *Manifeste pour une vraie démocratie maintenant.* Disponible sur le site Democracia Real Ya : < www.democraciarealya.es/manifiesto-comun/manifeste-pour-une-vraie-democratie-maintenant/ >.

Illustration 21
Manifestation de ¡Democracia Real Ya!
(Une vraie démocratie maintenant!)

Manifestation à Madrid, le 15 mai 2011.

Le 15 octobre 2011, il y a des manifestations dans plus de 1 500 villes dans 82 pays, à l'initiative de réseaux sociaux fonctionnant selon les principes de l'horizontalité et de la diversité. Fait à noter, l'idée fait son nid aux États-Unis, plus précisément à New York. Le 17 septembre 2011, des gens occupent un parc près de Wall Street, la capitale financière du monde. Propulsée par les médias, cette action se répand par la suite dans plusieurs villes au Canada.

Occupez Canada

Au Canada, une trentaine de villes voient se créer des groupes adoptant la dénomination *Occupy*. Des campements sont installés sur plusieurs sites (Montréal, Québec, Sherbrooke, Vancouver, Toronto, Edmonton) durant plusieurs semaines, où l'on voit apparaître des cuisines, des bibliothèques, des galeries d'art, des kiosques-médias, des yourtes et surtout des tentes, ces dernières « occupant » aussi les imaginaires collectifs et devenant rapidement un symbole des mobilisations.

Le choix des emplacements est de toute évidence symbolique. Plusieurs occupations prennent place devant des icônes économiques (les bourses à Toronto et à Montréal ou le terrain d'une grande entreprise à Edmonton). D'autres choisissent des institutions politiques (l'Hôtel de Ville à Sherbrooke), ou encore des lieux qui accueillent d'importants événements locaux (l'Olympic Plaza à Calgary). L'indignation par rapport à un système économique, qui corrompt les fondements des démocraties tout en détériorant irréversiblement l'environnement, et le dégoût que provoque l'élite mondialisée, qui détient le pouvoir, est un trait commun aux mobilisations.

L'esprit de la mouvance Occupez va au-delà des objectifs qui pourraient être ainsi revendiqués, mettant le processus au centre de la démarche contestataire, tout comme dans le cas des forums sociaux mondiaux. Dans plusieurs occupations, les plateformes se positionnent contre une marchandisation exacerbée des lieux publics. En outre, l'appropriation de sites dits occupés témoigne d'un souhait collectif d'expérimenter une démocratie plus directe, en opposition à la démocratie représentative en vigueur dans nos sociétés. Ainsi, le fonctionnement interne des occupations se construit de façon organique et, suivant les dynamiques affinitaires, repose dans la plupart des cas sur des assemblées générales (AG) qui ont le pouvoir décisionnel.

Un à un, tous les sites *Occupy*, qui ont établi des campements au Québec et au Canada, sont soit évincés par les forces de l'ordre, soit démantelés volontairement. Toutefois, force est de constater que le phénomène dépasse le simple fait de camper. Au Québec, au mouvement Occupez succède celui des Carrés rouges. Selon Nicolas Beaudoin, « l'expérience acquise dans Occupons Sherbrooke fut un atout considérable et, en Estrie, le mouvement contre la hausse [des droits de scolarité] a agi selon les mêmes principes d'organisation horizontale ». Les occupations ont été en fait une étape dans la constitution du mouvement et permis aux participantEs de se reconnaître et d'être reconnuEs[1].

Quelques pistes pour comprendre

LE MOUVEMENT DES INDIGNÉEs porte en lui les germes d'une profonde transformation de notre démocratie, d'une « révolution institutionnelle », comme le souligne Thomas Coutrot économiste et militant altermondialiste : « Les places publiques sont aujourd'hui les laboratoires où les citoyens-chercheurs construisent des pratiques radicalement démocratiques pour éviter la confiscation représentative : tirage au sort des animateurs d'AG ou des orateurs parmi des volontaires, rotation systématique des charges

---

1. Marcos Ancelovici, « Mouvement des indignés. Au-delà des occupations », *Le Devoir*, 22 novembre 2011.

fonctionnelles, construction d'une pensée collective par l'écoute active et le refus de la dictature de l'urgence, préservation d'une structure horizontale d'organisation[1]. »

Pour passer de l'indignation à la participation active au changement, il faut soit faire pression sur les pouvoirs politiques en place pour qu'ils opèrent des réformes, soit prendre le pouvoir en se transformant en parti politique et en jouant le jeu électoral, soit innover en inventant de nouvelles pratiques démocratiques.

Certes, l'indignation n'est pas une politique. Mais elle apparaît aujourd'hui comme un élément essentiel du renouvellement du politique. Le mouvement des Indignées dénonce la dérive oligarchique, réactionnaire et conservatrice qui dénature nos démocraties. Nos élites – cette *classe de Davos* comme l'interpelle Susan George – sont complètement coupées de la réalité des peuples. Plutôt que de rechercher le dialogue, elles choisissent l'affrontement. L'impératif de solidarité a cédé le pas à l'obsession sécuritaire. Dans un tel contexte, l'avenir semble annoncer de nouvelles mobilisations sociales pour exiger l'avènement d'une réelle démocratie dans nos sociétés, portées par l'espoir des peuples qui se rassemblent pour refonder un nouveau contrat social faisant une place aux futures générations. Cela passera sûrement par un renouvellement complet de notre classe politique et une mise au pas du monde de la finance. En ce sens, occuper l'espace public apparaît comme une nouvelle étape sur le chemin de la reconquête du bien commun.

Pour en savoir plus :
Occupez Montréal, < www.facebook.com/occupymontreal >.
Occupy Wall Street, < http://occupywallst.org/ >.
Basta !, < www.bastamag.net/>.

Et plus encore :
Susan George, *Leurs crises, nos solutions*, Paris, Albin Michel, 2010.
La crise de l'éducation supérieure, Nouveaux Cahiers du socialisme, n° 8, automne 2012.
André Frappier, Richard Poulin et Bernard Rioux, *Le printemps des carrés rouges*, Mont-Royal, M éditeur, 2012.

---

1. Thomas Coutrot, « Mouvement des indignés : vers un nouvel âge de la démocratie ? », *Basta !*, 3 novembre 2011, < www.bastamag.net >.

Lorraine Guay

Penser, travailler et agir ensemble

PENSER, TRAVAILLER, AGIR ENSEMBLE *n'est pas en soi très nouveau au Québec. En effet, on peut puiser dans une tradition riche et diversifiée d'expériences où les gens se sont mis ensemble pour atteindre des objectifs communs. Pensons par exemple aux coopératives, aux groupes populaires, au mouvement féministe. Ce précieux héritage continue à façonner la société québécoise comme dans un mouvement à rebours au néolibéralisme, au conservatisme et à l'individualisme qui tendent à la fracturer et à la morceler. Dans les dernières décennies, de nouvelles formes de solidarité sont nées : elles renouvellent, complètent et élargissent ce patrimoine collectif. Elles puisent dans un va-et-vient constant entre le réseautage, la concertation et la coalition, chacune de ces formes ayant ses caractéristiques propres.*

Une tradition québécoise

IL Y A EU PLUSIEURS EXPÉRIENCES marquantes de coalitions ou de réseaux au Québec. Rappelons celle de Solidarité populaire Québec initiée dans les années 1980. Elle avait mené une extraordinaire démarche pédagogique mettant à contribution toutes les régions du Québec et tous les secteurs de la société dans l'élaboration de la Charte d'un Québec populaire, dont les principes continuent d'inspirer le type de société que nous voulons bâtir. Plus récemment, le Réseau de vigilance a bâti une opposition proactive, agissante et dérangeante contre le projet de réingénierie néolibérale du gouvernement Charest en 2003, également pour proposer une vision plus collective, plus solidaire et plus ouverte à la participation des citoyenNEs aux décisions qui les concernent. Ce réseau contribuera, avec d'autres, à faire reculer et même à bloquer la réingénierie proposée. Le Mouvement pour une démocratie nouvelle qui travaille depuis 1999 à la démocratisation de la démocratie représentative est également une coalition qui a repris le relais des luttes antérieures pour faire modifier le mode de scrutin électoral antidémocratique. On pourrait certes en mentionner plusieurs autres : le Collectif pour un Québec sans pauvreté, la Coalition Pas de démocratie sans voix, la Coalition contre la tarification et la privatisation des services publics… et l'AQOCI elle-même, bien entendu.

La Coalition pour la justice et la paix en Palestine (CJPP)

Je voudrais aborder ici une expérience peut-être un peu moins connue, mais très instructive. Cette coalition est née en 1972 lorsque Michel Chartrand, alors président du Conseil central de la CSN à Montréal, a visité la Palestine. À son retour, avec l'aide d'un éducateur palestino-québécois du nom de Rezeq Faraj, Chartrand a cofondé la CJPP pour intégrer des PalestinienNEs (de Palestine ou des QuébécoisEs d'origine palestinienne pour la plupart des réfugiéEs) avec des organisations syndicales et populaires dans le but de développer conjointement la solidarité avec le peuple palestinien. Travailler sur la « question » israélo-palestinienne était et demeure un grand défi. Alors que le travail de solidarité coulait quasi de source quand il s'agissait du Chili, du Salvador, de l'Afrique du Sud et d'Haïti, s'activer sur la Palestine heurtait, comme partout ailleurs en Occident, la société québécoise, à cause des antagonismes sévères et la division des opinions publiques. De même, l'asymétrie des ressources investies par les protagonistes saute aux yeux. La CJPP ne possède aucune infrastructure et ne compte que sur le travail bénévole alors que les organisations pro-Israël possèdent des infrastructures bien organisées et de puissants moyens financiers. S'ajoute un élément de poids : la position inconditionnellement pro-israélienne du gouvernement canadien confortée par la même position politique des États-Unis. Le Canada avait voté pour la partition de la Palestine historique en 1947 et n'a cessé depuis de soutenir son allié israélien très souvent au mépris des droits du peuple palestinien.

Pourquoi une coalition ?

Devant ce mur étanche, la nécessité d'une ample coalition de solidarité s'est imposée progressivement, mais non sans difficulté. Il y a eu beaucoup d'efforts pour se doter d'une compréhension et d'une vision commune du

Illustration 22
Manifestation pour Gaza, à Montréal, le 18 novembre 2012

© mediasmaghreb.ca

travail et des stratégies à mettre en place pour faire progresser la solidarité avec le peuple palestinien. Des débats ont été menés pour surmonter les divisions et la fragmentation qui rappellent celles des organisations palestiniennes elles-mêmes : lutter pour un seul État tel que la situation sur le terrain semble l'imposer, ou pour deux États tel que proposé par l'ONU ? Lutte armée ou lutte pacifique ? Faire de la campagne de boycottage des produits israéliens (BDS) la seule et unique stratégie de résistance ou favoriser d'autres projets tels le « Bateau pour Gaza » ou l'Opération « Bienvenue en Palestine » ? Appuyer ou non la demande de l'Autorité nationale palestinienne pour l'obtention d'un statut d'État observateur non membre à l'ONU ? Tous ces débats ont influé sur les capacités de mobilisation. Organiser une coalition n'est donc jamais simple, au point où des organisations préfèrent agir seules plutôt que d'investir un temps précieux dans une coalition dont les choix politiques ne répondent pas toujours à leurs aspirations.

Autre question délicate à gérer, le poids respectif des organisations. Dans une coalition, il y a des « gros » et des « petits ». Il y a des organisations qui fonctionnent sur la base d'un effectif précis et selon des règles démocratiques qui doivent être respectées. Il y a des groupes affinitaires, dont les règles de fonctionnement diffèrent et qui n'ont pas les mêmes contraintes. Aussi, les débats sont intenses et la recherche de consensus reste un chemin escarpé pour plusieurs, notamment pour ceux dont la Palestine n'est pas la mission première. Il est parfois difficile pour ces mouvements de dialoguer librement avec les organisations vouées exclusivement à la cause palestinienne ou à la solidarité internationale. Parfois, ces organisations sont hésitantes, car leur base est grande et réticente à s'embarquer dans des questions complexes. Elles sont aussi les plus sujettes à subir les foudres des organisations sionistes canadiennes et québécoises pour lesquelles la solidarité avec les PalestinienNEs signifie être contre Israël, voir antisémites....

Malgré ces difficultés, la volonté d'agir ensemble a été maintenue dans la durée. Plusieurs réalisations en attestent : publications, organisation de manifestations, dont celles pour rappeler la Nakba de 1947 (le grand bouleversement subi lors du nettoyage ethnique de la Palestine par Israël), délégations en Palestine, conférence sur la campagne de BDS (boycott, désinvestissement et sanctions) en 2009 dans le cadre du Forum social québécois et collaboration à l'organisation d'une importante conférence BDS pancanadienne à Montréal en 2010, participation au Forum mondial sur l'éducation en 2010, en Palestine, et au Forum social mondial sur la Palestine libre, en 2012 au Brésil, collectes de fonds pour des projets spéciaux comme le « Bateau pour Gaza » et l'opération « Bienvenue en Palestine », activités culturelles comme la pièce de théâtre *Sept enfants juifs*, etc.

La CJPP a su également jouer un rôle rassembleur auprès d'organisations non membres lors d'événements tragiques. Par exemple, même si la CJPP ne compte formellement qu'une seule organisation syndicale, elle peut compter sur l'appui de plusieurs centrales syndicales et d'autres organisations lorsqu'il s'agit de projets précis ou de réponses immédiates aux agressions israéliennes. Cela a été le cas lors des bombardements de la bande de Gaza à la fin de 2008 et au début de 2009, où plus de 15 000 personnes ont répondu à l'appel à la mobilisation de la CJPP.

Ces actions collectives puisent leur inspiration à la fois dans la détermination inébranlable des PalestinienNEs et dans leur refus catégorique de disparaître et dans le sens de la responsabilité collective que les membres de la CJPP assument quant à la complicité de la communauté internationale et, en premier lieu, du Canada, qui violent les droits du peuple palestinien.

Les fondements : valeurs, concepts, exigences

CES EXPÉRIENCES MONTRENT la force de l'idée selon laquelle il est de plus en plus important de penser, de travailler et d'agir ensemble. Quelques principes se dégagent de l'expérience :

Penser autrement et développer une pensée critique collective. Dans des sociétés complexes confrontées à des enjeux difficiles, le travail collectif de réflexion en vue de comprendre le monde s'impose comme une exigence incontournable. On ne peut pas réfléchir seul avec son écran de télévision ou d'ordinateur. Il faut changer de regard, au-delà de ce que proposent les discours officiels, les médias dominants et le discours rigide des élites qui finissent par intoxiquer les citoyenNEs. C'est un dur travail et on ne peut le faire seul! Le travail en coalition permet de partager les regards sur le monde, d'en débattre, de confronter des points de vue souvent divergents, de délibérer et de se doter une compréhension commune, ce qui constitue la base même de l'action collective. On ne part pas ainsi d'une compréhension imposée par l'unE ou l'autre, on ne tient pas non plus « à la propriété privée » de ses idées, mais on propose une analyse critique produite collectivement, laquelle est constitutive d'un nouveau savoir sur le monde.

Penser le monde commun suppose que nous vivons dans un seul monde. Il n'y a pas un monde « développé » et un monde « sous-développé ». Il n'y a qu'un seul monde et il est mal-développé. On pourrait aussi appliquer cette formule lapidaire, mais combien vraie, à nos sociétés fracturées par le néolibéralisme et à nos groupes de coopération ou de solidarité souvent isolés dans leurs corridors respectifs et rendus, de ce fait, plus vulnérables à ses effets délétères.

Un autre impératif: récuser cette conception qu'il n'y aurait qu'un seul sujet historique capable de « sauver le monde ». Ne sommes-nous pas trop souvent porteurs de cette idée que notre groupe ou notre mouvement peut à lui seul « sauver le monde » ? À certaines époques, des théorisations ont proposé que seule la classe ouvrière allait nous libérer du capitalisme. D'autres ont affirmé que seuls les pays dits sous-développés mettraient fin aux inégalités. On a entendu par la suite que seul le mouvement des femmes serait porteur d'une libération authentique de l'humanité. Ou encore, plus récemment que ce sont les peuples autochtones, les écologistes, les étudiantEs, etc. qui seraient devenus LE sujet historique, détenteur de la seule vérité capable d'entraîner dans sa marche victorieuse libératoire tout un chacun. À l'opposé de ces conceptions, le travail en coalition invite à identifier comme sources d'espoir et de transformation sociale la diversité des luttes et des stratégies, la multiplicité des acteurs et des actrices, la variété des pratiques novatrices, l'importance de la participation de chacunE, la capacité à se concevoir comme des maillons modestes, mais indispensables, de l'action collective.

Globaliser les luttes spécifiques. Les luttes sont toujours spécifiques, elles portent forcément sur une revendication précise, un enjeu particulier: le retrait de l'armée canadienne d'Afghanistan, le respect du protocole de

Kyōto, le refus de la tarification et de la privatisation des services publics, le refus de la hausse des droits de scolarité, etc. Or, ces luttes ne peuvent pas être considérées du seul point de vue d'intérêts spécifiques concernant une partie seulement de la population. Au contraire, elles sont toutes porteuses d'un enjeu global, car l'injustice ou les torts subis par un groupe particulier rendent l'ensemble de la société injuste, discriminatoire et inhabitable. Le travail en coalition permet de « politiser » les enjeux de luttes spécifiques. Il permet aux individus et aux groupes, peu importe leur mission particulière, de se les approprier, de les transformer en propositions essentielles au « vivre ensemble » et ainsi de leur donner sens pour le monde en commun. Encore faut-il que les groupes acceptent de faire entrer dans leur mission spécifique une ouverture, une préoccupation, une volonté d'agir sur des enjeux qui semblent à première vue ne pas relever de leur travail quotidien, mais qui les interpellent en tant que citoyenNE. Václav Havel, l'ancien président de l'ex-Tchécoslovaquie, et ancien dissident, disait avec raison qu'il nous faut retrouver le sens de la responsabilité à l'égard du monde, c'est-à-dire à l'égard de ce qui nous dépasse.

Assumer les exigences démocratiques du travail concerté. Concertation, coalition, réseautage invitent à explorer plus à fond les potentialités et les exigences de la démocratie participative. En effet, travailler ensemble exige que chaque groupe mette ses structures et modes de fonctionnement à l'épreuve de visées communes, ce qui ne va pas de soi ! Les organisations plus grandes (quantitativement), plus structurées, possédant plus de ressources, ont de la difficulté à considérer les groupes plus « petits » comme des acteurs ayant une égale importance politique dans les combats communs. Par ailleurs, les plus « petits » peinent aussi à reconnaître que les effectifs et les responsabilités ne sont pas les mêmes. Accepter l'égalité dans l'asymétrie est donc un défi de taille pour toutes les coalitions-concertations, de même que le temps consacré aux débats, le règlement des inévitables conflits et « joutes de pouvoir », le choix de porte-parole, le partage des ressources. Enfin, les leçons des concertations du passé, comme celles des nouvelles formes d'organisation collective, invitent à ne pas s'installer dans la permanence et la rigidité des structures, mais à s'investir ensemble dans l'effervescence et la durée des combats à mener.

Bref, travailler en coalition, c'est *travailler à la production d'un espace* où des sujets constitués à partir de positions variées se rencontrent provisoirement pour prendre la parole et agir sur le terrain politique. Travailler en coalition, c'est occuper un espace qui n'est celui d'aucun sujet en particulier ; on n'y évolue qu'au prix d'une certaine altérité dans la mesure où être avec l'Autre ne signifie pas s'approprier sa lutte, parler en son nom, l'inclure, l'organiser, mais exige que l'on reconnaisse la différence. Dans cette optique, travailler en coalition suppose que l'on agisse en admettant que les ruptures et les divisions fassent partie du processus démocratique, davantage que l'unité imposée par des rapports de pouvoir, au nom d'intérêts communs souvent fictifs.

POUR EN SAVOIR PLUS :

Robert Fisk, *La grande guerre pour la civilisation. L'Occident à la conquête du Moyen-Orient (1979-2005)*, Paris, La Découverte, 2005.

Ilan Pappe, *Le nettoyage ethnique de la Palestine*, Paris, Fayard, 2008.

Yakov M. Rabkin, *Au nom de la Torah. Une histoire de l'opposition juive au sionisme*, Québec, Les Presses de l'Université Laval, 2005.

SUR LA TOILE :

Le site d'Alternative Information Center (AIC), < www.alternativenews.org >.

Association France-Palestine Solidarité, < www.france-palestine.org >.

Quatrième partie

S'engager : où, quand, comment ?

Marie-Ève Bertrand

Sauver des vies

JE SUIS DIRECTRICE du développement pour CARE Canada, mais d'abord et avant tout, je suis une citoyenne de ce village global qu'est la Terre. Peut-être comme vous touTES, je veux trouver des moyens pour aider mon prochain, qu'il soit à Port-au-Prince, à Tombouctou ou à Hanoï. Je me pose toutefois beaucoup de questions lorsque je vois les catastrophes qui se multiplient dans le monde : tremblements de terre, inondations, conflits armés, etc. Comment pouvons-nous aider les gens les plus vulnérables? Dans cette brève réflexion, j'aborde quelques thèmes qui me semblent prioritaires :

- *Quelle est la différence entre aide d'urgence et développement?*
- *Comment, en pratique, les ONG peuvent-elles accomplir leur travail?*
- *Quels sont les défis qui attendent les organisations humanitaires dans les prochaines années?*

L'aide d'urgence et le développement

L'AIDE D'URGENCE est une réponse coordonnée à la suite d'une catastrophe naturelle ou d'une situation engendrée par des conflits armés. Le développement fait référence à l'effort visant la diminution de la pauvreté dans la perspective d'une prise de conscience partagée des enjeux par les pays donateurs et les pays du Sud. Dans le cas de CARE, la mission est de répondre aux urgences humanitaires, ce qui veut dire être parmi les premiers à arriver sur le terrain et les derniers à partir. Le travail s'échelonne sur trois phases : la

---

Encadré 35
Un après-midi à Port-au-Prince

Il est 15 heures. L'avion se pose sur la piste. Le cœur battant, je ne sais pas comment je réagirai en voyant cette ville ou j'ai passé les deux mois les plus difficiles de ma vie en 2001. Il fait chaud et des nuages recouvrent les montagnes. L'aéroport est chambardé. Un autobus nous conduit vers un hangar aménagé. Les bagages sont transportés à la main. Les gens sont étonnamment calmes. Mais je n'ai pas encore franchi les portes qui me mènent vers ce Port-au-Prince dévasté. Philistin m'attend patiemment depuis près de deux heures. Je franchis le chemin bondé d'enfants qui tentent en anglais, en français et en créole de me soutirer quelques dollars. Puis, c'est le choc. À quelques pas de l'aéroport, des centaines de tentes sous le soleil brûlant des Caraïbes, recouvertes de toiles, entassées les unes sur les autres, entre les déchets, les latrines de fortune, la route et les avions. Sur le bord du chemin, les commerçantEs vendent de tout : vêtements, nourriture, bonbons dans une odeur de diesel, de friture, de charbon et d'ordures qui brûlent. C'est comme retrouver un vieil ami, c'est réconfortant malgré tout. Nous avançons vers Pétionville. Mes yeux ne se lassent pas de scruter le paysage désolant. Je cherche à me convaincre que ce n'est pas vraiment une ville effondrée, mais le tremblement de terre a vraiment détruit ce pays. Mon chauffeur s'évertue à éviter les débris qui sont partout, entre des maisons écroulées en entier ou en partie et qui déversent leur béton dans les rues. Les passants déambulent sans se méfier des véhicules. Philistin me dit tout sérieusement que depuis le séisme, les gens qui ont perdu leurs maisons sont devenus fous. Ils sont là sans y être. Ce n'est pas vraiment eux, c'est leur misère qui marche. Je lui demande timidement comment il se porte, ce qu'il a perdu, ce qui lui est arrivé. Un malaise m'habite, comme si j'étais une voyeuse. Il me dit qu'il se porte bien. Grâce à Dieu, sa femme et ses enfants ont survécu et sont partis aux Cayes. Lui est resté à Port-au-Prince, dans un véhicule utilitaire sport abandonné. Quand il pleut, il reste là, sans bouger. Sinon, lorsqu'il ne travaille pas, il se promène dans les rues afin de combler sa solitude. Il me dit, la voix un peu vacillante, que plus rien n'est comme avant... Non, plus rien.

Journal de bord, juillet 2010

---

préparation, la réponse d'urgence et la phase de réhabilitation. Lorsque c'est possible et que des signes avant-coureurs annoncent une potentielle catastrophe, les ONG comme CARE travaillent pour préparer les communautés avant la destruction (par exemple un ouragan). En œuvrant à la réduction des risques et à la prévention, il est possible de sauver des vies et de réduire l'impact d'un désastre. Lorsque le malheur frappe, des équipes spécialement formées et outillées sont déployées et s'attellent à régler des besoins précis (l'eau, l'assainissement, l'hygiène, la sécurité alimentaire, les abris).

Répondre aux urgences, c'est plus que distribuer de la nourriture et des articles essentiels. Et cela ne se fait pas en une courte période de temps. Il faut rester sur le terrain et aider les communautés à se reconstruire et à restaurer la durabilité. En fait, la réponse d'urgence est une pièce importante de l'immense casse-tête de la lutte globale contre la pauvreté et des problèmes qui en découlent. Lorsque les désastres ou les guerres frappent, ce sont les communautés les plus vulnérables qui absorbent les coups. Ce sont les gens vivant déjà en situation précaire qui sont les plus durement affectés. C'est là qu'entre en jeu la réhabilitation. Si nous n'aidons pas les communautés à se relever et à mettre sur pied des stratégies pour regagner leur autonomie et la sécurité, nous ne créons pas des solutions durables. Dans la phase de réhabilitation, il faut mettre en place des mesures de développement durable, qui favorisent la création d'emplois, l'épargne, l'égalité des genres. C'est un travail de longue haleine visant à outiller les populations pour les renforcer et créer des partenariats avec les institutions et les organismes de la société civile. Dans ce contexte, l'aide d'urgence se fond avec le développement. Un lien de confiance est tissé. Les intervenantEs sur le terrain connaissent les enjeux et les populations locales, et fortes de ces partenariats ; les ONG peuvent avoir un impact réel et durable.

Comment les ONG peuvent-elles faire leur travail ?

PRENONS L'EXEMPLE du tremblement de terre en Haïti de janvier 2010. Comme cela a été évoqué plus tôt, les ONG comme CARE, qui travaillaient en Haïti, avaient mis en place des programmes pour aider la population à se préparer aux catastrophes, tels les ouragans, les inondations et les conflits armés. Dans ces cas de figure, on peut repérer les signes avant-coureurs et donc se préparer. Nous pouvons aussi avoir des équipes en place ou disposer de matériel à des emplacements stratégiques. Mais nous ne sommes pas devins ! Trop souvent, nous ne pouvons pas prédire le pire. Comme ce tremblement de terre ! Alors que peut-on faire ?

Dans les heures qui ont suivi le séisme, des équipes d'urgences se sont déployées dans les zones sinistrées. Port-au-Prince, la capitale d'Haïti, était dans la noirceur, les débris, le chaos et la peur. L'État et ses ministères s'étaient effondrés, de même que les corps policiers, les hôpitaux, les écoles. Rien ni personne n'a été épargné ! Plusieurs des ONG qui travaillaient dans le pays ont été durement touchées (personnel tué ou blessé, infrastructures détruites, etc.).

Illustration 23
Camp pour les sans-abri à Haïti

© Agence France-Presse

Sur papier, il peut sembler facile de répondre à une crise : fournir de l'eau, des installations d'hygiène sécuritaires, de la nourriture, des abris temporaires sécuritaires (qui répondent aux normes), mettre sur pied des infirmeries, assurer un soutien psychologique et ainsi de suite. Toutefois, mes collègues et amis, qui sont experts dans le domaine, peuvent vous dire que la réalité n'est jamais simple ! Chaque crise, chaque désastre sont uniques. Les ONG doivent s'adapter à des réalités qui changent au jour le jour et vivre avec des contraintes logistiques qui perturbent grandement leur travail. Puis, il faut se coordonner avec d'autres ONG et d'autres organisations de bonne volonté qui, parfois, n'ont ni la formation ni les outils nécessaires pour aider. C'est tout un défi qui demande de la part des équipes de la force, de la résilience et de la passion. Et encore faut-il mobiliser l'aide ! Les ONG comme CARE accomplissent leur mission grâce au soutien financier des donateurs. Souvent, on nous appelle pour nous demander comment envoyer des vêtements, de l'eau, de la nourriture ou d'autres biens matériels. Ces interlocuteurs sont de bonne foi, car ils cherchent à collaborer. Or, en réalité, les ONG ont besoin d'argent. La plupart du temps, il est beaucoup plus efficace d'acheter localement les matériaux nécessaires, la nourriture et l'eau, et, en plus, cela stimule l'économie locale. Il est donc préférable de faire des dons en argent aux organisations humanitaires plutôt que d'envoyer des biens matériels sur place.

Les grands défis

D'ICI 2020, la population mondiale atteindra huit milliards de personnes. Il est probable que les catastrophes naturelles se multiplieront. Avec les changements climatiques, on peut s'attendre à voir une vulnérabilité accrue de certaines zones, ce qui va accélérer la migration vers les centres urbains, bien souvent dans des régions qui ne sont pas capables d'absorber de tels flux migratoires. Les crises politiques complexes continueront de mettre en péril les populations vulnérables et d'aggraver la pauvreté chronique, le manque d'accès aux ressources comme la nourriture, de même que les inégalités. Tout cela va déboucher sur de nouvelles pressions sur les ONG, leur personnel et leurs ressources. Le défi sera alors non seulement de trouver les ressources humaines et matérielles afin de répondre rapidement aux catastrophes et aux crises, mais aussi d'obtenir le financement nécessaire pour y arriver, sans que cela nuise aux besoins émergents des programmes de développement à long terme. Il est de plus en plus difficile d'obtenir des fonds pour réaliser les projets, et il faudra trouver des solutions créatives pour y arriver.

On peut garder espoir, car de plus en plus de gens, d'organisations de la société civile, d'entreprises et d'ONG s'engagent ensemble dans une démarche cohérente dans le dessein de vaincre la pauvreté. C'est là que l'action humanitaire peut avoir un impact. En travaillant au développement, au financement et aux communications, on peut sensibiliser davantage les gens sur les enjeux globaux ainsi qu'à l'impact que nous avons sur le monde. N'oublions surtout pas que les gestes que nous accomplissons (ou que nous n'accomplissons pas) au quotidien peuvent influencer la vie d'inconnus vivant à des milliers de kilomètres de chez nous!

À vous de vous impliquer!

IL Y A QUELQUES DIZAINES D'ANNÉES, il suffisait d'un grand cœur et de beaucoup de volonté pour se retrouver dans la coopération internationale. Or, l'aide humanitaire et le développement ont évolué, tout comme la profession. Mes collègues, qui ont souvent terminé des études universitaires, se consacrent corps et âme à la tâche. La réalité parfois n'est pas rose : travail contractuel, loin de la famille, horaires impossibles, conditions difficiles. Pour vous engager, réfléchissez à quelques questions si vous voulez vous insérer dans le travail humanitaire :

- Avez-vous terminé vos études ? Faites des recherches sur les programmes des universités offerts dans le domaine. Les ONG ont souvent besoin de personnel et de bénévoles qualifiés dans un domaine précis, pour répondre à un besoin précis. Quelles sont vos compétences ? Vous tra-vaillez dans le domaine de la santé ? De l'éducation ? De la gestion ? Si vous avez des compétences, mais peu d'expérience, ne sous-estimez pas l'importance des stages !
- Parfois, on vous demandera de contribuer financièrement à votre mis-sion. Êtes-vous prêt à faire cet effort de collecte de fonds ? Avez-vous déjà songé à vous impliquer localement auprès d'une ONG dont les valeurs vous rejoignent ? Prenez le temps d'écrire une lettre de motivation et d'expliquer votre parcours. Allez un peu plus loin et faites connaître des ONG que vous soutenez. Parlez-en à vos amis et collègues de travail. Participez au financement des ONG à la hauteur de vos moyens, mais surtout ne sous-estimez pas l'importance de ce geste. Les ONG reçoivent une part infime des dons récoltés pour les diverses causes sociales (moins de 6 % vont à l'aide internationale). Êtes-vous prêt à servir la mission internationale en travaillant au pays ? Plusieurs carrières sont envisa-geables : en finances, ressources humaines, communications, finance-ment et programmes !

Je termine en vous ramenant à mon parcours personnel. Adolescente, j'ai participé à un voyage de coopération en Haïti que j'ai dû financer moi-même. À mon retour, j'ai réalisé que je n'avais pas été assez préparée pour cette expérience et que je ne serais pas capable de vivre dans un pays du tiers-monde, car je n'ai pas une santé de fer. Toutefois, j'étais convaincue que je trouverais ma façon de contribuer à la cause. Quelques années plus tard, après avoir travaillé en marketing et organisé des collectes de fonds, j'ai décidé de faire le saut et de travailler en financement et en communication pour une ONG. J'aide à ma manière. De temps en temps, j'effectue des missions sur le terrain. C'est alors que ma flamme est ravivée et que je me souviens de cette phrase de Voltaire : « C'est n'être bon à rien que n'être bon qu'à soi ! »

Katina Binette

Partir comme stagiaire

> *Il est mieux d'avoir vu une terre une seule fois*
> *que d'en avoir entendu parler des milliers de fois.*
> Proverbe mongol

Nous sommes en 1967. Le Québec s'ouvre sur le monde avec l'Exposition universelle de Montréal. Au cours des années suivantes, dans un contexte où plusieurs conflits font rage dans le monde et que des causes internationales touchent de plus en plus le cœur des Québécois, la société civile se mobilise et crée plusieurs organismes de solidarité internationale. Un réseau se structure pour former l'Association québécoise des organismes de coopération internationale (l'AQOCI). Des groupes partent « pour donner de leur temps » et appuyer des initiatives de développement de communautés du Sud. Citons par exemple la création du programme de projets éducatifs internationaux fondés par Jacques Hébert en 1971, d'où naît Jeunesse Canada Monde.

Nous sommes en 1995, en plein dans la mondialisation. Le ministère des Relations internationales du Québec consulte l'AQOCI et ses membres et crée un programme de stages d'initiation à la solidarité internationale. Le programme Québec sans frontières (QSF) se veut une nouvelle fenêtre sur le monde. Bientôt, les premiers groupes de stagiaires partent à la découverte d'autres réalités. Depuis, les occasions de stages se multiplient. En vingt ans, ce sont 6 000 jeunes QuébécoisES qui foulent le sol de l'Afrique, de la Caraïbe, de l'Amérique latine et de l'Asie.

Solidarité et partage : avant, pendant et après le stage

Fondé dans une optique de partage, de solidarité et d'engagement social, le programme QSF vise la création de liens privilégiés entre des QuébécoisES et des gens du Sud. Les échanges réciproques et l'enrichissement mutuel mettent à profit les expériences combinées du Sud et du Nord. Pour une durée de 70 jours (en moyenne), en petits groupes (de cinq à dix personnes), cette occasion permet aussi d'apprendre à travailler en équipe et à vivre en collectivité. Ce sont des centaines d'initiatives, portées par les communautés du Sud, auxquelles collaborent des jeunes d'ici. Chaque stage est constitué d'un projet, mais l'idée de Québec sans frontières, c'est aussi de l'intégrer sur le plan communautaire. Sur le plan personnel, les stages marquent profondément les participantEs, certainEs s'y redécouvrent et explorent de nouvelles possibilités de vie et de carrière. Le fait d'appuyer des projets inspirants, développés par des gens des pays où se déroulent les stages permet de réaliser qu'il y a différents types d'aide – et la solidarité à petite échelle en est une. Les gens partent et découvrent d'autres réalités. Partager la vie quotidienne des communautés de cultures différentes permet de se remettre en question et de constater qu'au fond, quels qu'ils soient, les humains ne sont pas si différents les uns des autres. Des liens de fraternité sont ainsi créés et demeurent bien vivants, même après le retour.

Avant le départ, l'expérience QSF débute par un programme de formation qui a pour but de préparer les stagiaires. À l'étranger, l'encadrement fourni par les organismes québécois et par leurs partenaires sur le terrain assure une expérience sécuritaire et enrichissante. Au retour, c'est un accès privilégié au monde de la solidarité internationale et des possibilités d'implication dans des organisations qui s'offrent aux stagiaires. De plus, dans le cadre du programme QSF, il y a après le stage un fonds de sensibilisation remis aux organismes, qui sert aux groupes pour bâtir des projets d'éducation du public.

Pourquoi partir ?

Il y a plusieurs motivations pour réaliser un stage : comprendre une autre réalité, s'initier à des enjeux internationaux, participer à une expérience collective, faire du bénévolat, vivre dans un contexte culturel différent, découvrir un autre pays, etc. Pour plusieurs stagiaires, un stage représente aussi le passage de la théorie à la pratique lorsqu'ils étudient dans un domaine connexe (développement international, coopération, relations internationales, etc.). Pour d'autres, il s'agit d'un moment de transition. Parfois réalisés entre deux diplômes ou en fonction d'une réorientation de carrière, les stages QSF permettent de cerner ses aspirations, de réorienter ses choix et ses priorités. D'un point de vue personnel, le dépassement de soi est une motivation pour partir et poursuivre son cheminement. Il est certain que chaque stagiaire acquiert énormément de compétences et de connaissances qui lui seront utiles aussi bien sur le plan professionnel que sur le plan interpersonnel, notamment avec la vie de groupe. Les formations données avant le départ et leur combinaison avec l'expérience de terrain permettent aussi de faire la distinction entre la coopération, l'aide humanitaire d'urgence, le développement et la solidarité ainsi que de connaître plus en profondeur le milieu des organismes de coopération internationale (OCI).

Le parcours solidaire

Il est possible de suivre un parcours en passant par les différents types de stages composant le programme. Une personne peut réaliser plus d'un stage, par exemple, d'abord un stage du volet universel et, par la suite, un stage du volet Public cible. On peut aussi devenir accompagnateur, responsable d'un groupe. Pour cela, il n'est pas nécessaire d'avoir eu une expérience de stagiaire, même si celle-ci constitue un atout. Enfin, le stage dans une ONG est un emploi rémunéré d'une durée de 16 à 50 semaines au cours duquel le stagiaire participe à l'organisation des stages ou aux activités d'éducation du public.

Les impacts

Durant un stage QSF, on habite dans une communauté durant deux mois. On tisse des liens fraternels, ce qui crée un sentiment d'appartenance à cette deuxième famille étrangère. On s'attache, on développe des amitiés qui dureront. Peu importe qui l'on devient par la suite, peu importe l'endroit où l'on va, l'expérience est marquante et change les mentalités, elle ouvre les horizons et fait en sorte que l'on se sent concerné par ce qui se passe ailleurs. Au Sud, accueillir des stagiaires contribue à briser l'isolement. Que des gens provenant de cultures souvent idéalisées arrêtent tout pour une durée de deux à trois mois dans le but de venir partager leur quotidien, cela est en soi valorisant. Par leur venue, les stagiaires contribuent aussi à déconstruire les mythes, à briser les préjugés, à rétablir un sentiment d'égalité entre les peuples. Pour touTEs, le fait de resserrer les liens entre les

Encadré 36
Comment s'impliquer dans les stages ?

Le stage « Universel » : de 60 à 75 jours, une première expérience sans exigence de formation ou d'expérience professionnelle.

Le stage « Public cible » : de 60 à 75 jours. Il offre un complément à ta formation ou à ton expérience professionnelle.

« Accompagnement » : deviens responsable d'un groupe en encadrant un stage.

« Avec les ONG » : un stage rémunéré de 16 à 50 semaines dans un organisme de coopération internationale, pour les ancienNEs participantEs QSF.

peuples permet de se ressourcer et d'intégrer des valeurs de collectivité, d'altruisme et d'entraide. L'engagement au retour et la participation citoyenne à l'échelle globale génèrent une vraie force de changement et d'action.

Pour ne pas conclure

Au retour d'un stage, par solidarité avec les populations rencontrées, on peut intégrer cette expérience et agir comme citoyen engagé, sur les plans social, économique, communautaire, environnemental, etc. Il existe plusieurs pistes d'actions dans notre pays. Il n'y a pas qu'une seule voie pour garder cette expérience bien vivante. On peut :

• S'impliquer au retour avec le Fonds de sensibilisation du public, ce qui donne l'occasion aux stagiaires de sensibiliser les gens à leur tour, de créer des outils, de communiquer à leurs pairs, à leur famille, à leur communauté ce qu'ils ont vécu, ce qu'ils ont retenu, etc.

• S'engager dans le commerce équitable si l'on a envie d'être solidaire avec les gens d'ailleurs, mais dans notre pays au moyen de choix de consommation responsable. Si l'on se sent inspiré par le sentiment de solidarité et de prise en charge d'une communauté, on peut mettre sur pied une entreprise d'économie sociale qui viendra répondre à des besoins de gens d'ici.

• Contribuer politiquement. Par exemple, écrire une lettre d'opinion dans un journal sur un enjeu international.

Si le stage nous a fait découvrir une région du monde dans laquelle on se sent chez soi, on peut devenir coopérant. Il est aussi possible de teinter notre travail d'une conscience particulière des enjeux mondiaux. Par exemple, en tant qu'enseignantEs, nous pouvons simplement aborder des enjeux internationaux dans nos cours. Si on a particulièrement apprécié la mission d'une ONG, on peut y travailler, s'y associer comme bénévole, etc.

Encadré 37
Qu'est-ce que QSF?

« Une des plus belles expériences de ma vie, une expérience de fraternité et de solidarité ! ». C'est ce que vous diront sans doute les 6 000 personnes ayant participé à Québec sans frontières depuis 1995 !

Pour en savoir plus :
Jeunesse Canada Monde, < www.cwy-jcm.com >.
AQOCI, < www.aqoci.qc.ca/ >.
Programme QSF, < www.aqoci.qc.ca/spip.php?rubrique72 >.

Richard Veenstra

Démystifier la coopération volontaire

LA COOPÉRATION INTERNATIONALE passionne de plus en plus de personnes de différents horizons et mérite d'être mieux connue. Or, on ne peut l'expliquer comme s'il y avait un simple « mode d'emploi ». L'idée de ce texte est de proposer quelques outils et repères pour ceux et celles qui veulent se « lancer » dans l'aventure de la coopération.

À l'origine

LA COOPÉRATION VOLONTAIRE INTERNATIONALE a évolué au fil du temps. Dans les années 1950-1960 apparaissent les programmes de développement international où l'on trouve des volontaires comme celles et ceux qui s'engagent avec SUCO (Originellement Service universitaire canadien outre-mer, devenu Solidarité-Union-Coopération), l'un des premiers organismes laïcs de coopération au Canada. Au moment où la fracture devient visible entre le Nord et le Sud, l'objectif est de combler cet écart économique et social en fournissant comme « intrants » des ressources humaines. Ainsi, des étudiantEs et de jeunes professionnelLEs (médecins, professeurEs, technicienNEs agricoles, etc.) sont envoyéEs, surtout en Afrique comme assistantEs techniques.

S'engager

AU TOURNANT DES ANNÉES 1970, des volontaires critiquent les rapports de dépendance qui existent entre le Sud et le Nord. Ces personnes ne se

voient plus uniquement comme des «aidantes», mais comme des participantes œuvrant avec les populations (et non «pour» celles-ci). Sur le terrain, SUCO se rapproche des populations et appuie des initiatives locales
d'autodéveloppement. Pour les partenaires locaux, le développement est un
progrès social, culturel et politique qui repose sur des revendications et sur
des luttes pour la réforme agraire, le respect des droits, la justice, la paix,
l'égalité entre les femmes et les hommes, la démocratie, l'intégrité culturelle,
le droit à la santé et à l'éducation, etc.

Le développement durable

Avec le Rapport Brundtland (1987) et le Sommet de la Terre de Rio
(1992), des initiatives abondent pour la préservation de l'environnement.
Le concept de développement durable émerge et influence les pratiques
d'ONG, non seulement en ce qui a trait à l'environnement, mais aussi en
rapport aux activités économiques et sociales. L'approche qui s'impose peu
à peu consiste à favoriser l'autonomie des organisations et des institutions
du Sud qui, elles, entretiendront des liens permanents avec les populations
locales. À partir des années 2000, les coopérantEs commencent à travailler
davantage en deuxième ligne plutôt que directement auprès de la population, notamment dans les pays où les coopérantEs du Canada ne maîtrisent
pas la langue des populations locales.

Encadré 38
Un manuel de formation pour les paysanNEs

En 1994, Daniel Gagnon, coopérant volontaire de SUCO au Nicaragua et ingénieur
forestier, constatait la situation difficile des cultivateurs et cultivatrices du pays. Les
rendements agricoles étaient faibles, les sols se dégradaient rapidement, les ressources en eau s'épuisaient et les forêts disparaissaient. En collaboration avec des
technicienNEs agricoles et des cultivateurs et cultivatrices, il a cherché des solutions
pour améliorer la situation. C'est ainsi qu'est né le manuel de formation paysanne,
El Machete verde. Ce recueil d'outils simples, rédigé dans un langage accessible et
assorti d'images, a été utilisé par les coopérantEs au Nicaragua et au Honduras et
leurs partenaires. Ce manuel, fruit d'une collaboration entre le coopérant volontaire et ses homologues nicaraguayenNEs, est devenu un outil de référence pour
des centaines d'organisations locales et internationales en Amérique centrale, mais
également en Amérique latine et dans les Caraïbes. *El Machete verde* a été traduit
et adapté pour être utilisé en Haïti sous le nom de *Djakout peyizan*.

Imputabilité et adaptabilité

Aujourd'hui, les ONG sont confrontées à deux tendances qui paraissent à première vue difficiles à concilier : l'une mettant l'accent sur l'imputabilité, l'autre sur l'adaptabilité (la capacité de réaction). D'une part, les ONG sont de plus en plus imputables de leurs actions, de plus en plus interpellées pour rendre des comptes sur l'utilisation des fonds qui leur sont confiés, et ce, par les bailleurs de fonds, par les gouvernements des pays d'accueil et par les populations. Ainsi, les financements sont accordés de plus en plus sur la base de résultats convenus d'avance. Des gouvernements se prévalent de plus en plus de leur droit d'approuver les mandats de coopération volontaire ou d'en faire un audit *a posteriori* comme ce fut le cas récemment au Pérou en ce qui concerne certains mandats de SUCO. Dans une logique d'appropriation à long terme, c'est normal et sain.

La difficulté survient lorsque les mécanismes utilisés pour favoriser cette imputabilité – des plans, des budgets, des contrats – ne permettent pas aux acteurs d'ajuster leurs actions en fonction des changements ou des observations qui surviennent en cours de route. Un projet évolue et exige de la part de ses intervenantEs une capacité à réagir et à interagir.

Encadré 39
Témoignage de Malia Jean-Louis

Grâce à l'appui des coopérants et coopérantes qui nous ont donné beaucoup de formation sur le renforcement des capacités techniques et organisationnelles, nous sommes parvenues à construire une pépinière rentable financièrement, qui contribue au paiement de frais de scolarité de nos enfants et leur assure un repas chaque jour.

Malia Jean-Louis, membre de *Fanm Leve Kanpe* (Femme debout), Macary (Haïti)

L'expérience montre que c'est cette capacité d'interaction et de réaction, accompagnée de compétences techniques, qui fait la réussite des interventions. C'est pour ça aussi que, de plus en plus, on préfère le terme « accompagnement » à celui d'« intervention ».

Compétences techniques et génériques

Généralement, un mandat de coopération volontaire, que l'on soit conseiller en santé, en génie, en gestion, en comptabilité ou en communications, exige des volontaires des compétences techniques particulières et, également, un ensemble de compétences génériques. Pour certainEs, ces compétences génériques font partie de leur savoir-être. Pour d'autres, il faut les acquérir, soit par un apprentissage structuré, soit par l'expérience. Parmi ces compétences génériques, notons :

L'ouverture d'esprit.
- La curiosité et un intérêt pour l'autre facilitent la compréhension du contexte et l'interaction avec le milieu.
- La capacité de changer de perspective, de relativiser la situation s'avère essentielle. Parfois, ça peut vouloir dire changer d'avis ou simplement comprendre qu'une autre opinion est possible.
- Le sens de l'humour et le bon jugement permettent de reconnaître le sérieux d'une situation sans insister sur le drame, ce qui est nécessaire si l'on veut mobiliser les ressources vers la résolution d'un problème.
- Un intérêt pour la complexité et une capacité à tolérer l'ambiguïté facilitent la navigation dans des situations complexes. Si l'on est intrigué par cette complexité, on a plus de chance de l'accepter et de bien fonctionner. Si au contraire, on veut que cela soit simple, on court le risque de passer à côté de la réalité.

De bonnes capacités relationnelles et communicationnelles.
- Même le plus fin des analystes ou la plus perspicace des intervenantes ont besoin de diplomatie et de tact.
- Il faut pouvoir bien s'exprimer et surtout bien écouter !
- Être sympathique ! Un volontaire n'est pas un directeur. Sa capacité de cultiver des relations personnelles et professionnelles accordera du capital social au volontaire. On lui fera plus facilement confiance, et son travail sera plus agréable et productif.

La gestion du stress et la capacité d'adaptation.
- Le ou la coopérantE volontaire travaille dans un milieu différent sur différents plans. Sa capacité à s'adapter a un impact direct sur son bien-être et donc sur son travail. On parle souvent des aspects complexes (culturels, sociaux, religieux, rapports hommes-femmes), mais il ne faut pas négliger des aspects terre à terre : les précautions sécuritaires ou sanitaires que l'on doit prendre dans certains pays, le climat, la présence de bestioles, etc. La gestion du stress est en général très exigeante.

La persévérance, ce qui, dans ce contexte, exige une volonté de continuer à chercher des solutions ainsi que la volonté de se questionner.

Encadré 40
Témoignage de Véronica Vivanco

Le stage a été une expérience enrichissante sur tous les plans aussi bien sur le plan professionnel que sur le plan personnel. Cette expérience de solidarité m'a donné l'occasion de voir et de croire qu'avec l'effort commun un autre monde est certainement possible. Mon stage m'apporte la motivation de poursuivre mon désir de créer des espaces de réflexion sur les enjeux internationaux permettant de faire en sorte qu'on se sente concerné par ce qui se passe ailleurs.

Véronica Vivanco, Managua (Nicaragua)

Comment se préparer ?

Comprendre ces défis s'avère fort utile pour les préparatifs du départ. Avant d'arriver au grand jour, connaître ses motivations aidera à éviter la déception et à favoriser le bon choix. Des motivations légitimes peuvent être orientées vers l'autre (curiosité, ouverture, solidarité, envie de contribuer) ou vers soi-même (développement de compétences, connaissance, découverte et dépassement de soi). Le fait d'en prendre conscience aide à être plus en harmonie avec le contexte du volontariat. Il existe des programmes de stage conçus pour le développement de compétences, tout comme il existe des projets d'initiation à la coopération internationale pour s'ouvrir à l'autre et pour aider les gens à mieux se connaître. Il existe des mandats professionnels qui sont conçus pour favoriser une contribution concrète à l'amélioration des conditions de vie des populations.

En fait, de nombreuses expériences en coopération peuvent permettre de satisfaire tous les objectifs qu'ils soient personnels ou professionnels. Par contre, une certaine souplesse permet de trouver son compte, car certains mandats ne peuvent pas répondre à tous les objectifs. En ce qui a trait aux objectifs reliés au développement d'une carrière, il faut être souple. Le contexte de la coopération volontaire ne permet pas toujours de développer des compétences techniques qui sont applicables partout. Ce sont plutôt des compétences génériques que l'on peut développer. Il existe aussi des motivations moins valables et réalistes, qui peuvent être orientées vers soi (par exemple la fuite d'une situation non désirée) ou vers autrui (par exemple le désir d'imposer un point de vue). Il faut faire attention, car ces motivations ne doivent pas échapper à l'examen de soi, sinon, il y a la possibilité de grandes déceptions.

Se former

Depuis quelques années, des formations universitaires en coopération internationale sont offertes pour ceux et celles qui veulent tenter l'expérience ou même en faire carrière. Ces formations sont devenues beaucoup plus répandues aujourd'hui, ce qui reflète leur pertinence. Ces programmes mettent l'accent sur les capacités d'analyse et d'intervention dans une variété de contextes. La prépondérance du renforcement des capacités organisationnelles ouvre la voie à des interventions en développement organisationnel (planification stratégique, apprentissage organisationnel, mise en réseau, etc.). Autre tendance, le besoin de maîtriser la langue du milieu est indispensable. Perfectionner son anglais ou son espagnol ou apprendre le russe, le portugais, l'arabe ou d'autres langues s'avère un grand atout.

Pour en savoir plus :

Jacques M. Chevalier et Daniel J. Buckles, *Guide sur la recherche collaborative et l'engagement social*, Ottawa, ESKA, CRDI, 2008. Publié par le Centre de recherches pour le développement international (CRDI), < www.idrc.ca/FR/Resources/Publications/Pages/IDRCBookDetails. aspx?PublicationID=104 >.

Yao Assogba, «Le développement des communautés en Afrique de l'Ouest», dans D. Bourque, Y. Comeau, L. Favreau et L. Fréchette (dir.), *L'organisation communautaire. Fondements, approches et champs de pratique,* Montréal, Presses de l'Université du Québec, p. 383- 401.

Le site de CUSO International offre ses *21 Conseils pour la coopération volontaire du 21ᵉ siècle,* < http://cusointernational.org/fr/volon taire/21-conseils-pour-la-coop%C3%A9ration-volontaire-du-21e-si%C3%A8cle >.

L'AQOCI, l'Association québécoise d'organismes de coopération internationale, affiche sur son site des offres de stage et de mandats de coopération volontaire, ainsi qu'une base de données sur les activités de ses membres, < www.aqoci.qc.ca >.

La Faculté de l'Éducation permanente de l'Université de Montréal offre un certificat en coopération internationale, < www.fep.umontreal.ca/ cooperation/ >.

Managers sans frontières, < www.mngsf.ulaval.ca/cms/site/mngsf >, appuie activement des programmes de premier cycle et des cycles supérieurs de l'Université Laval.

Hélène Gobeil

Comment influencer les gouvernements?
L'importance du plaidoyer

Plusieurs personnes ont l'impression que le plaidoyer relève des fonctions de pro-fessionnelLEs du développement. Même s'il est vrai que toute stratégie de plaidoyer à l'endroit des gouvernements fédéral et provincial doit être très bien élaborée, il n'en demeure pas moins que c'est avant tout une action citoyenne. N'importe qui peut effectuer des travaux de plaidoyer, il ne s'agit pas de tâches réservées exclusivement à des professionnelLEs ou à des expertEs.

LES GESTES DE PLAIDOYER comprennent plusieurs actions comme exercer des pressions, mobiliser, éduquer, sensibiliser et faire des recherches. Le plaidoyer fait partie intégrante de notre rôle de citoyenNE pour dénoncer des injustices, défendre les pauvres, mettre ceux et celles qui ont le pouvoir en face de leurs responsabilités.

Trop souvent, les gens estiment qu'ils ne peuvent avoir une influence sur leurs éluEs. Pourquoi alors vouloir rencontrer unE députéE? Parce qu'unE députéE vous représente à l'Assemblée nationale ou à la Chambre des communes. Parce que vous souhaitez faire connaître vos propositions sur un enjeu important ayant des conséquences au Sud et au Nord et, surtout, parce que vous voulez connaître son opinion sur les questions de développement international et savoir si elles sont en concordance avec les vôtres.

Certaines organisations de coopération internationale ont du personnel dont la fonction est centrée sur le plaidoyer. Ces personnes ont comme rôle premier de faire de la recherche sur un thème particulier, de le documenter, d'élaborer une stratégie de plaidoyer et d'organiser des rencontres avec des éluEs occupant des postes de ministres en lien avec nos préoccupations. Or, ce type de plaidoyer, sans l'engagement citoyen, a peu d'impact. Le partenariat entre les organisations de la société civile (OSC) du Nord et du Sud est primordial dans le travail sur les politiques. Depuis déjà plusieurs années, les OSC du Nord cherchent à ancrer leurs analyses et les demandes qui en découlent auprès des instances gouvernementales à travers l'expérience et la vision de ceux et celles qui vivent dans les pays les plus touchés par les enjeux.

Ça marche, mais il faut être patient!

Prenons l'exemple de la grande campagne canadienne et québécoise sur la responsabilité sociale des entreprises tenue de 2005 à 2011. Des groupes de la société civile du Sud remettaient en question les actions des compagnies minières canadiennes sur leurs territoires en ce qui a trait à l'environnement et au respect des droits de la personne. Plusieurs organisations de la société civile du Canada et du Québec (organisations universitaires, ONG, groupes environnementaux, syndicats) ont donc décidé de soumettre aux décideurs au Canada ce problème soulevé par des partenaires au Sud. Ces organisations étaient représentées sous le chapeau du Réseau canadien sur la reddition de comptes des entreprises. Nous ne répéterons jamais assez l'importance de travailler en réseau. Certains possèdent la force de l'analyse, d'autres la capacité de mobiliser largement, d'autres encore des capacités financières et humaines plus importantes. En unissant nos différentes forces, nous avons davantage d'impact. La mise sur pied de ce réseau national a sans aucun doute maximisé l'impact de la stratégie de plaidoyer employée par rapport à cet enjeu. Voici pour quelles raisons cette campagne sur la responsabilité sociale des compagnies minières à l'étranger a connu un tel succès:

- Plusieurs actions citoyennes ont été réalisées: témoignages de partenaires du Sud en comités parlementaires, réunions avec des ministres, notes d'information et de synthèse autour des enjeux, débats publics, conférences de presse, plus de 200 rencontres avec des députéEs dans leur circonscription respective, plus de 500 000 cartes postales remises au gouvernement canadien, plusieurs questions posées à la Chambre des communes.
- La réponse du gouvernement canadien à toute cette mobilisation a été faible, ce qui a poussé un député de l'opposition à déposer un projet de

loi. Les organisations de la société civile ont appuyé massivement ce projet de loi, le percevant comme un premier pas dans la bonne direction. Des rencontres ont eu lieu avec des députéEs pour s'assurer de leur soutien à ce projet, des courriels et des télécopies ont été envoyés massivement aux membres du Parlement. Le projet de loi n'a malheureusement pas été approuvé, mais il s'est rendu en troisième lecture et le vote a été très serré.

Il ne faut surtout pas voir le résultat de cette campagne de plaidoyer comme un échec. Au contraire, on doit la voir comme un grand succès, ayant plusieurs résultats positifs à son actif. En voici quelques-uns :

- Des députéEs mieux informéEs sur cet enjeu important.
- Une couverture médiatique plus critique, ne se limitant plus seulement aux aspects de la rentabilité économique pour les compagnies canadiennes, mais également aux impacts économiques, sociaux et environnementaux, souvent négatifs pour les populations du Sud.
- Une population mieux informée, à même de faire des parallèles avec ce qui se passe ici (Plan Nord, gaz de schistes, sables bitumineux).

Tous ces efforts mis en place par les organisations de la société civile ont permis d'encourager les citoyenNEs du Nord à soutenir des modifications nécessaires aux politiques canadiennes qui influent sur la pauvreté au Sud. Les prochaines élections fédérales seront possiblement déclenchées en 2015. Il n'est pas trop tôt pour poser des questions aux députéEs sur le positionnement des partis devant différents enjeux, notamment l'aide internationale canadienne et son devenir. Nous pourrons ainsi rappeler au gouvernement élu lors du prochain scrutin qu'il se doit de respecter ses engagements.

Le plaidoyer auprès de nos éluEs est un des moyens dont dispose la population canadienne pour agir ici même afin de susciter des changements qui améliorent les conditions de vie des habitantEs des pays du Sud. Nous avons le droit comme citoyenNE d'exiger que nos éluEs représentent également notre vision du monde.

Pour en savoir plus :
Sur les campagnes des ONG, voir le site du Conseil canadien pour la coopération internationale. Vous cliquez sur l'onglet « Passer à l'action », et vous aurez beaucoup d'exemples concrets : <www.ccic.ca/resources/take_action_f.php>.

Une campagne qui continue d'avoir des impacts est celle qui demande aux États de bannir les mines antipersonnel. Le site de cette campagne est très instructif (malheureusement, en anglais seulement!): <www.icbl. org/index.php>.

Au Québec, la Fédération des femmes du Québec (FFQ) a développé une action remarquable pour mobiliser la population et imposer des décisions en fonction des aspirations populaires. Ces interventions inspirent des groupes de femmes partout dans le monde par la Marche mondiale des femmes: <www.ffq.qc.ca/2012/10/collection-dinformation-sur-les -actions-et-positions-de/>.

Annie Lafontaine

**S'engager dans le combat
contre la guerre et la militarisation**

Historiquement, un grand nombre d'ONG se sont inscrites dans la bataille pour la paix. Cela exige de démasquer et de dénoncer l'idéologie militariste, l'escalade militaire et la violence, lesquelles sont souvent utilisées comme prétexte pour ramener l'« ordre ». Pour le Comité de solidarité de Trois-Rivières (CSTR), il faut prendre parti et agir, car la dérive militariste, qui sévit dans plusieurs pays du monde, y compris au Canada, est un frein réel au développement. Cette action pour sensibiliser et déconstruire le discours, qui veut que seules les interventions militaires puissent régler un conflit ou assurer la protection des peuples, peut prendre plusieurs formes. En voici quelques exemples.

Contre l'invasion de l'Irak

En 2003, les États-Unis ont attaqué l'Irak prétendument parce que cet État disposait d'armes de destruction massive et appuyait Al-Qaïda (cela s'étant révélé totalement faux quelques années plus tard). Un grand mouvement mondial s'est organisé et, au Québec, des centaines de collectifs se sont mis en place pour dénoncer cette guerre et demander au gouvernement canadien de l'époque de ne pas y participer. En Mauricie, la campagne d'opposition a été coordonnée par le CSTR avec plus d'une quarantaine d'organismes participants. Des centaines de manifestantEs sont descenduEs dans les rues de Trois-Rivières. Au-delà de 50 000 cartes postales « contre la guerre » ont été adressées au premier ministre Jean Chrétien, signées par plusieurs éluEs de la région (députés fédéraux et provinciaux, maires et conseillers municipaux).

Afghanistan : non à la guerre et à l'occupation !

Comme on le sait, ce pays d'Asie centrale est en guerre depuis longtemps. De plus, depuis 2002, des forces armées étrangères y sont déployées, dont des militaires canadiens. En 2006, le CSTR a pris position pour dénoncer cette guerre d'agression et l'occupation illégitime de l'Afghanistan en demandant le retrait immédiat des troupes canadiennes. Cette campagne a visé à montrer que la paix en Afghanistan ne peut pas être rétablie par l'intervention armée, surtout pas sous l'égide des États-Unis, largement responsables du désordre actuel. Quelle est la solution ? En réalité, le rétablissement de la paix passe par le renforcement de la société civile afghane. Il faut assurer la sécurité de la population dans le cadre d'une opération de maintien de la paix traditionnelle permettant à la population afghane de se prendre en main, avec l'appui d'une coopération internationale humanitaire et non militaire.

Pour être efficace, cette campagne a été coordonnée à l'échelle québécoise par le Collectif Échec à la guerre et l'AQOCI, en collaboration avec plusieurs autres organisations populaires et syndicales. Plus de 20 000 lettres ont été envoyées au premier ministre Harper. Seulement à Trois-Rivières, plus de 3 000 personnes ont signé la pétition. Quand le gouvernement conservateur avec l'appui du Parti libéral du Canada a décidé de prolonger la présence militaire canadienne en Afghanistan, un autre envoi de lettres a été organisé pour protester contre cette décision ouvertement antidémocratique.

Stoppons les dépenses militaires !

En mars 2010, une campagne a été organisée sur le thème : « Stoppons les dépenses militaires. » Depuis son élection en 2006, le gouvernement conservateur néglige la culture, la condition des femmes, l'aide aux chômeurs et aux chômeuses, l'aide internationale et bien d'autres secteurs de la société civile, alors que le budget militaire a augmenté de 53 %. Le gouvernement a même prévu dans le budget de nouvelles dépenses militaires, de 2007 à 2027, totalisant 490 milliards de dollars. Cette hausse des dépenses militaires est un choix idéologique qui n'a rien à voir avec la sécurité de la population. De plus, c'est avant tout les compagnies d'armements, très souvent étrangères, et leurs lobbyistes qui profitent de ce choix douteux. Il faut

Encadré 41
Le Collectif Échec à la guerre

En 2003, une vaste coalition populaire réunissant jusqu'à 150 groupes émerge pour s'opposer à l'intervention américaine en Irak. En février 2003, ce sont 150 000 personnes qui se rassemblent dans les rues de Montréal par grand froid pour dire non à cette guerre d'agression. Depuis, le Collectif a dénoncé la montée du militarisme au Canada et notamment son appui à la guerre en Afghanistan. Il tente aujourd'hui de sensibiliser le public sur les enjeux nationaux et internationaux de la militarisation de la politique étrangère canadienne, par exemple sur le rôle de l'OTAN dans la militarisation du monde, la justification de la « responsabilité de protéger », les conséquences disproportionnées des guerres sur les femmes et l'évolution de l'ONU par rapport à ces enjeux.

www.echecalaguerre.org

savoir que les dépenses militaires ont des effets négatifs sur l'économie. Elles mobilisent des sommes importantes. Elles servent principalement à acheter de coûteuses matières premières et des moyens de production sophistiqués ainsi qu'à financer une infrastructure très lourde. Ces investissements militaires constituent un gaspillage de fonds publics. La création d'un emploi dans le secteur militaire nécessite deux fois plus d'investissement que dans n'importe quel autre secteur de l'économie. Notre campagne a visé d'abord à éveiller et à alerter la population sur l'augmentation vertigineuse du budget militaire. Nous avons proposé que ce budget se limite à 11,3 milliards de dollars, ce qui serait amplement suffisant pour participer à des missions de paix validées par l'ONU. Nous avons mis toutes les informations en ligne (< www.stopponslesdepensesmilitaires.com >) et organisé une pétition électronique signée par 7 000 personnes.

Rattacher les enjeux internationaux aux préoccupations locales

UNE CAMPAGNE contre le militarisme peut parfois sembler loin des préoccupations du grand public. Une des stratégies adoptées par le CSTR a été d'entreprendre une campagne à l'intérieur de laquelle la population canadienne se reconnaissait et qu'elle avait intérêt à appuyer. La campagne « Stoppons les dépenses militaires » a été développée en suivant cette stratégie, en visant particulièrement des secteurs qui subissent les conséquences de l'augmentation des dépenses militaires. Au moment de lancer la campagne, le Canada et les États-Unis étaient aux prises avec une grave crise économique. L'emploi devenait une priorité pour plusieurs. C'est à partir de ce constat que nous avons développé le visuel de cette campagne qui proposait de choisir entre un casque d'armée et un casque de construction. Le message était clair, on injecte de l'argent dans la création d'emplois civils ou on continue à dépenser des sommes faramineuses dans des opérations militaires. Cette stratégie nous a permis de rejoindre un maximum de personnes à travers leurs priorités : emploi, santé, éducation, environnement, lutte à la pauvreté et culture. En plus de développer du matériel informatif et visuel reflétant la réalité de ces différents milieux, nous avons conçu deux événements permettant de rejoindre ce large public : le Sommet régional sur les dépenses militaires et l'exposition « La paix, une priorité ».

Sommet régional sur les dépenses militaires

Un Sommet régional sur les dépenses militaires a été tenu en octobre 2010 avec la participation d'une vingtaine d'organismes de la société civile mauricienne. Nous avons demandé à tous les groupes présents ce qu'ils pourraient faire dans leurs régions respectives ou dans leurs secteurs d'activité si on leur confiait un milliard de dollars du budget militaire. L'exercice visait à mettre en lumière tout ce qui pourrait être rendu possible si le gouvernement canadien faisait le choix de diminuer le niveau de ses dépenses militaires tel que le propose la campagne *Stoppons les dépenses militaires.com*.

La paix, une priorité

Une exposition de caricatures de Boris (Jacques Goldstyn) a été organisée pour appuyer ces activités d'éducation populaire. Elle a reçu l'appui de plusieurs personnalités québécoises œuvrant dans différents domaines, dont la lutte contre la pauvreté (le Dr Julien), la culture (Fred Pellerin), l'environnement (Laure Waridel), l'éducation (Gilles Vigneault), le militarisme (Richard Séguin, Chloé Sainte-Marie et Joséphine Bacon).

Les défis

Un des grands défis est de rendre l'information accessible à tous. Il faut comprendre qu'en général, la population n'est pas informée sur l'enjeu de la

Illustration 24
Expo-caricatures du Comité de solidarité de Trois-Rivières

militarisation. Il s'agit de sujets complexes qui ne sont pas abordés de façon totalement transparente par les médias de masse. De plus, la militarisation de l'aide humanitaire rend la compréhension de l'enjeu militaire difficile à cerner pour une partie de la population. Les mots utilisés pour justifier une intervention militaire – protection, sécurité, droits des femmes – rendent la situation d'autant plus complexe. Par exemple, pour justifier la décision d'intervenir militairement en Afghanistan, on a utilisé des arguments humanitaires (protections des femmes et des enfants). Encore aujourd'hui, le cas de l'Afghanistan montre bien la confusion qui règne entre opérations militaires et projets de développement. Il est alors difficile en général pour la population de faire la part des choses. Notre message doit être clair et, en même temps, il ne doit pas se désintéresser du sort des gens, surtout lorsqu'on demande au gouvernement de ne pas intervenir militairement dans un contexte où des milliers de personnes sont en danger.

Jean-Claude Icart

**La communauté haïtienne au Québec :
travailler ensemble**

LES RELATIONS entre migrations internationales et développement sont complexes et ont fait l'objet de nombreuses analyses depuis plusieurs décennies. La migration n'est pas en elle-même une politique de développement. La question est de voir dans quelle mesure elle peut être profitable aussi bien au pays de départ qu'au pays d'accueil.

Soutien aux populations

L'ASPECT LE PLUS VISIBLE de la contribution des émigréEs au développement du pays d'origine est constitué généralement par les envois d'argent aux proches. Dans le cas d'Haïti, ces transferts de fonds des membres de la diaspora sont évalués à plus de deux milliards de dollars par an. Ils permettent de soulager de nombreuses familles haïtiennes en finançant des biens et services de première nécessité : alimentation, logement, santé, éducation. Dans bien des cas, ils contribuent à la mise sur pied de petits commerces ou de petites entreprises. Ils ont des retombées importantes, sinon un véritable effet multiplicateur, sur la circulation de devises, un impact réel sur de nombreux secteurs économiques comme le tourisme, les télécommunications, la construction ainsi qu'une certaine atténuation des effets du déficit de la balance des paiements. Le principal défi est de créer à partir des transferts d'argent, et sans interférer avec leur caractère strictement privé, un mécanisme qui pourrait opérer comme un levier et avoir un véritable impact dans la reconstruction du pays.

De nombreuses associations de la communauté soutiennent de petits projets de développement en Haïti, sur des bases régionales ou sectorielles. Créé en 1987, le Fonds délégué AQOCI-Haïti, qui accompagnait ces initiatives (avec un appui financier de l'ACDI) est devenu en 1994 le Regroupement des organismes canado-haïtiens pour le développement (ROCAHD), qui a été une expérience unique d'une communauté culturelle par son implication dans l'aide publique au développement de son pays d'origine. Il a servi de modèle à des programmes similaires dans d'autres pays. Cependant, la survie de cet organisme est menacée en raison de changements à la politique canadienne d'aide au développement. La communauté a exploré aussi d'autres façons de faire.

De la fuite à la circulation des cerveaux

Comme bien d'autres pays du tiers-monde, Haïti a perdu une grande partie de ses ressources humaines au profit du Nord. La réalité fait mal : 80 % des professionnelLEs haïtienNEs ont quitté leur pays au cours des quarante dernières années. À l'époque de Duvalier, c'était notamment les cadres. Par la suite, la composition de cette émigration s'est diversifiée, mais l'exode des cerveaux s'est poursuivi et se poursuit encore, y compris dans les suites du séisme de 2010. Mais aujourd'hui, il y a un autre aspect à cette circulation, plus positif celui-là. Haïti passe désormais de la « fuite des cerveaux » à la « circulation des cerveaux ». Ce qui se traduit par un processus de réintégration d'une partie de la diaspora qui revient au pays pour offrir ses compétences. Ce nouveau phénomène est notable depuis 2012. De nombreux membres des communautés haïtiennes de la diaspora sont revenus en Haïti pour participer au secours d'urgence, sur des bases autonomes ou dans le cadre des activités de différents organismes d'aide. Le Groupe de réflexion et d'action pour une Haïti nouvelle est un réseau de ces professionnelLEs qui anime un travail de recherche et de débats sur les enjeux et les défis de la reconstruction.

Reconstruire, mais sur de nouvelles bases

Sous la dictature des Duvalier, la diaspora s'était donnée comme mission de dire à l'extérieur ce que les gens n'étaient pas capables de dire en Haïti. Au gré de l'histoire politique mouvementée du pays au cours des dernières décennies, ce rôle de vigilance et de lobbying est demeuré important. Au lendemain du tremblement de terre, les membres de la diaspora partout dans le monde se sont mobilisés pour attirer l'attention des gouvernements des pays qui les avaient accueillies sur la tragédie haïtienne. Quelques jours après le séisme, des membres de la communauté de Montréal et des amiEs d'Haïti ont publié un appel qui invitait notamment les participants à « éviter que l'aide internationale massive nécessaire à la reconstruction d'Haïti devienne une assistance à la production durable d'assistés dans un État durablement dépendant » et à reconnaître le « droit du peuple haïtien de définir en toute indépendance la politique de reconstruction, par l'intermédiaire de ses représentants politiques légitimes et de ses institutions et organisations sociales représentatives.

Pour que cela se réalise, les communautés canado-haïtiennes du Québec et du Canada, tout comme l'ensemble de la diaspora haïtienne, dialoguent avec le gouvernement haïtien pour qu'il puisse offrir un minimum de coordination et d'encadrement. Le ministère des Haïtiens vivant à l'étranger doit être renforcé pour lui permettre de jouer ce rôle. En fin de compte, l'histoire d'Haïti a été celle d'une longue lutte contre l'isolement. Grâce aux multiples solidarités qu'elle aura permis de créer et de développer, la migration a été une phase marquante dans le processus de rupture de cet isolement, une étape majeure dans la longue marche du peuple haïtien vers la conquête de sa place au soleil.

Pour une société qui souffre de l'ensemble des maux associés à ce que l'on appelle « l'État faible » (faiblesse du capital social, inégalités criantes, crises politiques récurrentes, impact décuplé du potentiel destructeur des catastrophes naturelles, insécurité, corruption), un apport d'énergie de l'extérieur (capitaux, main-d'œuvre qualifiée, idées nouvelles, savoir-faire nouveaux, relations commerciales plus équitables) peut contribuer à rétablir l'équilibre. Dans le cas d'Haïti, la diaspora fait partie de cette solution.

Pour en savoir plus :

Migrations. Stratégies, acteurs, résistance, Nouveaux Cahiers du socialisme, n° 5, hiver-printemps 2011.

Jean-Claude Icart, « Diaspora et solidarité », Relations, n° 746, février 2011, Andrea Martinez, Pierre Beaudet et Stephen Baranyi (dir.), Haïti aujourd'hui, Haïti demain, regards croisés, Ottawa, Presses de l'Université d'Ottawa, 2011.

Sur la toile :

Le site du Groupe de réflexion et d'action pour une Haïti nouvelle : <www. haiti-grahn.net/public/ >.

La Fondation Kanpe : < www.kanpe.org/ >.

Le Comité québécois pour la reconnaissance des droits des travailleurs haï-tiens en République dominicaine (< www.kanpe.org/ >) fait un travail d'information et d'éducation sur la situation de milliers d'HaïtienNES pratiquement soumisES à l'esclavage dans le pays voisin.

Eric Chaurette

Lutter pour la souveraineté alimentaire

De 2009 à 2011, sous la bannière Pour une politique alimentaire populaire, *3 500 militantEs d'un bout à l'autre du Canada contribuent à une initiative sans précédent : la formulation d'une politique alimentaire exigeant un changement de cap. Voici leur constat :*

Nous vivons une crise alimentaire mondiale : plus de 925 millions de personnes dans le monde (soit une sur sept) souffrent de faim chronique, et près d'un autre milliard de personnes sont aux prises avec des carences nutritionnelles majeures. L'environnement est également en péril : le système agroalimentaire industriel, axé sur la monoculture et la dépendance aux carburants fossiles, a une part importante de responsabilité dans les changements climatiques, la dégradation des sols, la perte de biodiversité et la pénurie d'eau. Le système agroalimentaire industriel est également l'un des principaux responsables du réchauffement climatique : selon les estimations, on lui impute l'émission d'entre 30 à 57% des gaz à effet de serre. Entretemps, l'«adaptation» aux changements climatiques sert à justifier l'appropriation de terres à des fins non alimentaires (par exemple, pour la production d'agrocarburants), ce qui réduit encore davantage l'accès de la population aux aliments. Au cœur du problème se trouve la perception des aliments comme des biens commerciaux plutôt que comme des éléments essentiels à la vie. Les principaux bénéficiaires du système actuel sont les grandes entreprises agroalimentaires, ainsi que les spéculateurs internationaux qui misent sur les produits alimentaires pour s'enrichir.

La situation au Canada n'est pas plus rose...

Même si nous vivons dans l'un des pays les plus prospères au monde, près de deux millions et demi de Canadiens souffrent d'insécurité alimentaire modérée ou grave. L'insécurité alimentaire est encore plus répandue dans les collectivités nordiques. Alors que tant de gens n'ont pas de quoi se nourrir, le Canada exporte un plus grand pourcentage de sa production alimentaire que jamais : ses exportations dans ce secteur ont quadruplé au cours des vingt dernières années. L'accroissement des exportations de denrées se trouve au cœur du système agroalimentaire canadien actuel, bien avant la satisfaction des besoins alimentaires des Canadiens sur la liste des priorités. Cette approche axée sur l'exportation, toutefois, ne bénéficie ni aux consommateurs, ni aux fermes familiales. Le revenu net moyen des entreprises agricoles atteint en ce moment son niveau le plus bas dans l'histoire. Entre 2001 et 2006 uniquement, 17 550 fermes ont été rayées du paysage canadien. Un changement de cap s'impose, et celui-ci passe nécessairement par la souveraineté alimentaire !

La souveraineté alimentaire

La souveraineté alimentaire exige un virage fondamental dans notre perception des aliments : plutôt que d'être considérés comme de simples produits de consommation, ceux-ci doivent être vus comme un besoin essentiel à la vie et au bien-être de nos collectivités. Les défenseurs de la souveraineté alimentaire reconnaissent également l'apport primordial des femmes à l'approvisionnement alimentaire, la production et la préparation des aliments, ainsi que les pressions énormes qui s'exercent sur elles dans un contexte marqué par la pauvreté ou d'autres formes de marginalisation. Le concept de souveraineté alimentaire a d'abord été proposé par *La Via Campesina*, un mouvement international de paysans cofondé par le Syndicat national des cultivateurs du Canada (*National Farmers Union*), lors du Sommet mondial de l'alimentation tenu en 1996. Il a par la suite été précisé au cours d'un processus de consultation international, Nyéléni, tenu au Mali en 2007. L'approche de la souveraineté alimentaire est explicite en matière de citoyenneté alimentaire : elle affirme que les citoyens doivent avoir droit au chapitre quant à la provenance et au mode de production des aliments qu'ils consomment. Au cœur du concept de souveraineté alimentaire se trouve donc la réappropriation du pouvoir décisionnel des citoyens sur l'alimentation[1].

Des ONG comme Inter Pares travaillent ici et dans le Sud mondialisé à renforcer les mouvements citoyens œuvrant pour un système alimentaire juste et durable. Elles encouragent les méthodes d'agriculture écologiques mettant l'accent sur la souveraineté alimentaire locale. Elles aident à organiser les agricultrices et les agriculteurs tout en faisant la promotion de leur rôle central dans les débats entourant l'élaboration de politiques agricoles

---

1. *Du pain sur la planche : une politique alimentaire populaire pour le Canada*, 2011, < http://peoplesfoodpolicy.ca/files/pfpp-final-fr-lowres.pdf >.

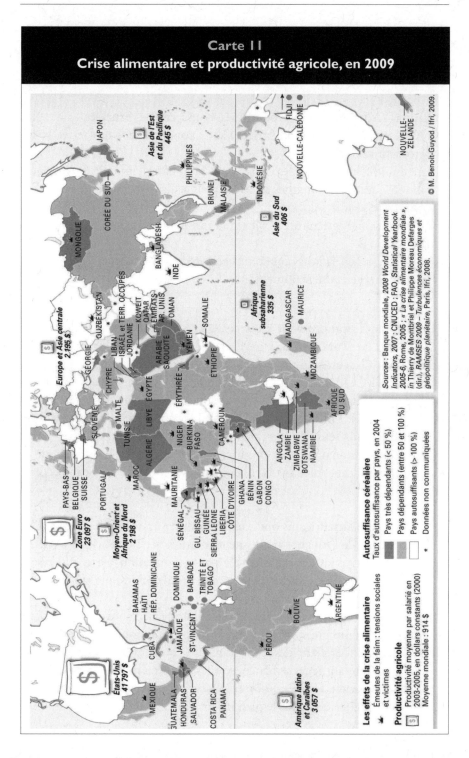

Carte 11

Crise alimentaire et productivité agricole, en 2009

© M. Benoit-Guyod / Ifri, 2009.

Sources : Banque mondiale, *2008 World Development Indicators*, 2007 ; CNUCED ; FAO, *Statistical Yearbook 2005-6*, Rome, 2005 ; « La crise alimentaire mondiale », in Thierry de Montbrial et Philippe Moreau Defarges (dir.), *RAMSES 2009 – Turbulences économiques et géopolitique planétaire*, Paris, Ifri, 2008.

Les effets de la crise alimentaire

➤ Émeutes de la faim : tensions sociales et victimes

Productivité agricole

💲 Productivité moyenne par salarié en 2003-2005, en dollars constants (2000)
Moyenne mondiale : 914 $

Autosuffisance céréalière

Taux d'autosuffisance par pays, en 2004

Pays très dépendants (< 50 %)

Pays dépendants (entre 50 et 100 %)

Pays autosuffisants (> 100 %)

* Données non communiquées

et alimentaires. Une pierre angulaire du travail est de lier le travail à l'international aux luttes que mènent les mouvements sociaux ici même. Au cœur de cette action se trouve le désir pour les citoyenNEs de reprendre le contrôle sur leur alimentation, ce qui se fait de différentes manières :

- Par la recherche sur les politiques commerciales, sur les effets des OGM et l'agriculture industrielle, sur l'accaparement des terres et les agrocarburants ;
- en faisant la lumière sur les causes de la faim dans le monde et en remettant en question les mythes selon lesquels seuls la technologie et le libre commerce sont la solution ;
- en valorisant l'agriculture écologique qui peut nourrir le monde (et le fait déjà !) ; et
- en créant des coalitions pour la protection de la biodiversité et la promotion de la souveraineté alimentaire.

Une foule de projets vont dans ce sens. Mentionnons par exemple le Third World Network-Africa, l'un des principaux réseaux luttant contre la prolifération d'accords commerciaux inéquitables en Afrique. En Afrique de l'Ouest, la COPAGEN, un réseau s'étendant dans neuf pays, mène un combat sans relâche contre l'introduction d'organismes génétiquement modifiés (OGM). En Inde, il y a la Deccan Development Society, une organisation de 5000 femmes pratiquant une agriculture « biodiverse » pour nourrir les communautés tout en sauvegardant le patrimoine génétique et les ressources en eau. Au Canada, ce combat est repris par le réseau Sécurité alimentaire Canada. Au fil des ans, il y a eu plusieurs victoires.

- Les mouvements africains ont réussi à soulever un véritable débat sur les biens fondés de l'Alliance pour une révolution verte en Afrique (AGRA) – une initiative largement financée par la Fondation Gates qui vise à déployer l'agriculture industrielle et son arsenal chimique sur le continent africain.
- Grâce à la campagne « Interdisons Terminator », les mouvements sociaux ont réussi à faire pression pour protéger le moratoire des Nations unies sur les semences « suicides » – des plantes qui ont été génétiquement modifiées rendant leurs semences stériles à la récolte et empêchant ainsi leur récupération. Cette victoire est le résultat d'une très vaste collaboration de la société civile sur le plan international. L'union fait vraiment la force.

- En avril 2011, la *Politique alimentaire populaire* a été dévoilée. Cette toute première politique de souveraineté alimentaire pour le Canada est le fruit de deux ans de labeur et plus de 3 500 personnes y ont contribué par leurs idées et savoirs. Au Québec, cette politique s'est aussi inspirée des recommandations du rapport de la Commission sur l'avenir de l'agriculture et de l'agroalimentaire québécois (CAAAQ).

Les défis et les espoirs

LE PREMIER DÉFI est de changer le rapport de force inégal entre les citoyenNEs et le lobby des multinationales, très puissant et très proche du gouvernement. À cause de cette influence inégale, il est parfois difficile de faire reculer des politiques qui vont à l'encontre de la souveraineté alimentaire. Par exemple, le projet de loi C-33 adopté en 2008 : il oblige à ce que l'essence contienne un minimum de 10 % d'éthanol. Ce projet de loi a été adopté malgré le fait qu'au même moment, une crise alimentaire (en partie causée par la demande en agrocarburants) frappait la planète de plein fouet. Il y a une véritable armée de lobbyistes promouvant les intérêts de firmes multinationales à Ottawa tels que CropLife (lié à Monsanto) et l'Association canadienne de carburants renouvelables. Les citoyenNEs désirant des règles de commerce plus équitable ou des aliments produits écologiquement font face à des groupes très organisés et puissants. Le second défi est d'unir des groupes qui partagent les mêmes buts, mais qui demeurent divisés quant à leurs valeurs et aux stratégies à adopter.

Encadré 42
L'agriculture urbaine, défis et espoirs

L'agriculture urbaine vise à encourager les gens à mieux gérer leurs ressources. Cette activité agricole est complètement intégrée à la ville et contribue à réutiliser certains déchets ou ressources du milieu urbain comme de l'eau grise, de l'eau de pluie, des déchets organiques. Il s'agit de mieux s'adapter à notre milieu, au cycle de l'écologie urbaine, en réduisant la charge que nous représentons pour notre environnement. Une meilleure gestion des matières résiduelles permet de réduire l'érosion, de réduire les îlots de chaleur, de créer du sol et de le valoriser, bref, de diminuer plus généralement les conséquences des enjeux urbains. L'agriculture urbaine crée une conscience environnementale chez des populations qui ont perdu leur rapport à la nature. L'agriculture urbaine est une étape vers une plus grande solidarité entre la campagne et les villes. Le but ultime est un arrimage entre les espaces bâtis autour de la nécessité de la souveraineté alimentaire, de l'agriculture. Elle contribue à une meilleure gestion des flux alimentaires en ville, à une valorisation de la production agricole.

En Haïti : une approche forgée par l'urgence

En Haïti, les gens font face à une insécurité alimentaire quotidienne, ce qui fait que la production d'aliments est une urgence dans ce cas, et qu'il faut transférer les connaissances pour que la population puisse produire rapidement de la nourriture. Dans l'urgence, nous tentons donc de faire pousser le plus possible de plantes pour que la population ait accès à des produits frais, tout en espérant que les populations locales développent une sensibilité à l'agriculture et à leur environnement, en apprenant à s'occuper des plantes. Il faut alors que l'agriculture contribue avant tout à l'autonomisation des communautés et que le projet forme des jardiniers le plus rapidement possible. Si on ne prend en compte que la production et sa qualité, ces projets ne sont pas toujours viables, car il est très complexe d'enseigner rapidement l'agriculture urbaine. Il ne s'agit pas d'enseigner une tâche, mais un métier à des non-initiés. Il faut se donner le temps de transmettre des connaissances alors que les financements sont souvent non récurrents, sur un an ou deux.

Les enjeux « glocaux »

Les rapports inégaux entre le Nord et le Sud créent des inégalités alimentaires et ne donnent pas le même pouvoir d'influence aux divers acteurs sur la détermination de la manière de faire l'agriculture. Le dumping alimentaire tue les économies et l'agriculture locales. Le modèle d'exploitation industrielle, avec ses pesticides et l'exploitation intensive du sol, épuise les sols. De plus, selon l'Organisation des Nations unies pour l'alimentation et l'agriculture (FAO), l'agriculture est responsable de 14 % des émissions de gaz à effet de serre de l'ensemble du monde. À cela s'ajoutent les émissions lors de la transformation et la distribution des aliments.

À partir de ces connaissances, il est désormais possible de prévenir les dangers du modèle agricole dominant en privilégiant les techniques et les savoirs traditionnels des populations locales. En reprenant et en s'appropriant leur agriculture, les communautés deviennent moins dépendantes de grandes multinationales qui peuvent contrôler la production et l'accès à la nourriture. Localement et individuellement, pour des populations appauvries, l'agriculture urbaine a aussi des conséquences positives très concrètes, comme l'accès à une meilleure alimentation et une meilleure image de la femme dans sa communauté. L'agriculture traditionnelle est partout une richesse à protéger, tant pour développer un rapport plus sain avec notre environnement que pour limiter les changements climatiques.

En fait, nous pouvons nourrir l'ensemble de la population sur Terre. Si des gens meurent de faim, c'est qu'il existe une mauvaise gestion des flux de nourriture à travers le monde et qui favorise certaines populations, une injustice profonde qui risque d'empirer au cours des prochaines années. Reprendre conscience de l'importance de l'alimentation dans notre vie est déjà un pas dans la bonne direction.

Gaëlle Janvier

On doit s'encourager, car la question alimentaire est maintenant au cœur des préoccupations citoyennes. Le mouvement alimentaire est en pleine expansion, ce qui force une certaine ouverture politique sur le plan municipal, provincial et même fédéral. Beaucoup de monde est concerné : les pêcheurs, victimes de la pêche industrielle qui détruit les fonds marins, les fermes familiales, forcées de disparaître à cause de politiques favorisant les grands intérêts commerciaux, les familles qui n'ont plus les moyens de s'alimenter convenablement. Cette marginalisation est encore plus aigüe chez les peuples autochtones. La souveraineté alimentaire reconnaît l'unicité de la lutte et permet les alliances essentielles.

Comment s'engager ?

* Joignez-vous aux nombreux groupes qui luttent pour la souveraineté alimentaire.
* Participez au programme d'Agriculture soutenue par la communauté (ASC) ou d'autres initiatives s'inscrivant dans des modèles d'agriculture durable et de consommation responsable.
* Intéressez-vous aux politiques mises de l'avant par les partis politiques et votez en conséquence.

Pour en savoir plus :
Du pain sur la planche : une politique alimentaire populaire pour le Canada,
   < www.politiquealimentairepopulaire.ca >.
Photo reportage, *Souveraineté alimentaire : de la parole aux actes*, < www.
   interpares.ca/fr/reportage_photo/7/index.php >.
La Via Campesina : < http://viacampesina.org/fr/ >.
Sécurité alimentaire Canada : < http://foodsecurecanada.org/fr >.

À voir :
Food, Inc. (*Les alimenteurs*), réalisation de Robert Kenner, 2008, < www.
   youtube.com/watch?v=9i-jIu9bu54 >.

Le monde selon Monsanto, de la dioxine aux OGM, une multinationale qui vous veut du bien, réalisation de Marie-Monique Robin, ARTE France Développement, mars 2008.

ORGANISATIONS À CONNAÎTRE :
City Farmers News : < www.cityfarmer.info/ > (en anglais seulement).
GRAIN : < www.grain.org/fr >.

Marcelo Solervicens

Communication, développement, démocratisation
L'expérience des radios communautaires

LA RADIO COMMUNAUTAIRE est un acteur incontournable du développement et de la démocratisation des sociétés, au Nord comme au Sud. Le phénomène est maintenant mondial, porté par la volonté des populations désireuses de faire entendre leur voix et de démocratiser leurs sociétés par l'exercice du droit à la communication. Depuis ses débuts dans les années cinquante, la radio communautaire est devenue le troisième outil de communication par importance dans 135 pays, parallèlement aux médias commerciaux ou publics. Elle est également un projet de communication participative, qui ne répond pas à une logique de profit, et qui exprime les besoins des communautés en se mettant à leur service. La radio communautaire est une expérience citoyenne. Enfin, elle lève le drapeau du droit universel à la communication. Rappelons que l'initiative de mondialiser ces expériences a commencé au Québec en 1983 avec la création de l'Association mondiale des réseaux communautaires (AMARC), qui réunit maintenant plus de 4 000 radios communautaires dans 135 pays.

À l'origine

LA RADIO COMMUNAUTAIRE a pris forme au fur et à mesure que se développaient différentes expériences citoyennes répondant au besoin d'expression des humains qui ne savent pas se définir autrement que par la parole. Or, cette parole est largement exclue des médias commerciaux, qui sont à la recherche du profit et qui confortent sans cesse des stéréotypes sur les femmes tout en valorisant le statu quo. La radio publique, pour sa part, donne rarement la parole aux acteurs et actrices de la base et vise des objectifs et des missions essentiellement étatiques, qui ne s'ouvrent que de manière circonstancielle aux cultures émergentes et aux soucis locaux. Ce faisant, la barrière entre celui qui parle dans l'espace public et celui qui écoute reste étanche. La radio communautaire a commencé en Bolivie avec des mineurs, au début des années 1950. Ces mineurs cherchaient à contrecarrer le discours officiel dénigrant leurs mouvements et leurs luttes. À la même époque, aux États-Unis, le mouvement pacifiste mettait sur pied un réseau de radios communautaires. Ailleurs, des chrétienNEs progressistes ont utilisé les ondes hertziennes pour l'éducation des adultes et pour favoriser l'organisation des populations rurales.

Des radios comment ?

LE DÉVELOPPEMENT de la radio communautaire a été et demeure en phase avec le développement technologique. Il est associé à l'invention des transistors et à la diminution des coûts des émetteurs qui font en sorte que la radio, encore aujourd'hui, est l'outil de communication le moins cher et le plus accessible. Quelque 97 % des gens dans le monde ont accès à un récepteur. Le coût des émetteurs est à la portée de tous. Ces émetteurs peuvent se retrouver dans une valise comme celui qui est utilisé par Femlink dans les îles Fidji, ou sur un véhicule dans les projets d'Informotrac en Afrique de l'Ouest.

En tant que première nouvelle technologie accessible, la radio communautaire est aujourd'hui renforcée par les médias sociaux, Internet et d'autres technologies de l'information et de communication. En Jordanie, avec la radio Ammannet, et récemment dans le Maghreb à la suite du « Printemps » tunisien et égyptien, la radio sur Internet a décuplé les capacités des mouvements démocratiques. Alors que la convergence technologique fait en sorte que les médias commerciaux et les médias publics réduisent la diversité de leur offre aux populations locales, les médias communautaires au Sud et au Nord démontrent que le mondial trouve sa contrepartie dans le local et dans la diversité.

Des radios pour qui ?

LES RADIOS COMMUNAUTAIRES sont diversifiées. Elles sont à l'image des communautés desservies. La radio rurale LCD au nord du Burkina Faso joue un rôle important dans la lutte contre la désertification ; la radio Sagharmatha contribue à l'avènement de la république au Népal ; les radios communautaires haïtiennes jouent un rôle de premier plan dans la lutte contre le choléra depuis le terrible tremblement de terre de 2010.

Très souvent, pour pouvoir exprimer cette diversité, les populations doivent résister aux blocages imposés par leur État. Dans plusieurs pays, en effet, des législations imposent des contraintes aux radios communautaires, en contradiction avec les standards internationaux et les conventions pourtant signées par les États. Par exemple, récemment, au Sénégal, le gouvernement interdisait la couverture des élections. En Inde, les radios communautaires ne peuvent pas faire la nouvelle. Au Chili et au Japon, l'État limite la puissance d'émission. Ailleurs, comme au Pérou, des lois et règlements interdisent carrément les radios communautaires ou rendent les opérations pratiquement impossibles à cause des coûts élevés de licences de radiodiffusion, comme en Guinée-Conakry et en Jordanie.

La radio communautaire répond à l'exercice d'un droit humain fondamental, celui de communiquer, d'accéder à la parole, d'interagir et d'éliminer l'exclusion dans l'espace public. Sans médias communautaires, quelques dizaines de porte-voix seulement construisent le discours public. À la base de l'idée des radios communautaires, il y a le texte de l'article 19 de la Déclaration universelle des droits de l'homme : « Tout individu a droit à la liberté d'opinion et d'expression, ce qui implique le droit de ne pas être inquiété pour ses opinions et celui de chercher, de recevoir et de répandre, sans considération de frontières, les informations et les idées par quelque moyen d'expression que ce soit. »

L'actualité des radios communautaires sert de contrepoids à la croissante intégration verticale et horizontale de la propriété privée des médias qui se traduit, avec la convergence technologique, par l'homogénéisation du discours public et la montée de la pensée unique. La radio communautaire est une réponse citoyenne à cette mondialisation de l'information et une source de libération.

Dans le feu de l'action

UNE RECHERCHE-ACTION conduite par l'AMARC en 2006 a montré que la radio communautaire joue un rôle d'inclusion en ouvrant les microphones aux démuniEs et aux marginaliséEs, ajoutant à l'information une dimension d'échange entre cultures et valeurs, de reconnaissance des droits individuels, en particulier ceux des femmes. La radio communautaire contribue à la construction de communautés solidaires, inclusives.

Fait à noter, la radio communautaire est un acteur important lors de catastrophes dans la prévention, le réconfort psychologique et l'organisation de la reconstruction. En Indonésie, à la suite du tsunami, ces radios ont contribué à la mobilisation communautaire. En République démocratique du Congo, en Côte d'Ivoire, en Sierra Leone, la radio facilite, grâce au dialogue, la résolution de conflits et la construction de la paix. En permettant de faire entendre la voix des femmes, la radio communautaire renforce leurs revendications et leurs mouvements tout en popularisant la critique des stéréotypes sexistes.

C'est au plan local que l'impact de la radio communautaire est le plus fort, puisqu'elle rend les citoyenNEs capables de participer à la définition des priorités des politiques publiques. La radio communautaire permet de récupérer le politique et l'objectif de démocratisation dans une perspective citoyenne. S'impose peu à peu l'idée que la politique est un espace dans lequel participent non seulement les politicienNEs, mais également les citoyenNEs. La radio communautaire joue un rôle important de porte-voix pour les organisations de la société civile. Elle permet de promouvoir une manière de faire la politique qui soit collective, dynamique et basée sur le dialogue, dont la portée va bien au-delà des résultats quantitatifs. Ce sont des thèmes qui ont été abondamment débattus par le mouvement des radios communautaires, notamment par l'AMARC lors de la dernière assemblée générale tenue en novembre 2010 à Mar del Plata en Argentine.

Les défis

LE PRINCIPAL DÉFI des radios communautaires est d'en arriver à la mise en place d'un cadre légal adéquat, à travers des politiques publiques et des règlementations permettant aux radios de fonctionner librement. Ensuite, il s'agit d'assurer la pérennisation des radios par l'échange de connaissances, le renforcement des capacités journalistiques et de traitement des contenus par les employéEs et bénévoles et la mise sur pied d'une gestion participative axée sur un modèle durable d'économie sociale (non lucratif) dans l'objectif explicite de servir les gens. Finalement, il s'agit du défi de donner une voix au savoir local, de développer des contenus qui visent à appuyer un changement social et culturel positif lié aux besoins des collectivités et à l'organisation citoyenne. Par exemple, les radios communautaires peuvent permettre d'assurer la survie des langues minorisées et l'organisation des collectivités devant des catastrophes ou devant les conséquences dévastatrices des changements climatiques, ou encore de s'attaquer aux défis de l'insécurité alimentaire en contribuant à la participation citoyenne des communautés.

Coopérer

PLUSIEURS PROJETS de coopération internationale existent entre des organisations sociales et des radios communautaires du Québec. Comme le disait un acteur social nicaraguayen, cette coopération et cette solidarité, c'est la « tendresse des peuples ». La plupart du temps, ces projets impliquent des jeunes. D'un côté, la participation des jeunes dans les projets de radios communautaires permet un transfert de connaissances et de savoir-faire québécois, surtout dans les domaines de l'économie sociale particulièrement développée au Québec. Elle contribue de plus à l'utilisation des nouvelles technologies, plus accessibles ici qu'ailleurs. Par cette coopération, on réduit la brèche numérique qui se perpétue par la distribution inégale des richesses dans l'espace planétaire. D'un autre côté, les jeunes peuvent apprendre du savoir local des populations démunies. Ils observent comment celles-ci s'unissent pour développer leurs outils de communication, exprimer leurs opinions et améliorer leurs conditions de vie. Comme dans d'autres projets de coopération internationale, la participation aux radios communautaires permet de comprendre l'importance de la diversité culturelle qui existe dans le monde. Une richesse exprimée non seulement par la langue, mais également dans les manières de faire, de penser et de ressentir. Il s'agit surtout d'établir des liens qui durent parfois toute une vie.

POUR EN SAVOIR PLUS :
Le site Internet de l'AMARC est incontournable pour comprendre le rôle des radios communautaires et leur impact sur le développement, la bonne gouvernance et la démocratisation des sociétés par la communication : < http://splash.amarc.org/ >.
Sur le site internet de l'UNESCO, vous trouverez le Programme d'information et développement des communications sur l'importance des radios communautaires : < www.unesco.org/new/fr/communication-and-information/intergovernmental-programmes/ipdc/homepage >.

ÉGALEMENT ON PEUT CONSULTER :
Le manuel de la radio communautaire publiée par l'UNESCO en 2001 : < http://unesdoc.unesco.org/images/0012/001245/124595f.pdf >.

François Gérin-Lajoie

Les prochaines générations
S'engager dès la maternelle...

EN AOÛT 1990, *Paul Gérin-Lajoie a l'idée de concevoir un concours de dictée à l'échelle internationale afin de sensibiliser les jeunes du Nord (et leurs parents), aux problèmes que vivent les écoliers du Sud (éducation de piètre qualité ou absence d'école). Sous le thème «Écrire un monde meilleur», l'édition 1990-1991 inscrit 400 écoles et près de 100 000 jeunes du Québec, grâce aux directeurs et directrices des commissions scolaires (on devait débuter là où le révolutionnaire tranquille a œuvré). La Dictée PGL était née! Pourquoi l'acronyme PGL? Parce que c'est la façon dont les hauts cadres du ministère de la Jeunesse et de l'Instruction publique (plus tard, le ministère de l'Éducation) interpellaient monsieur le ministre à l'époque, car le nom Paul Gérin-Lajoie était trop long à dire et à prononcer, et il était «très pressé» par le temps pour la réalisation de sa réforme...*

Mouvement international

VINGT-DEUX ANS PLUS TARD, la Dictée PGL mobilise plus de 5 000 000 de jeunes élèves dans toutes les provinces et territoires du Canada, de même qu'aux États-Unis et en territoire africain (Sénégal, Mali, Niger, Cameroun, Burkina Faso, Guinée et Bénin), pareillement en France et en Suisse. Qui aurait pu croire qu'un concours de français puisse faire aussi longue figure auprès de jeunes des deux côtés de l'Atlantique, et que la Dictée PGL soit aujourd'hui reconnue comme étant d'abord et avant tout un projet de sensibilisation à caractère humanitaire et un exercice de français écrit ensuite?

Qu'est-ce que la Dictée PGL ?

C'EST D'ABORD et avant tout l'outil de prédilection de la Fondation Paul Gérin-Lajoie, permettant de sensibiliser les jeunes écoliers de la maternelle (cinq ans) jusqu'à la deuxième année du secondaire (quatorze-quinze ans) aux valeurs et à la mission de la Fondation Paul Gérin-Lajoie. De plus, la Dictée PGL est assortie d'une collecte de fonds, appelée la Cueillette du Partage PGL, permettant à la fois aux écoles participantes et à la Fondation Paul Gérin-Lajoie de jouer pleinement leur rôle et de répondre aux besoins criants des jeunes apprenantEs.

Pédagogie à plusieurs niveaux

LA DICTÉE PGL, c'est aussi et surtout un grand projet pédagogique. Plus qu'une simple dictée, ce projet propose aux enseignantEs un programme pédagogique complet. Il permet aux jeunes francophones d'accroître leur maîtrise du français tout en abordant différentes questions qui touchent l'environnement, la coopération internationale ainsi que des notions économiques et financières. Ce processus permet à l'élève de découvrir les réalités du vaste monde tout en améliorant sa maîtrise de la langue et son esprit d'analyse ainsi qu'en exerçant son jugement critique. Les enseignantEs sont partie prenante du processus dans le sens où ils et elles participent à la préparation à la leçon par l'étude du matériel pédagogique tout en s'impliquant dans un projet de coopération et de solidarité internationale.

S'engager

POUR LA FONDATION PAUL GÉRIN-LAJOIE, la Dictée PGL est un grand moment d'éducation à la solidarité. Elle permet d'appuyer des projets de parrainage d'élèves et d'écoles à écoles dans les pays les plus démunis de la planète, notamment en Haïti, au Mali et au Sénégal. Chaque année, plusieurs milliers d'élèves, d'enseignantEs et de parents s'impliquent concrètement. Les élèves posent les jalons de la coopération et de la solidarité internationale de demain.

Les jeunes dans la rue... pour la solidarité internationale Club 2/3

DEPUIS PLUS DE QUARANTE ANS, Oxfam-Québec, avec sa division jeunesse, le CLUB 2/3, met de l'avant un important programme de mobilisation avec et auprès des jeunes QuébécoisES. Chaque année, des milliers de jeunes de plus de 120 écoles secondaires de partout au Québec se rassemblent lors de la Marche 2/3 pour manifester pacifiquement leur solidarité et leur engagement envers la construction d'un monde plus juste et plus solidaire. C'est un moment festif qui vient boucler une année d'activités de sensibilisation réalisées dans le milieu scolaire touchant des dizaines de milliers de jeunes aux quatre coins de la province.

AVEC *MAGASIN DU MONDE*, les jeunes de niveau secondaire ou collégial créent une entreprise d'économie sociale vouée à la promotion du commerce équitable. Les participantEs sont plongéEs au cœur d'une aventure où l'apprentissage est intense, diversifié et continu. Le travail d'équipe, les stratégies de marketing de même que la gestion économique et démocratique d'une entreprise font partie des aspects qu'ils explorent. En 2012, 22 établissements scolaires participent à cette activité qui rejoint quelque 10 000 jeunes et adultes de leur milieu. En plus de la vente de produits équitables, qui profite directement aux petits producteurs du Sud, un montant de plus de 20 000 dollars provenant des profits générés est réinvesti dans des projets de développement au Sud.

Quel est le secret?

POUR MOBILISER DES JEUNES, il faut offrir du concret. On a beau leur parler en long et en large, on a beau vouloir expliquer tous les tenants et aboutissants, il importe d'illustrer les propos par des exemples tirés de la vie de tous les jours et de faire en sorte qu'ils puissent mettre la main à la pâte en accomplissant des gestes visant à améliorer les situations d'injustice présentées.

La Marche 2/3 est justement un rassemblement qui fait vivre une expérience de solidarité aux jeunes. Plus encore, pour bien des jeunes, la préparation pour la Marche les oblige à fabriquer des outils d'animation plus colorés les uns que les autres qui sont confectionnés des semaines à l'avance, ce qui permet de sensibiliser d'autres jeunes de l'école, ainsi que le public qui assiste à l'événement. Dans le cas de *Magasin du monde*, les jeunes entrepreneurEs doivent travailler fort pour assurer le succès de l'entreprise.

En même temps, on réfléchit

LES ACTIONS DE MOBILISATION d'Oxfam-Québec se situent le long d'un continuum de l'engagement. Pour s'engager en vue de contribuer à redresser une situation d'injustice, il faut savoir que cette situation existe. Plus encore, il faut prendre conscience que chacunE de nous peut contribuer à des éléments de solution. Enfin, il faut s'engager à accomplir des gestes pour améliorer les situations d'injustice. Donc, pour tout projet, du matériel préparatoire, des ateliers ou des formations sont prévus pour situer l'activité dans son contexte. En situant activités et projets dans un tel cadre, nous nous assurons d'intégrer divers éléments servant à accompagner le jeune dans une action d'engagement, sans quoi tout le processus est incomplet.

Pédagogie de l'espoir

Il faut reconnaître que l'étendue et la complexité des enjeux peuvent être intimidantes. Généralement, les médias tendent à mettre en évidence l'ampleur et la récurrence des problèmes de développement international, mais sans offrir de pistes de solution. S'en suit trop souvent un sentiment d'impuissance et de désespoir qui incite à nier la réalité, à se fermer aux solutions possibles, à demeurer conservateur et à se désengager du débat. Il faut donc avancer une pédagogie qui va plus loin que de constater et de dénoncer la situation actuelle. La notion de pédagogie de l'espoir est importante dans ce sens. Elle se base sur quelques principes :

- Favoriser la réflexion critique et créative ;
- co-construire avec les jeunes des projets concrets avec des résultats atteignables ;
- développer la confiance en soi, les habiletés et les compétences des participantEs ;
- entrevoir une issue favorable au problème ; et
- illustrer des histoires à succès.

Cela permet d'inviter les jeunes à passer à l'action en leur offrant des espaces de participation stimulants et motivants.

Répondre aux besoins

Les activités proposées aux jeunes doivent offrir un environnement qui les interpelle et on leur offre de choisir les problèmes à résoudre. Les jeunes doivent également reconnaître leurs besoins, notamment :

- Le besoin d'être en groupe sans perdre son individualité ;
- le besoin de s'engager, de définir ses propres valeurs ;
- le besoin d'avoir des occasions d'apprendre – avec un accompagnement (conseils, attentes claires et limites) ;
- le besoin de vivre des expériences et d'expérimenter des rôles ; et
- le besoin d'acquérir son autonomie.

Des partenariats solides

AU FIL DES ANS, l'organisation a su tisser des partenariats solides avec des intervenantEs du milieu scolaire, comme les Établissements verts Bruntland (EVB) de la Centrale des syndicats du Québec (CSQ), l'Association professionnelle des animatrices et animateurs de vie spirituelle et d'engagement communautaire (APAVEC), ainsi que de plusieurs professeurEs et intervenantEs du milieu. Ces partenariats permettent de développer des approches communes ainsi que des initiatives ancrées à la fois dans les curriculums de cours et dans les objectifs des organismes participants. Le développement de tels partenariats passe par la création des relations personnalisées avec de nombreux individus qui montrent un engagement hors du commun pour l'éducation des jeunes et pour la solidarité internationale.

Découvrir son pouvoir

IL CONVIENT en dernier lieu de soulever la notion du développement des capacités ou autonomisation (*empowerment* en anglais). Au cœur même de tout processus de développement se situe le désir de permettre à des gens d'exercer un plus grand pouvoir sur les décisions qui affectent leur vie. Le processus d'information-conscientisation-engagement des jeunes entend faire passer davantage qu'un message de solidarité ou même générer des appuis pour les populations moins nanties du Sud. Il vise surtout à inviter les jeunes à devenir des acteurs de changement, à leur donner des outils pour s'investir dans leurs milieux et façonner un avenir, pour eux et elles, pour les autres, pour nous touTEs, fidèles à leurs aspirations et conformes à leurs idéaux. On a du pouvoir que si on est convaincu qu'on en a...

POUR EN SAVOIR PLUS :
Fondation PGL : < http://fondationpgl.ca/accueil/ >.
Club 2/3 : < http://oxfam.qc.ca/secondaire >.

ET ENCORE :
Établissement verts Bruntland : < http://www.evb.csq.qc.net/ >.
Centrale des syndicats du Québec (CSQ) : < http://www.csq.qc.net/ >.

Christian Guiollot

Du café sandiniste aux petits gestes du quotidien
Un engagement qui a toujours du sens

PLUSIEURS PERSONNES s'interrogent sur ce que le commerce équitable peut apporter aux travailleurs et aux travailleuses, aux producteurs et aux productrices, à leurs regroupements et à leurs communautés. Pourtant, depuis plusieurs années, des dizaines d'études ont mis en lumière les cibles de cet ambitieux projet. Si j'osais une synthèse de tout cela, je dirais que du point de vue des individus, les acquis économiques sont modestes, mais perceptibles; qu'un revenu plus élevé et plus constant contribue à sortir le noyau familial de la pauvreté, surtout si ce revenu est géré par une femme; tandis que sur le plan de la communauté, la création de structures intermédiaires gérées par les producteurs participe à une dynamique de développement local. Quant au niveau macroéconomique, l'influence du commerce équitable sur les prix, les régulations du commerce international ou le comportement des agents économiques n'est peut-être pas nulle, mais elle est difficilement mesurable. Autrement dit, le commerce équitable améliore le quotidien de centaines de milliers de familles, mais il n'a pas révolutionné le milieu des affaires, ni la structure inégalitaire des échanges commerciaux internationaux.

Ce n'est qu'un début!

PETIT RETOUR EN ARRIÈRE… Vers la fin des années 1970, afin de financer un séjour de ski, notre accompagnateur me propose de revendre du café du Nicaragua. Un café produit par des petitEs paysanNEs alliéEs au mouvement sandiniste, alors en lutte contre la dictature appuyée par l'Oncle Sam. Vingt ans plus tard, me voilà partie prenante du commerce équitable, attiré par un mouvement qui commence à frémir d'une belle énergie. À la suite du Sommet de la Terre en 1992, le commerce équitable, déjà organisé après deux ou trois décennies de travail acharné au Nord comme au Sud, apparaît comme une des réponses possibles à l'urgence d'agir pour un développement plus durable. Bientôt, les frémissements se transforment en bouillonnements. Aux militantEs tiers-mondistes du départ viennent se joindre des cohortes d'enseignantEs, de journalistes, de firmes de certification, d'expertEs en mouvements sociaux, de diplôméEs de HEC, de syndicats, d'éluEs, d'associations de consommateurs, de grandes marques de commerce... Tout le monde veut prendre part au débat et participer à cet élan citoyen. Comme un printemps... qui aurait duré dix ans! Malgré cette effervescence – ou à cause d'elle? –, le Grand Soir n'est jamais arrivé. Le commerce équitable change des vies, pas le monde. C'est trop contraignant pour les unEs, pas assez exigeant pour les autres. Depuis environ cinq ans, les routes se séparent, les acteurs et les actrices s'éloignent les unEs des autres. Mais ceux et celles qui restent savent que... ce n'est qu'un début! Car, même si les résultats ne sont pas à la hauteur des attentes, des millions de personnes font preuve chaque jour de plus d'émancipation vis-à-vis d'un système économique et commercial oppressif.

Alors, comment poursuivre et aller plus loin?

UNE DES PISTES est sans doute de recentrer notre travail, en tant que citoyenNEs du Nord, sur la mobilisation du public ici. Rappelons que les impacts du commerce équitable au Sud sont de plus en plus documentés. Mais qu'en est-il de ses impacts au Nord? CertainEs déploraient déjà il y a dix ans que l'on consacre tant d'attention à étudier les effets du commerce équitable sur les producteurs, les productrices et leurs regroupements et que l'on ne se pose même pas des questions du même ordre sur les impacts du commerce équitable au Nord. Nous avons certes le droit d'observer avec intérêt la création, par les populations du Sud, de structures démocratiques et autonomes de production, de transformation, de commercialisation, de promotion et, de plus en plus maintenant, de certification. Autant de réalisations qui prouvent que le commerce équitable est bien un mouvement d'émancipation. Mais nous avons surtout le devoir de créer ici des structures similaires avec et pour les citoyenNEs. Et le devoir aussi de les dénombrer, de les analyser, de les évaluer. Ce travail, peu entrepris à ma connaissance, permettrait d'éclairer l'influence qu'a pu avoir et qu'a encore le commerce équitable sur le comportement et les attitudes des consommateurs, des consommatrices, des entrepreneurEs, des législateurs, etc., et ainsi d'orienter un peu mieux notre action, au Nord comme au Sud. Vous le voyez, ce n'est qu'un début... il y a là tout un chantier à entreprendre!

Encadré 43
Sherbrooke équitable

J'ai toujours eu une vive curiosité pour comprendre les rouages du monde dans lequel on vit. Des valeurs profondes d'équité et de solidarité m'ont amenée d'abord à me questionner puis à me positionner en faveur du commerce équitable. C'est ainsi que je me suis mise à consommer de plus en plus de produits équitables, convaincue du bien-fondé du concept « acheter, c'est voter ». C'est grâce à la réalisation d'un stage au CSI dans le cadre de mes études que j'ai pu passer de la théorie à l'action, d'une participation individuelle à une action plus globale, en devenant moi-même une actrice de changement dans ma communauté. Dans le cadre de ce stage, j'ai eu pour mandat de participer à la consolidation du mouvement Sherbrooke, Ville équitable, ainsi qu'à son rayonnement. J'ai eu la chance de discuter de commerce équitable avec bon nombre de commerçants et d'acteurs-clés de différentes organisations, ainsi qu'avec plusieurs individus enclins au moins à emboîter le pas sur la route de l'équité. J'ai réalisé l'importance de l'implication de chacun de ces acteurs dans l'appropriation d'un si grand projet, celui de créer une communauté équitable et solidaire avec les populations du Sud et où chacun de nous peut faire une différence puisque nous sommes tous interreliés, donc influents! Il y a encore beaucoup de travail de sensibilisation à faire ici si l'on veut voir les droits des producteurs des communautés du Sud respectés. Le commerce équitable n'est pas seulement une idée vague : c'est une façon de consommer, de porter une réflexion sur le monde et de poser des actions concrètes au quotidien. Pour appuyer le commerce équitable, il suffit d'en discuter, de se questionner, de passer à l'action en consommant de façon judicieuse et en demandant d'avoir accès à un plus grand éventail de produits équitables dans les commerces et les restaurants que l'on fréquente... Et pourquoi ne pas organiser ou participer à des activités de sensibilisation dans nos milieux? Comme Gandhi l'a si bien dit : « Il faut incarner le changement que l'on veut voir se produire dans le monde. »

Katia Michaud, ancienne stagiaire du Carrefour de solidarité internationale

---

Pour un engagement durable

UNE CAMPAGNE DE SENSIBILISATION a été menée pour faire de Sherbrooke une ville équitable engagée. Cela reste une œuvre de longue haleine pour le CSI et ses partenaires. Il ne suffit pas de devenir une *Ville équitable*, encore faut-il le demeurer. Les communautés équitables auront un sens lorsque les groupes promoteurs chercheront à mettre en place un projet de mobilisation plutôt que de simplement s'inscrire dans une course au titre honorifique. Pour cela, il y a plusieurs conditions à satisfaire. À Sherbrooke, la démarche a débuté auprès de la municipalité afin d'obtenir un engagement de la part des autorités pour la promotion et la consommation de produits équitables. Cet engagement des éluEs est tout à fait souhaitable, mais ce n'est pas tout. Parallèlement, nous avons engagé un processus pour mobiliser plusieurs acteurs socio-économiques. Concrètement, ce sont 17 organismes et institutions qui se sont investis, dont un syndicat, une chambre de commerce, une commission scolaire, des associations de consommateurs, de consommatrices et d'étudiantEs, des groupes de promotion de l'économie sociale, etc. L'implication réelle des unEs et des autres est bien sûr inégale, mais il est demandé un engagement minimum de chaque membre, qui est de commettre des gestes de promotion et de consommation de produits équitables. C'est sans doute cette assise qui donne la légitimité aux différentes actions de terrain menées pour sensibiliser des publics divers et souvent non acquis à la « cause ». Cette assise permet aussi de valoriser les initiatives les plus marquantes qui, dans notre cas, sont des rencontres d'information avec une centaine de commerçantEs – une à plusieurs rencontres par an –, la création d'outils de promotion pour ceux et celles qui proposent des produits équitables, la nomination d'ambassadeurs et d'ambassadrices et la création des Prix Reconnaissance, la collaboration avec des acheteurs institutionnels pour augmenter la part de café équitable dans l'approvisionnement des institutions publiques. Et, pour couronner le tout, ce projet fait des émules ! Ainsi, nous apportons, à différents degrés, notre soutien à la création de futures communautés équitables, en appuyant le travail de comités à l'Université de Sherbrooke, à Trois-Rivières et à la société hôtesse des Jeux du Canada 2013 de Sherbrooke.

Réinventer le commerce équitable

Comment ne pas voir dans cette réalisation en cours des preuves d'un impact positif du commerce équitable dans notre communauté du Nord ? Non seulement ce sont des impacts qu'on peut mesurer sur le plan des retombées économiques et commerciales, mais aussi sur celui de participation citoyenne active et d'émancipation individuelle et collective vis-à-vis d'un modèle économique souvent présenté comme unique. Enfin, puisqu'on est au Québec, il n'est sans doute pas inutile de rappeler que le commerce équitable a pris appui sur des bases tiers-mondistes, voire révolutionnaires, avec comme objectif une répartition égalitaire du pouvoir et des richesses. Il faut réfléchir à cela et espérer enfin qu'une nouvelle génération portée par les plus belles ambitions réinvente constamment le commerce équitable.

POUR ALLER PLUS LOIN :

Isabelle Vagneron et Solveig Roquigny, *Cartographie des études d'impact du commerce équitable*, CIDA, UMR MOISA, février 2010.

Corrine Gendron, Arturo Torres et Véronique Bisaillon, *Quel commerce équitable pour demain ?*, Montréal, Écosociété, 2009.

SUR LA TOILE :

Centre de ressources sur le commerce équitable : < www. equidoc.info >.

Sur le commerce équitable au Québec : < www.assoquebecequitable.org >.

France-Isabelle Langlois

Le développement et l'économie sociale
L'expérience du CECI

DEPUIS SA FONDATION EN *1958, le Centre d'étude et de coopération internationale (CECI) n'a pas cessé d'œuvrer à combattre la pauvreté et l'exclusion dans le monde. Pour le CECI, le développement se doit d'être démocratique, équitable, respectueux de l'environnement, des droits de la personne, des femmes et des minorités. Cela doit nécessairement passer par un développement local. C'est-à-dire un processus par lequel une communauté devient le moteur du changement de son milieu, en vue d'améliorer ses conditions de vie. Le développement local signifie à la fois le développement et l'amélioration de la gouvernance locale, afin que celle-ci soit à la fois démocratique et inclusive, ainsi que le développement socioéconomique de la communauté. Pour y parvenir, le CECI et ses partenaires travaillent à la formation des actrices et des acteurs concernés; à la mise en place de fonds d'appui aux initiatives inscrites dans les plans de développement locaux; au renforcement de l'égalité entre les femmes et les hommes; à l'élaboration d'une gestion durable de l'environnement; et à la mise de l'avant d'une approche d'économie sociale et solidaire.*

LE CECI S'EFFORCE de concilier les intérêts des consommateurs et des consommatrices avec ceux des producteurs et des productrices. En deux mots, il se fonde sur des stratégies justes pour les consommateurs et les producteurs répondant à la crise alimentaire. Le développement économique local mis de l'avant par le CECI se fait aussi dans une perspective de sécurité alimentaire, en appuyant les petits producteurs et, souvent, les petites productrices. L'organisation mise sur une agriculture qui nourrit les populations sans polluer et qui génère des revenus décents pour les producteurs et les productrices. De fait, nous mettons en place de multiples projets visant le développement économique des communautés, en ayant toujours en tête de favoriser une approche qui se veut juste et équitable. Dans plusieurs cas, cela se fait par un appui substantiel au travail des femmes et à leur organisation au sein de coopératives et de fédérations. C'est notamment le cas de l'appui que nous donnons à la valorisation de la filière karité de même qu'au développement de la filière riz dans plusieurs pays d'Afrique de l'Ouest, comme le Mali et le Burkina Faso. L'appui à ces filières est incontestablement une réussite. En Haïti, comme en Amérique latine, nous appuyons depuis de nombreuses années le développement de la filière café par le soutien à des coopératives de paysanNEs.

Avec les producteurs et les productrices

En Bolivie, depuis 1990, le CECI favorise le développement économique régional par la promotion du commerce équitable. Il a participé à la formation du Mouvement bolivien d'économie solidaire et de commerce équitable, qui rassemble toutes les organisations de la société civile impliquées dans ce domaine. Parmi l'une des réalisations de ce dernier, la création d'espaces temporaires de vente a permis au commerce équitable de se démarquer du marché traditionnel.

En outre, en Bolivie comme au Guatemala, de nombreux petits artisans et producteurs possèdent un savoir-faire inimitable qui ne leur permet malheureusement pas toujours de sortir de la pauvreté. Dans ces deux pays économiquement, culturellement et socialement proches, la commercialisation des produits agricoles et artisanaux demeure un enjeu de taille, les populations rurales ayant besoin d'améliorer leur accès aux marchés nationaux et internationaux afin de tirer de meilleurs revenus de leur production. Avec son programme de coopération volontaire Uniterra, le CECI appuie des activités de partage et de renforcement des compétences destinées à des organisations de petits producteurs, visant à leur assurer des revenus plus équitables et de meilleures conditions de vie.

Plus concrètement, des mandats de volontaires ont été conçus afin de favoriser le développement de systèmes de gestion des petites et moyennes organisations de commerce équitable ou encore d'appuyer leurs activités de communication et de marketing, de manière à mettre en valeur leurs produits et services auprès des populations locales et internationales.

Commerce équitable

L'ORGANISATION DE FOIRES du commerce équitable constitue également un levier de développement commercial pour l'artisanat rural et pour les petits producteurs que soutient le CECI. L'objectif est d'améliorer la visibilité du commerce équitable afin de favoriser la commercialisation de ses produits. En Bolivie, cette foire s'appelle « IntegrArte ». Elle est organisée chaque année depuis six ans et grandit davantage à chaque nouvelle édition avec plus de 15 000 participantEs aujourd'hui. Au Guatemala, le CECI a également soutenu l'organisation de la première Foire nationale de commerce équitable et solidaire. Cette foire mettait en vedette une quarantaine d'organisations du pays. Elle a permis aux producteurs présents de développer leur clientèle et d'obtenir de nouveaux débouchés pour leurs produits de qualité.

Comme l'exprime Estela Pop Caal, présidente du groupe de tisserandes ASODEMI (Asociación para el Desarrollo de la Mujer Ixhil), du département de l'Alta Verapaz au Guatemala : « Grâce à la vente de mes produits artisanaux, je contribue à plus de 50 % des revenus de mon foyer. Cela m'a permis de payer les dépenses d'éducation de mes deux fils afin qu'ils puissent obtenir leur certificat d'études et devenir enseignants. C'est pourquoi je me réjouis de voir arriver des commandes importantes de l'étranger. »

Par le développement de partenariats locaux et la mobilisation de volontaires compétents, le CECI s'engage à réduire efficacement la pauvreté, en favorisant des échanges commerciaux plus justes, plus respectueux et plus solidaires.

Partenariats

Au GUATEMALA, le CECI appuie également les petitEs producteurs et productrices de café. La productivité des petitEs entrepreneurEs est limitée par le manque d'infrastructures, par le bas niveau d'éducation et surtout par le manque d'accès au financement d'activités productives en zones rurales. Dans un contexte de vulnérabilité au climat et aux prix fluctuants des matières premières, le problème de l'accès au crédit est d'une importance capitale pour nombre d'entre eux. Le CECI y intervient avec le Programme de développement des entreprises rurales (PDER) afin d'appuyer financièrement, sous la forme de crédits à la production, des entreprises rurales, associatives et communautaires qui sont membres de réseaux de commercialisation dans le but d'améliorer leur compétitivité et leur productivité.

Nous avons créé un fidéicommis, c'est-à-dire un contrat de partenariat avec une institution bancaire rurale compétente, pour sélectionner des entreprises rurales associatives et administrer le financement de leurs activités productives avec des fonds du CECI. L'Asociación Barillense de Agricultores (ASOBAGRI) est l'une d'elles. Elle réunit 1 109 partenaires – 80 % sont d'ascendance Maya Q'anjob'al. Elle a reçu un crédit de 3,2 millions de quetzals (environ 390 000 dollars canadiens) pour financer la commercialisation du café biologique et équitable pour la récolte de 2011-2012.

Plus concrètement, ces fonds permettent à l'association de compter sur un flux de trésorerie pour l'achat et le paiement immédiat des producteurs et productrices. Cela fait en sorte d'éliminer les intermédiaires de la chaîne de commercialisation et d'assurer du même coup l'augmentation des volumes de récolte du café exportable. L'association maintient alors un niveau de capitalisation suffisant pour assurer sa continuité.

Comme en témoigne Baltazar Francisco Miguel, directeur général d'ASOBAGRI, ces financements octroyés à travers ce projet sont très appréciés : « Les fonds du fidéicommis ont toujours été d'un grand appui pour répondre à la demande d'argent comptant durant la récolte. » Aujourd'hui, l'objectif du CECI est d'optimiser les ressources du fidéicommis afin qu'un plus grand nombre de bénéficiaires puisse en profiter.

Travailler ensemble

L'un des programmes phares du CECI de ces dernières années s'est déroulé dans les régions montagneuses de l'ouest du Népal. Il s'agit du projet Sahakarya, qui signifie « travailler ensemble » en népali, et qui a réussi à améliorer la situation socioéconomique de plus de 50 000 ménages. Grâce à des séances d'information et au renforcement des capacités de 1 251 organisations communautaires, le CECI a permis aux producteurs agricoles d'accroître la sécurité alimentaire de leur région en favorisant la participation des populations dans les processus de planification gouvernementaux. Un changement important dans la population quant à la compréhension de leurs droits s'est opéré, ce qui a eu pour effet d'accroître leurs capacités à articuler leurs demandes et à exiger des autorités qu'elles soient responsables.

C'est notamment le cas des femmes qui ont pris confiance en elles en apprenant à faire valoir leurs demandes pour obtenir des fonds. La participation des femmes dans les comités de direction des organisations locales s'est accrue de 68 %, ce qui a augmenté le niveau de sensibilisation des populations quant aux iniquités entre les hommes et les femmes.

Lors de la sélection des bénéficiaires et pendant la formation, l'équipe de Sahakarya s'est assurée que des femmes de toutes les castes et ethnies marginalisées sont présentes et occupent une place importante dans le processus de mise en marché des produits agricoles, autant pour le transport que pour la vente.

Après avoir suivi l'une des formations offertes par le projet, Dambari Devi Oli, présidente de Women Awareness-Raising Network, dans le district de Dadheldura, s'est mise à surveiller de près la façon dont les gouvernements locaux octroient les fonds destinés aux femmes : « Je comprends maintenant la signification des fonds des Comités de développement de village pour les personnes défavorisées. Désormais, je suis de près le processus d'attribution de tels budgets. » De son côté, Rewati Bohara, du district de Baitadi, explique que son groupe de femmes, après avoir suivi une séance d'orientation, a pu « préparer et soumettre une proposition au comité de développement du village ». L'argent qui leur a été attribué, environ 1 800 dollars canadiens, a servi au développement professionnel des femmes.

Par ailleurs, plusieurs fermiers et fermières ont réussi à augmenter de façon significative leur production de cultures à fort rapport économique. Le CECI a notamment fourni un appui pour la construction de systèmes d'irrigation et a soutenu la distribution de semences végétales de variétés améliorées, ce qui a permis d'augmenter la production de cultures à fort rapport économique. Le projet a prouvé qu'assurer une plus grande sécurité alimentaire tout en diminuant la discrimination sociale était possible. Cela a inspiré le gouvernement népalais et plusieurs bailleurs de fonds qui en adoptent aujourd'hui le modèle.

Sécurité alimentaire

D'UN CÔTÉ, la Banque mondiale soutient que la production agricole permettrait de satisfaire la demande effective mondiale de denrées alimentaires. De l'autre, la FAO (Organisation des Nations unies pour l'alimentation et l'agriculture) estime à plus d'un milliard le nombre de personnes souffrant d'insécurité alimentaire dans le monde. Comment alors expliquer qu'il y ait autant de personnes qui souffrent de la faim ?

Sans juger de l'importance d'une cause par rapport à une autre, mentionnons l'augmentation des coûts de production due à l'augmentation du prix du pétrole, le détournement de l'usage des terres agricoles vers d'autres fins que l'alimentation (par exemple les agrocarburants et l'acquisition massive de terres par les entreprises multinationales et certains États), les changements climatiques qui entraînent une hausse des catastrophes naturelles et déstabilisent les calendriers agricoles.

Les pressions à la hausse sur les prix des aliments (principalement les céréales) sont structurelles et vont sans doute continuer à avoir un impact majeur sur l'appauvrissement des populations rurale et urbaine, surtout en Afrique subsaharienne. Le développement économique doit nécessairement se faire dans une perspective de sécurité alimentaire.

Le développement du secteur agroalimentaire est en ce sens primordial dans les pays pauvres. Il doit viser à renforcer les acteurs et les actrices économiques les plus aptes à mettre en valeur le potentiel des espaces ruraux et urbains. L'objectif ultime du CECI est d'appuyer ces hommes et ces femmes dans leurs efforts pour assurer un développement équitable et durable de leur territoire, en prenant en compte tout particulièrement les spécificités des jeunes et des femmes.

Pour en savoir plus :
Le CECI : < www.ceci.ca >.
Le programme de stages du CECI : < www.uniterra.ca >.
Équiterre : < www.equiterre.org >.
Fair Trade Canada : < http://fairtrade.ca/fr >.

Et plus encore :
Corrine Gendron, Arturo Palma Torres, Véronique Bisaillon, *Quel commerce équitable pour demain ?*, Montréal, Écosociété, 2009.
Christian Jacqueau, « Les ambiguïtés du commerce équitable », *Le Monde diplomatique*, septembre 2007, < www.monde-diplomatique.fr/2007/09/JACQUIAU/15101>.

Frédéric Hareau

**L'éducation aux droits humains
pour le changement social**

DEPUIS QUARANTE-CINQ ANS, *Equitas*[1] *appuie des défenseurs des droits de la personne, des organisations de la société civile et des institutions gouvernementales qui s'engagent autour de questions liées aux droits humains, qui combattent les attitudes et pratiques discriminatoires et qui font avancer des réformes politiques et législatives menant à une meilleure protection des droits. En Afrique, en Amérique Latine et en Asie, en Haïti, en Europe de l'Est et au Moyen-Orient, des programmes traduisent les principes de droits de la personne en outils pratiques qui contribuent à l'autonomisation des groupes marginalisés, renforcent l'inclusion sociale, économique et politique et permettent à tous les groupes de la société de participer plus efficacement aux processus décisionnels qui concernent leurs vies. Au Canada, des centaines de milliers de jeunes sont initiéEs à une meilleure compréhension des droits de la personne pour les inciter à vivre de façon active et respectueuse en groupe et dans la collectivité.*

Une approche novatrice

- *La démarche d'Equitas met l'accent sur les valeurs et les attitudes et cible tant le renforcement des connaissances que l'acquisition d'habiletés et de compétences.*
- *L'approche pédagogique participative place l'expérience de l'apprenant au centre de la formation et crée un environnement favorisant l'engagement mutuel.*
L'approche participative développée et mise en œuvre par Equitas constitue

---

1. *Equitas*, en latin, signifie justice, équité, impartialité.

la pierre angulaire de notre expertise. Nous pensons que l'éducation non institutionnelle aux droits humains est un élément essentiel dans l'édification d'une culture mondiale des droits de la personne. Sensibiliser aux questions sexospécifiques et promouvoir l'égalité entre les femmes et les hommes constituent des thèmes transversaux dans l'ensemble de nos programmes d'éducation aux droits humains.

- *De solides partenariats et un réseautage actif permettent le partage systéma-tique d'expériences, de leçons apprises et la mise en commun de ressources.* Nos partenaires comptent des ONG locales et internationales, des orga-nismes communautaires, des institutions nationales de protection des droits humains, des instances gouvernementales ainsi que des organis-mes donateurs et des membres de la communauté internationale, dont le Haut-commissariat aux droits de l'homme des Nations unies.

Lorsque vient le temps de développer et de réaliser une activité d'éduca-tion aux droits humains, le postulat est toujours le même : les participantEs apportent leurs analyses et leurs expériences vécues, alors que les éduca-trices et les éducateurs apportent une connaissance théorique et pratique de l'éducation participative. L'activité éducative est un lieu d'échange fécond. La raison d'être de l'éducation aux droits de la personne est de renforcer l'auto-nomie, de donner aux individus une capacité d'action pour contribuer au changement social. Le processus d'apprentissage participatif constitue à la fois un moyen d'atteindre ce but et l'expression même de cette capacité d'action.

Les programmes

AU CŒUR DES ACTIVITÉS D'EQUITAS, il y a le Programme international de formation aux droits humains (PIFDH). Il réunit chaque année à Montréal plus de 100 promoteurs des droits humains en provenance de 60 pays. Pen-dant trois semaines, ce programme renforce la capacité des participantEs et de leurs organisations à s'engager dans des activités d'éducation aux droits humains dans le but de bâtir une culture mondiale des droits de la per-sonne. Depuis ses origines, plus de 3 000 personnes y ont participé. Durant le programme, l'accent est mis sur le transfert de connaissances et les actions menées à la suite du PIFDH sont innombrables. En voici quelques exemples :

- En *Inde*, des campagnes menées dans des villages par des enfants formés par d'ancienNEs participantEs du PIFDH ont contribué à mettre fin aux infanticides des filles.

- Au *Kenya,* une campagne pour l'éducation obligatoire et gratuite au primaire a porté ses fruits.
- En *République démocratique du Congo,* des femmes se sont mobilisées lors d'une campagne pour mettre fin à l'impunité dont jouissent les auteurs de violences sexuelles.
- En *Haïti,* des jeunes s'engagent pour la promotion de leurs droits humains et de ceux de leurs pairs dans les camps de réfugiéEs et luttent contre la violence faite aux femmes.

Appuyer la mise en place de réseaux

DEPUIS 2008, le programme PIFDH vise à appuyer les réseaux qui ont émergé dans plusieurs pays du monde et à diffuser la formation au moyen de sessions régionales et nationales. À ce jour, plus de 1 800 éducateurs et éducatrices de 1 200 organisations de la société civile dans 80 pays ont participé à ces sessions, dont la fonction est de...

- Promouvoir les valeurs et les principes des droits humains en utilisant une approche participative;
- protéger les droits et promouvoir la participation des femmes, des hommes, des filles et des garçons dans un cadre visant à assurer l'égalité entre les sexes;
- s'engager dans un dialogue avec les dirigeantEs et les autorités gouvernementales sur le plan communautaire et national pour renforcer l'inclusion sociale, économique et politique des groupes qui sont vulnérables ou victimes de discrimination; et
- établir des réseaux communautaires, nationaux et régionaux pour renforcer la solidarité et développer une capacité d'action collective durable.

De ce travail émergent des réseaux permettant la mise en commun des ressources et de l'expertise nécessaires pour s'engager dans des actions collectives et diffuser les valeurs des droits humains et ses pratiques dans les communautés marginalisées, notamment dans les zones rurales souvent ignorées.

Ce qui est arrivé en Haïti après le tremblement de terre de 2010 est un bon exemple de ce processus. Equitas y a rencontré d'ancienNEs participantEs membres de son réseau pour réfléchir ensemble sur les actions à mener. Lors de cette rencontre, ces membres ont affirmé que pour se remettre du choc, il fallait aller au-delà de la reconstruction des infrastructures. Il était urgent de bâtir une Haïti nouvelle et plus inclusive où les groupes marginalisés et vulnérables pourraient jouir de leurs droits humains et contribuer à l'avenir du pays. Quinze organisations haïtiennes ont travaillé étroitement avec plusieurs communautés locales afin d'identifier des stratégies pour renforcer leur participation dans la reconstruction du pays et dans son développement. En collaboration avec Equitas, ces partenaires et communautés documentent actuellement leurs expériences en vue de concevoir une trousse sur la citoyenneté engagée. Voici quelques exemples d'actions menées à ce jour :

- Dans les communes de Léogâne et Gressier, les comités directeurs de quatre camps de personnes déplacées ont accueilli 15 femmes parmi leurs membres. Avant ce geste mémorable, aucune femme n'avait siégé dans de tels comités et les jeunes hommes qui en faisaient partie avaient clairement affirmé qu'ils n'avaient pas l'intention d'aborder le problème de la violence faite aux femmes. Maintenant membres à part entière de ces comités, ces 15 femmes, avec l'aide de leurs collègues masculins, ont bâti dans leur camp un centre de soutien pour les femmes et elles ont tout mis en œuvre pour que leurs problèmes les plus préoccupants, en particulier la violence sexuelle, soient abordés de façon plus efficace et avec empathie.
- Le Réseau national de défense des droits humains (RNDDH) a intégré les outils et l'approche acquise avec Equitas dans un de leurs modules de formation destinée aux observateurs électoraux avant la dernière élection présidentielle. Ses membres ont noté que, à la suite de cette formation, les observateurs étaient plus responsables dans l'accomplissement de leurs tâches, plus en mesure de recueillir les résultats plus rapidement et en conséquence, il y avait moins d'irrégularités dans les résultats qui ont été signalées dans les districts où les observateurs de la RNDDH étaient en poste.

Les défis de l'engagement

En juin 2012, au sortir de la conférence des Nations unies Rio + 20, Ban Ki Moon, le secrétaire général des Nations unies, se réjouissait de la place prépondérante qu'occupaient les droits humains dans la déclaration finale et soulignait l'importance d'ancrer le développement dans la réalisation des droits, réitérant qu'il n'existe pas de développement durable et inclusif sans respect des droits de la personne.

Or, pour transformer ces déclarations en réalité, beaucoup restent à faire, tant pour convaincre les acteurs du développement d'utiliser une approche fondée sur les droits que pour les outiller à le faire adéquatement. Les droits humains restent encore trop souvent négligés dans les processus de développement, avec comme conséquence le risque d'un développement qui ne contribue pas à réduire les inégalités et les discriminations existantes et qui, ultimement, n'est pas équitable, inclusif et durable.

La crise économique des dernières années a, à ce titre, posé de nouveaux défis : en effet, l'accent a plus été mis sur le développement économique, en particulier à court terme, sans qu'il soit nécessairement ancré dans l'objectif ultime de la réalisation de tous les droits humains pour touTES. La place accordée et les ressources allouées à la protection et à la promotion des droits de la personne ont dans de nombreux cas été réduites, diminuant d'autant la capacité d'action dans ce domaine.

De plus, au cours des dernières années, l'instabilité politique a bouleversé de nombreux pays, rendant difficile le travail de protection et de promotion des droits humains. Si nombre de changements ont été positifs et porteurs d'espoir – il suffit de penser au Printemps arabe – dans de nombreux autres cas, l'instabilité politique a généré des conditions de travail très difficiles pour les promoteurs des droits humains, principaux partenaires d'Equitas : pressions gouvernementales, entraves aux activités des organisations, menaces de fermeture des ONG, menaces pour la sécurité des promoteurs des droits de la personne, diminution des ressources, etc. La solidarité et le réseautage apparaissent plus nécessaires que jamais.

Ces dernières années ont également été marquées par un vent de changement positif. Des groupes et des populations, notamment des jeunes, se sont mobilisés en Afrique du Nord et au Moyen-Orient par exemple, démontrant leur volonté de s'engager et leur pouvoir de changer les choses. Il conviendra, dans les années à venir, de bâtir sur ces forces émergentes et de trouver les moyens adéquats de les appuyer afin que les transformations à venir contribuent à un plus grand respect de la dignité de touTES.

Nous pouvons contribuer !

POUR TOUTE PERSONNE désirant s'engager, notre premier conseil est d'aller de l'avant et de contacter les organisations qui œuvrent dans le domaine. Chez Equitas, nous recevons de nombreux bénévoles et stagiaires chaque année. Ils sont d'un appui précieux et, en contrepartie, ils bénéficient d'un bon apprentissage sur la réalité du travail en coopération internationale. Le type d'implication va de la recherche à l'organisation d'activités, en passant par les communications ou l'appui administratif, selon des habiletés et des intérêts de chacunE.

Pour des personnes intéressées par la diversité du monde, on n'a pas besoin de faire des milliers de kilomètres, car il existe de grandes richesses autour de nous! Quoi de mieux pour en apprendre plus sur les différentes cultures que de s'engager dans un milieu multiculturel, que ce soit par l'appui à l'arrivée des nouveaux et nouvelles immigrantEs ou par des réseaux de solidarité? Ultimement, nous conseillons aussi d'être prêtEs à se lancer à l'aventure en prenant part aux nombreux programmes permettant aux jeunes QuébécoisEs d'effectuer un séjour à l'étranger afin de mieux découvrir les réalités sur le terrain.

Prendre l'initiative d'offrir son temps dans un organisme et découvrir les différentes cultures et réalités est souvent le premier pas vers un engagement durable dans le domaine de la coopération.

Pour en savoir plus :
Equitas : < www.equitas.org >.
Éducaloi : < www.jeunepourjeunes.com/ >.

Également :
Parlons Droits! Trousse éducative pour les jeunes de 13 à 17 ans, Equitas, 2010, < http://equitas.org/wp-content/uploads/2011/02/Manuel-de-formation-de-suivi-et-renforcement.pdf >.
Vous avez le droit de connaître vos droits, CDPDJ, 2009, < www.cdpdj.qc.ca/former/outils/Documents/Connaitre_vos_droits_FRA.pdf >.
L'éducation aux droits de l'homme. Comprendre pour agir ensemble, OIF et AFCNDH, 2009, < www.cncdh.fr/IMG/pdf/Guide_Education_aux_droits_de_l_Homme.pdf >.
Repères. Manuel pour la pratique de l'éducation aux droits de l'homme avec les jeunes, Conseil de l'Europe, 2002, < http://eycb.coe.int/compass/fr/contents.html >.

Nathalie Guay et Josée Roy

**L'engagement du syndicalisme québécois
dans la coopération et la solidarité internationale
*L'expérience de la CSN***

LES ORGANISATIONS SYNDICALES du Québec ont une longue tradition dans le domaine de la coopération et de la solidarité internationale. La nécessité de soutenir les organisations syndicales au Sud pour qu'elles parviennent à améliorer les conditions de travail et de vie des populations est devenue évidente avec la mondialisation néolibérale, les délocalisations et la présence croissante des entreprises multinationales. L'idée est que les organisations, qui ont des ressources, épaulent des organisations qui n'en ont pas encore suffisamment afin de construire un mouvement syndical fort dans chacun des pays. En construisant des réseaux d'échanges d'expériences, les initiatives et les luttes qui se font au « Sud » comme au « Nord » alimentent la réflexion en commun et permettent de renforcer les organisations impliquées de façon à construire un rapport de force global des travailleuses et des travailleurs par rapport aux employeurs.

L'ACTIVITÉ INTERNATIONALE des organisations syndicales comporte plusieurs dimensions, dont celle qui implique la participation aux organisations internationales auxquelles s'affilient les fédérations et grands syndicats, les *Global Union Federations*, ainsi que celles qui regroupent les centrales et les confédérations, soit la Confédération syndicale internationale (CSI) et les organisations régionales de la CSI, comme la Confédération syndicale des Amériques (CSA). Ces structures facilitent à leur tour bon nombre d'actions, comme le rapprochement de syndicats dans la même entreprise, dans le but de renforcer le rapport de force des travailleurs et éviter les effets délétères de la concurrence interne, la négociation d'accords-cadres internationaux au sein de multinationales, les campagnes visant le respect des droits fondamentaux au travail. Les syndicats sont formellement représentés au sein d'organisations internationales comme l'Organisation internationale du travail (OIT) et l'OCDE, et participent à plusieurs forums internationaux (forum social mondial, conférence des parties sur les changements climatiques, etc.). Dans ce texte, nous allons nous concentrer sur l'expérience de la Confédération des syndicats nationaux (CSN) pour mieux comprendre son action dans les domaines de la coopération et de la solidarité internationale.

Que font les syndicats en coopération et solidarité internationale?

Plusieurs des projets de la CSN se déploient dans le domaine de la solidarité syndicale. Il peut s'agir d'un appui direct pour renforcer les capacités d'un syndicat, participer à de la formation syndicale ou financer des campagnes de syndicalisation, comme la CSN l'a fait auprès du Frente Autentico de los Trabajodores (FAT) du Mexique pour l'organisation des travailleurs et des travailleuses dans les *maquiladoras*. Dans d'autres cas, des syndicats apportent un appui politique à certains mouvements. C'est ce que la Fédération nationale des enseignantes et enseignants du Québec (FNEEQ-CSN) a fait en participant au forum sur l'éducation en Palestine. Le Conseil central du Montréal métropolitain organise fréquemment des activités pour l'éducation à la solidarité internationale. D'autres projets s'inscrivent plus nettement dans la coopération au développement. Ils sont souvent entrepris en coopération avec des ONG. Ils visent l'amélioration des conditions de vie des populations par différents moyens, comme ceux offerts par l'économie solidaire.

L'amélioration des conditions de vie des personnes plus vulnérables par l'action syndicale emprunte souvent des stratégies différentes de ce que l'on connaît au Québec. Nous intervenons par exemple de plus en plus auprès des centrales syndicales dans les pays pour les soutenir dans le travail d'organisation des travailleurs de l'économie informelle, ce qui représente de 60 à 90 % des travailleuses et des travailleurs en Afrique (en majorité des femmes et des jeunes). Ce sont par exemple des coiffeuses, des familles paysannes, des conducteurs de moto-taxi, des couturières, des artisanEs, qui n'ont pas d'employeurs et qui n'ont pas accès à un niveau suffisant de protection sociale, dans un contexte où les services publics sont sous-développés. L'idée est alors de former ces personnes sur le fonctionnement des coopératives, sur le microcrédit, sur la gestion financière, sur la santé et la sécurité au travail, etc., dans le but de favoriser les regroupements afin que ces personnes participent collectivement à l'amélioration de leurs conditions de travail et de vie. Ces regroupements, membres des organisations syndicales en place, sortent de l'informalité et mettent en commun leurs ressources pour se protéger des risques, créer de nouveaux emplois, réinvestir dans leur communauté et participer aux revendications plus globales en matière de droits et de protection sociale.

Les changements majeurs opérés par le gouvernement du Canada au cours des dernières années font en sorte qu'aucun nouveau projet présenté par les organisations syndicales canadiennes et québécoises n'a reçu un financement de l'ACDI depuis qu'elle a adopté le fonctionnement par appel de proposition pour la distribution de ses budgets. Si la survie des organisations syndicales n'est pas menacée par ce détournement de fonds, contrairement au cas de certaines ONG où les travailleurs et les travailleuses sont parfois syndiquéEs à la CSN, les impacts négatifs sont bien réels et de plus en plus nombreux. Par sa portée internationale, cette tendance malfaisante force l'action intersyndicale dans le cadre des projets de coopération, une dynamique qui était préexistante, mais qui est désormais accélérée, ce qui laisse présager des changements majeurs, dont certains seront positifs, dans l'action syndicale internationale. Toutefois, cela ne peut évidemment pas compenser les pertes énormes de ressources et le changement de cap de plusieurs autres gouvernements. Les syndicats et les ONG sont bien déterminés à faire pression sur le gouvernement et les partis politiques pour que cela change.

Alliance syndicats et tiers-monde

L'ALLIANCE SYNDICATS ET TIERS-MONDE (ASTM) a été créée par la CSN en 1986. Il s'agit d'un organisme qui soutient des projets de coopération internationale dans différents pays en développement. Ces projets répondent aux besoins définis par nos partenaires syndicaux du Sud, lesquels partagent avec la CSN les valeurs de démocratie, de justice sociale et de liberté. Les fonds proviennent des syndicats, des membres et des salariéEs de la CSN, et, avant 2010, de l'ACDI. Les projets soutenus par l'ASTM depuis sa création, souvent en collaboration avec plusieurs ONG (InterPares, Oxfam, Alternatives, etc.), ont visé différents objectifs comme la réduction de la pauvreté, la souveraineté alimentaire, la liberté politique et syndicale. L'accès aux fonds de l'ACDI n'étant plus possible, ASTM a dû revoir ses priorités pour favoriser désormais les projets de soutien aux syndicats dans leurs objectifs d'améliorer les conditions de vie et de travail des travailleurs et des travailleuses.

L'ASTM intervient au Honduras et au Nicaragua, en alliance avec le syndicat basque Eusko Langileen Alkartasuna (ELA), la Central Única dos Trabalhadores (CUT) brésilienne, le ministère des Relations internationales du Québec et Alternatives. L'objectif est de renforcer les capacités des organisations partenaires, la CUT du Honduras et la Centrale sandiniste des travailleurs du Nicaragua, par la formation, des campagnes sur la condition féminine, les droits du travail et des échanges sur le renouveau syndical. Également, l'ASTM et la FNEEQ apportent un soutien à un syndicat d'enseignantEs d'Haïti, l'Union nationale des normaliens d'Haïti, qui est actuellement ranimé par de jeunes militantEs. Il s'agit à la fois d'un soutien pour le développement structurel de l'organisation, mais aussi d'un appui à une campagne pour l'éducation publique en Haïti, avec d'autres syndicats d'enseignantEs sur place.

Le Centre international de solidarité ouvrière

Le Centre international de solidarité ouvrière (CISO), créé en 1975, est formé de presque toutes les centrales syndicales québécoises, de syndicats indépendants et de grands syndicats canadiens, ainsi que de membres individuels. Sa mission générale est de faire de l'éducation populaire sur les enjeux internationaux et les droits des travailleurs et des travailleuses, en plus de mener des projets de coopération au développement. Au fil des années, de nouveaux créneaux se sont ajoutés avec la création de la Coalition québécoise contre les ateliers de misère, une table de concertation du CISO où se sont également impliquées des ONG et des organisations étudiantes, pour dénoncer les conditions de travail dans les ateliers de misère. Le CISO organise des stages pour initier des militantEs des syndicats à la coopération, il organise des formations sur le droit international du travail, les politiques d'approvisionnement responsables, etc. Le CISO développe des projets de coopération avec des organisations comme l'Institut Karl Lévesque en Haïti pour soutenir le développement de l'économie solidaire. Certains projets qui avaient été développés par le CISO ont dû être revus à la baisse suite à la perte de financement de l'ACDI. D'ailleurs, l'existence même du CISO dépend de l'implication des organisations membres. C'est ainsi que pour la première fois, sous la thématique de la promotion du travail décent, toutes les organisations membres prendront part à un projet commun sur l'économie informelle avec les organisations syndicales du Burkina Faso.

Développement solidaire international

DÉVELOPPEMENT SOLIDAIRE INTERNATIONAL (DSI) est l'une des organisations liées à la CSN, qui fait partie de ce que nous appelons les « outils collectifs » de la CSN. Il a été créé en 2004. DSI a essentiellement pour objectif le développement de l'économie solidaire, particulièrement au Brésil, où elle œuvre en partenariat avec la CUT. Comme l'ACDI ne finance plus les initiatives de DSI, les projets brésiliens comptent désormais sur le soutien financier du gouvernement du Brésil, ce qui illustre par ailleurs des changements importants dans ce pays. En effet, longtemps bénéficiaire de la solidarité syndicale, notamment de la part de la CSN, des organisations comme la CUT du Brésil s'impliquent maintenant financièrement et techniquement dans des projets de coopération aux côtés de la CSN.

Le nécessaire travail de collaboration syndicale

AU COURS DES DERNIÈRES ANNÉES, plusieurs éléments ont amené les organisations syndicales à dépasser le modèle traditionnel de solidarité syndicale entre une organisation du Sud et une organisation du Nord (partenaire). On a en effet constaté que les organisations partenaires ne savaient pas toujours ce que les autres faisaient et se trouvaient fréquemment à financer la même organisation pour l'atteinte des mêmes objectifs. Cela a occasionné des effets pervers chez certaines organisations, qui se sont retrouvées à dépendre d'un financement extérieur pour assurer leur fonctionnement, alors que l'objectif est plutôt de construire l'autonomie des organisations pour réduire leur dépendance. Devant la baisse des fonds pour la coopération dans de plus en plus de pays, il devenait urgent de dépasser l'ancienne approche qui s'avérait somme toute assez peu efficace compte tenu des sommes investies. De plus, l'unification au sein de la CSI, de la Confédération internationale des syndicats libres (CISL) et de la Confédération mondiale du travail (CMT) en 2006, ainsi que des organisations régionales affiliées, a éliminé beaucoup d'obstacles à la collaboration intersyndicale.

La CSI a donc créé un Réseau syndical de coopération au développement, afin de coordonner l'action des organisations membres dans les pays, et influencer les changements majeurs en cours dans les orientations internationales concernant la coopération et le développement. Le réseau a procédé à l'élaboration d'outils d'évaluation des projets ainsi qu'à la construction d'une base de données mondiale permettant de connaître les projets menés un peu partout. Il a permis à la CSN de redéfinir un projet qui nous avait été refusé par l'ACDI, en collaboration avec la Confédération française démocratique du travail (CFDT) et la CSI-Afrique (Organisation régionale africaine de la Confédération syndicale internationale) dans trois pays (Togo, Sénégal, Mali) pour la syndicalisation dans le secteur informel. Déjà les rencontres du sous-réseau, celui des partenaires de la CSI-Afrique, nous ont permis de développer des liens avec d'autres organisations et d'envisager des coopérations aptes à renforcer nos actions respectives.

Il va de soi que dans un contexte de raréfaction des ressources, nous cherchons à changer nos pratiques pour continuer à porter les objectifs qui motivent l'action syndicale dans la solidarité et la coopération internationales. Tant mieux si cela nous amène à innover et à accroître nos liens avec nos alliés syndicaux et ceux de la société civile.

Cela doit se faire parallèlement aux nécessaires actions visant à faire en sorte que les États respectent leurs engagements dans le domaine de la coopération et du développement, notamment à travers les Objectifs du millénaire de développement. Alors que nous renouvelons nos pratiques sur le terrain, il faut aussi s'investir pour renouveler nos stratégies quant à cette nouvelle droite au pouvoir, une droite dure et décomplexée, qui ne dissimule même plus son accointance avec les grands intérêts des entreprises et son désintérêt profond pour la lutte contre les inégalités.

POUR EN SAVOIR PLUS :

Sur les projets de coopération de la CSN et l'Alliance syndicats et tiers-monde :
< www.csn.qc.ca/web/international/aliance-syndicats-tiers-monde >.
Réseau syndical de coopération au développement de la CSI : < www.ituc-csi.org/development-cooperation.html >.
Centre international de solidarité ouvrière : < www.ciso.qc.ca/ >.

ÉGALEMENT :

Sur les « outils collectifs » de la CSN : Fondaction, Neuvaction, Batîrente, Caisse d'économie solidaire, MCE Conseils, Filaction ainsi que la Caisse d'économie Le Chaînon, < www.csn.qc.ca/web/csn/finance-socialement-responsable >.

Marie-Dominik Langlois

La défense des droits humains en Amérique latine

LA SITUATION DES DROITS HUMAINS a considérablement évolué au courant des cinquante dernières années en Amérique latine. Dans un premier temps (les années 1950-1990), c'est l'État qui commet les violations de droits de la personne, particulièrement – mais non exclusivement – sous les dictatures, avec parfois l'appui de puissances occidentales dans le contexte de la Guerre froide pendant laquelle se livrait une guerre par pays interposés pour promouvoir les idéologies – capitalisme contre communisme. Sur le plan national, des mouvements pour la justice sociale apparaissaient, de même que les guérillas. Devant le spectre communiste, les États ripostaient en réprimant tout mouvement ou individu faisant la promotion d'une société plus juste et livraient une guerre aux guérillas. L'appareil étatique – à travers les forces policières et l'armée – était la force répressive prépondérante de cette époque. Les organisations ouvrières, étudiantes, autochtones, paysannes et les groupes politiques étaient les principales cibles de la répression. La liberté d'expression et celle d'association étaient largement niées. Au courant de ces décennies, des centaines de milliers de personnes ont été assassinées, portées « disparues » et persécutées.

Dans un deuxième temps (de 1990 à aujourd'hui), ce sont les acteurs privés qui sont à l'origine de la majorité des atteintes aux droits de la personne. La fin de la Guerre froide et l'adoption du Consensus de Washington ont ouvert la porte à la mondialisation néolibérale et à l'effritement de l'État-providence. On assiste alors à l'ouverture des marchés – à travers les accords commerciaux et de libre-échange –, aux programmes d'ajustements structurels, à l'affaiblissement de l'État et des programmes sociaux, et à la pullulation des investissements étrangers et privés, notamment dans des régions qui étaient pratiquement vierges de toute intervention étrangère. Des populations entières se lèvent pour défendre leurs droits et leur territoire devant des projets de développement agressifs qui les excluent et leur portent préjudice : monocultures, exploitation des ressources naturelles, projets touristiques de luxe, etc. Les environnementalistes sont persécutéEs par des agents de sécurité privée ou des paramilitaires. Des conflits locaux surgissent ; ils sont souvent étouffés par les forces de l'ordre. On assiste aussi à la criminalisation de la défense des droits humains : ses partisanEs sont intimidéEs et persécutéEs, victimes de fausses accusations et autres menaces à leur sécurité. Les droits économiques, sociaux et culturels et des Autochtones sont de plus en plus revendiqués. La promotion des droits humains en Amérique latine s'est effectuée dans un contexte de très grandes inégalités de richesses, de pouvoir et d'accès aux services de base (santé, éducation, etc.). Le dénominateur commun aux deux époques est le parti pris de l'État pour une élite économique au détriment des masses et des populations marginalisées.

L'importance de la défense des droits humains

La promotion des droits de la personne est essentielle à toute bonne société démocratique. Elle assure un système de contrôle qui garantit l'inclusion de tous les groupes d'individus, aussi bien sur le plan social, économique que politique. Chaque être humain possède des droits inaliénables. L'État est le garant des droits et a la responsabilité d'assurer leur respect. Dans le contexte latino-américain, où les institutions démocratiques sont généralement déficientes, l'État a souvent commis lui-même les violations de droits humains ou en a été complice. L'impunité, la corruption, la collusion et le manque de volonté politique expliquent la précarité de la jouissance des droits humains, ainsi que l'importance de faire pression pour la reddition de comptes de la part des autorités étatiques responsables afin qu'elles assument leurs responsabilités. Aujourd'hui encore, la défense des droits demeure précaire et périlleuse. La solidarité internationale est donc toujours essentielle puisqu'elle permet de prévenir les actes de violence et les persécutions contre les personnes qui défendent les droits de la personne et les populations qu'elles accompagnent. La solidarité internationale permet aussi de briser l'impunité et de faire pression en faveur de la justice, de la réconciliation et de la paix.

Le contexte de mondialisation, qui nous rend à la fois complices et voisins, souligne la nécessité d'agir au Nord pour appuyer les luttes au

Sud. Le défi qui se présente aux organisations de solidarité internationale œuvrant pour la défense des droits humains est celui-ci : comment sensibiliser le public québécois sur les liens avec les luttes menées au Sud, tout en lui offrant des pistes d'actions concrètes pour canaliser son engagement solidaire ?

L'accompagnement solidaire : pourquoi ?

Pour contribuer à cette lutte nécessaire pour la défense des droits humains, le Projet Accompagnement Québec-Guatemala (PAQG) a choisi de coordonner des actions d'accompagnement international de défenseurs des droits de la personne au Guatemala. Le but de cet accompagnement est de donner un appui international à des individus et à des organisations qui combattent l'impunité et les injustices, en brisant leur isolement et en attirant l'attention sur la situation politique et sociale du pays. L'accompagnement international diffère des stages de coopération internationale, dans le sens qu'il requiert un solide engagement solidaire dans la lutte pour des droits humains et contre l'impunité. Il permet d'offrir une présence neutre et

Illustration 25
Manifestation à Ciudad de Guatemala

© Aury Cuxe

« Voici comment le gouvernement célèbre le 13 Baktun [dans le calendrier maya, le renouveau du cycle calendaire], en assassinant des paysans. »

externe aux communautés, individus et organisations en situation d'insécurité, et leur procure un espace dans lequel ils peuvent évoluer de façon indépendante. La présence physique d'accompagnateurs et d'accompagnatrices agit comme élément dissuasif pour les individus ou les forces armées qui, autrement, seraient tentés de commettre des violations de droits humains contre des personnes qui défendent ces droits, entre autres les paysanNEs, les Autochtones et les victimes de crime de guerre qui luttent contre l'impunité et pour la justice au Guatemala. L'accompagnement offre ainsi un support moral et une certaine protection à ceux et celles qui se sentent menacéEs.

L'accompagnement répond toujours à des demandes formulées par des individus, des organisations ou des communautés impliquées de façon non violente dans la défense des droits de la personne, lesquels considèrent que la présence d'observateurs internationaux pourrait avoir un effet bénéfique sur leur capacité à poursuivre leur lutte. Ainsi, cette approche laisse tout l'espace d'expression et d'action aux acteurs et actrices du pays concerné, sans s'ingérer dans leur lutte de façon assistancialiste ou impérialiste. Cela fait que les personnes ou les groupes de personnes accompagnées sont une importante source d'apprentissage et de conscientisation pour les accompagnateurs et les accompagnatrices qui sont originaire de l'étranger et qui ont le privilège de côtoyer des militantEs guatémaltèques et d'y observer les enjeux liés à la défense des droits de la personne.

Outre cet accompagnement, le PAQG participe à la création d'un mouvement d'appui solidaire à la population guatémaltèque, que ce soit par la diffusion d'actions de pression politique internationale (actions urgentes, cartes postales, lettres d'opinion) lors de violations de droits humains et autres situations préoccupantes ; ou par l'organisation d'activités de sensibilisation et le transfert de l'information aux médias, parfois au moyen d'événements médiatiques.

Quelques succès

Depuis la création du PAQG en 1992, cette organisation a accompagné plusieurs exhumations (ouverture de fosses communes datant du conflit armé) au Guatemala. Elle a de plus accompagné des communautés touchées par les conséquences sociales et environnementales de l'exploitation minière, en particulier lors des consultations populaires liées à l'exploitation des ressources naturelles. Des représentantEs du PAQG ont été présentEs lors de jugements qui traitaient des disparitions forcées, des crimes de génocide et des crimes contre l'humanité, souvent afin de protéger les témoins des poursuites. Des groupes menacés à cause de leurs actions militantes ont notamment bénéficié de l'accompagnement, comme des groupes de syndicalistes paysans ou ouvriers, des groupes d'action psychosociale et des groupes féministes.

Les résultats ou impacts de l'accompagnement sont difficiles, voire impossibles à quantifier. Cependant, ce sont les personnes accompagnées qui sont les mieux placées pour percevoir les impacts positifs de la présence d'accompagnateurs et d'accompagnatrices. En plus d'apprécier la solidarité et le soutien moral que représente cet engagement, plusieurs personnes accompagnées ont souvent évoqué les effets dissuasifs de l'accompagnement : certaines ont observé une diminution tangible des menaces, des agressions ou du climat d'insécurité liés à leur travail de défense des droits, alors que d'autres perçoivent l'accompagnement comme une ouverture de leur espace d'action, une présence internationale qui leur permet de travailler et de militer avec une marge de sécurité accrue.

Et quelques défis

L'accompagnement international requiert un très haut niveau d'engagement de la part des participantEs aussi bien en ce qui concerne une certaine part de risques assumés qu'un important investissement de temps – soit un minimum de trois mois sur place ainsi qu'un engagement au PAQG avant et après le départ – et le don de soi. En effet, l'accompagnateur et l'accompagnatrice ne reçoivent pas de salaire et doivent assumer une partie des dépenses liées à leur mandat. Aussi, cet individu peut vivre des expériences très riches en émotions auprès des personnes accompagnées – survivantes de massacres du conflit armé ou de violations de droits de la personne – ce qui peut être déstabilisant pour plusieurs. Un jugement sagace est de mise, pour le respect interculturel des personnes accompagnées ainsi que pour la sécurité de touTEs. De plus, la maîtrise de l'espagnol est obligatoire, de même que l'ouverture d'esprit et le respect interculturel pour les personnes accompagnées ainsi que pour les autres accompagnateurs et accompagnatrices des différents pays, collaborant sur le terrain, au Guatemala. Ce type de mission ne convient pas à n'importe qui et les gens qui veulent s'y engager doivent passer par un processus de sélection, dont une formation avant tout départ.

Les accompagnateurs vivent une expérience très enrichissante sur les plans humain, militant, interculturel et interpersonnel, et rentrent au pays en éprouvant un attachement impérissable pour le Guatemala.

Pour en savoir plus :

Projet accompagnement Québec-Guatemala : < http://www.paqg.org/ >.

Comité pour la défense des droits humains en Amérique latine : < http://cdhal.org/ >.

Clinique internationale de défense des droits humains de l'UQAM : < www.ciddhu.uqam.ca/ >.

Avocats sans frontières : < www.asfcanada.ca >.

Amnistie internationale-Canada : < www.amnistie.ca/ >.

Ligue des droits et libertés : < http://liguedesdroits.ca/ >.

Commission interaméricaine des droits de l'homme : < www.cidh.oas.org/french.htm >.

Conseil des droits de l'homme de l'ONU : < www.ohchr.org/FR/HRBodies/HRC/Pages/HRCIndex.aspx >.

La Déclaration universelle des droits de l'homme de l'ONU : < www.un.org/fr/documents/udhr/ >.

Pour ne pas conclure

La solidarité internationale, un engagement citoyen!

Louise Beaudoin

Le Québec et le développement international

En 2010, dans le magazine L'Actualité, *je proposais que le Québec se munisse de sa propre agence de développement international afin de gérer les 800 millions déjà versés en taxes et impôts annuellement par les QuébécoisES à l'Agence canadienne de développement international (ACDI). Deux ans plus tard, il m'apparaît très approprié de réitérer cette proposition, à l'heure où dans ce domaine – comme dans bien d'autres – les conflits de priorités et de valeurs entre Québec et Ottawa n'ont jamais été aussi manifestes (qu'on pense seulement à l'abolition du registre d'armes d'épaule et au refus d'Ottawa de remettre au Québec les données qui le concerne).*

EN EFFET, les politiques récemment adoptées par Ottawa en matière d'aide au développement ont plongé le milieu de la coopération au Québec ainsi que les citoyenNEs qui s'en préoccupent dans un climat d'incertitude. Plusieurs craignent que la coopération internationale, telle que conçue et pratiquée par les acteurs québécois œuvrant dans ce domaine, soit compromise. D'autres redoutent que certaines des relations privilégiées que le Québec entretient avec ses partenaires du Sud se trouvent hypothéquées.

Parmi les décisions prises par le gouvernement canadien, celle concernant l'exclusion de plusieurs pays d'Afrique, souvent francophones, de la liste des pays prioritaires recevant de l'aide canadienne est unanimement critiquée par l'Assemblée nationale. D'autres mesures, comme le retrait du financement à des ONG respectées et à des organismes de défense des droits des femmes œuvrant à l'étranger, ont permis de faire la lumière sur le processus décisionnel à l'ACDI hautement politisé et fait perdre confiance dans l'intégrité des mécanismes d'attribution de financement fédéral.

Plus graves encore, les récentes modifications apportées à la Direction générale des partenariats avec les Canadiens de l'ACDI ont, quant à elles, grandement affaibli le système régissant les rapports qui prévalait depuis 30 ans entre l'ACDI et les ONG. Désormais, les ONG sont soumises à un système concurrentiel d'appels d'offres et ne sont plus considérées comme des acteurs du développement, mais plutôt comme des sous-traitants.

Or, comme le soulignent plusieurs expertEs, ce système concurrentiel d'appel de propositions ne permet pas de construire avec les ONG des partenariats qui, à moyen terme, leur donneraient les moyens de s'attaquer aux différentes problématiques de manière planifiée et durable. À cela s'est ajouté le récent gel des budgets de l'aide canadienne, et ce, alors que les dépenses militaires canadiennes, elles, explosent. Non seulement cette décision compromet l'atteinte des Objectifs du millénaire pour le développement, mais elle place le Canada parmi les pays donateurs les moins généreux. Confronté à de telles politiques, jamais le milieu de la coopération québécoise ne s'est dit aussi inquiet relativement à la reconnaissance de son expertise, à l'indépendance de sa voix et à son avenir.

De l'ACDI à l'AQDI

Considérant la situation actuelle, je crois qu'il est devenu primordial pour le Québec d'occuper ce champ d'action et de rapatrier ses 800 millions de dollars. Donnons-nous les moyens de mettre en œuvre notre propre vision de la coopération, en créant notre propre agence d'aide au développement.

Déterminons ensemble – citoyenNEs, gouvernement, société civile et ONG, de concert avec les communautés du Sud – nos priorités bilatérales et multilatérales, ainsi que nos objectifs ; bref, définissons le cadre et les modalités qui nous permettront de promouvoir un modèle québécois différent et novateur de développement international. Faisons aussi en sorte que cette vision commune s'inscrive dans un cadre législatif afin d'en assurer la continuité et la cohérence. À cette fin, instaurons des mécanismes de reddition de compte permettant ainsi un financement clair et transparent.

En nous dotant de notre propre agence québécoise d'aide au développement, nous pourrons « jouer pleinement notre rôle dans la construction de rapports plus justes et plus solidaires entre les peuples », comme souhaité dans la Déclaration du Québec endossée par l'Association québécoise des organismes de coopération internationale (AQOCI) en 2006. Nous serons alors en mesure de prendre part aux grands débats du moment, que ce soit sur la crise alimentaire, la reconstruction d'Haïti, les changements climatiques et leurs conséquences sur les pays du Sud ou encore sur la place des nouveaux acteurs de coopération Sud-Sud, comme la Chine ou le Brésil.

Nous avons au Québec, une vibrante et très active communauté impliquée dans la coopération internationale. Celle-ci a déjà entamé, dans la foulée des discussions sur les soixante ans de l'aide au développement, une intéressante réflexion sur la nécessité de repenser le développement, en collaboration avec les communautés du Sud. Pourquoi ne pas poursuivre cette discussion en précisant les fondements d'une future Agence québécoise d'aide au développement?

Paul Gérin-Lajoie

L'avenir du développement international

JE SUIS PROFONDÉMENT HEUREUX au soir de ma vie de partager avec vous ma vision de l'avenir du développement international, particulièrement après 2015. Une vision, j'en suis persuadé, que nous partageons touTEs. Et cette vision nous amène à penser autrement les Objectifs du millénaire pour le développement (OMD) adoptés à l'ONU en 2000. Il nous faut recentrer la perspective des États et celle de la coopération internationale quant à l'amélioration de la qualité de vie des hommes et des femmes, et ce, sur tous les continents.

CE RECENTRAGE, portant autant sur les objectifs de développement que sur la stratégie pour les atteindre, est essentiel puisque la capacité d'action des femmes et des hommes constitue le moteur-clé de ce développement.

Vous connaissez mon souci pour assurer à tous, le droit d'apprendre. Or, ce souci qui m'a toujours animé est plus qu'une passion. C'est une vision fondée sur le constat mille fois observé au cours de ma vie, tant au Canada qu'à l'international, que le développement durable repose d'abord sur la créativité des gens, sur la productivité culturelle, sociale et économique de la population. Les autres facteurs, tout aussi importants, concernent les politiques d'État, la réglementation internationale des marchés, la recherche et le développement, ainsi que la résolution des conflits. Toutefois, ces politiques ne peuvent être mises en place sans l'appui informé et éveillé de la population. Ces changements structurels et ces dispositifs ne deviendront opérants qu'avec l'action compétente et imaginative des citoyenNEs, des travailleurs et travailleuses, des paysanNEs, et cela au Nord comme au Sud.

Permettez-moi dans cette réflexion sur le développement international de l'après-2015, d'insister sur trois points : d'abord sur le développement continu de la capacité d'action des populations et sur les conditions à mettre en place à cette fin, ensuite sur les liens entre l'éducation et les autres composantes du développement telles que l'alimentation, la santé et le travail et, finalement, sur le rôle majeur de la société civile.

Le développement continu de la capacité d'action des populations

On ne peut développer la capacité d'action des populations sans le renforcement des trois composantes du mouvement l'*Éducation pour tous*. Il s'agit de la formation initiale des jeunes, la formation « professionnalisante » des jeunes hors-école et la formation continue pour adultes, ce à quoi il faut ajouter, dans cette perspective d'avenir, la formation postsecondaire.

La formation initiale des jeunes. Au cours des dernières années, un certain progrès a été observé relativement à la formation des jeunes. Effectivement, depuis 1999, le nombre d'enfants non scolarisés dans le monde a diminué de 33 millions.

Certains des OMD ont connu des avancées, telles qu'une baisse du taux de mortalité enfantine et une diminution des décès reliés aux VIH-SIDA. Seulement ces progrès connaissent de grandes disparités selon le milieu social, le pays ou la région du monde. Globalement, la proportion de personnes souffrant de la faim stagne à 16 % selon l'ONU. Toutefois, malgré ces progrès sur le plan mondial, le problème perdure en Asie du Sud-Ouest, dans les pays arabes à faible revenu et surtout en Afrique sub-saharienne où 32 millions d'enfants n'ont pas encore la possibilité d'aller à l'école primaire. Et je pense qu'il faut dire que le problème d'accès est beaucoup plus grave pour les filles, ce qui rejoint un autre objectif des OMD. Plus encore, seulement les deux tiers des élèves admis, soit moins de la moitié de leur génération, réussiront à terminer le premier cycle d'études primaires de trois ans. D'ailleurs, déjà en 2008, on estimait que 65 pays sur 204 étaient loin de pouvoir atteindre les objectifs prévus par l'Éducation pour tous. Plusieurs facteurs d'exclusion entravent l'accès à l'école, soit le genre, les handicaps physiques, la résidence rurale/urbaine et l'appartenance ethnique. Ces facteurs se renforcent mutuellement dans les milieux à faible revenu et dans les situations hélas trop nombreuses de conflits armés.

Au-delà de l'accessibilité, l'enjeu principal qui ressort de la consultation de l'UNESCO tenue en mai 2012 sur l'*Agenda de l'après-2015*, est la qualité et la pertinence de l'éducation offerte à ces jeunes. Les salles de classe en milieu urbain demeurent surpeuplées, dans lesquelles s'entassent plus de 70 sinon 90 élèves. En milieu rural, les infrastructures scolaires sont déficientes. Et partout, le personnel enseignant souffre d'un manque de formation et œuvre dans des conditions difficiles. Un virage majeur s'impose. Le droit à l'éducation, ce n'est pas seulement celui d'aller à l'école, mais aussi et surtout le droit de pouvoir apprendre pour ensuite participer activement au développement de sa communauté.

L'importance de la formation « professionnalisante » des jeunes hors école. Je remarque dans cette consultation de l'après-*2015* une référence beaucoup trop rapide et timide à la formation hors école. La question de l'accessibilité chez les jeunes hors école à une formation professionnalisante et de sa nécessité n'est qu'effleurée. Je me rappelle cette idée brillante proposée en 1997 par la Suède. Elle proposait que 2 % du budget alloué à la construction des routes, des ponts et des bâtiments soit accordé aux formations professionnelles formelle et non formelle adressées aux adultes et aux jeunes hors école des régions visées par ces travaux. Ainsi, nous aurons non seulement des ponts et des bâtiments, mais aussi des communautés en mesure de poursuivre leur développement de manière endogène. Il y a des milliers d'organismes d'éducation populaire qui font un travail énorme partout dans le monde dans des conditions et avec peu de moyens.

La formation continue pour les adultes. Il faut considérer la demande des adultes concernant la formation continue afin de leur assurer un meilleur parcours. Cet objectif est absent, comme il l'était dans l'énoncé des OMD. Cette visée faisait pourtant partie du rapport rendu par le mouvement *Éducation pour tous*, mais elle a été délaissée dans la réalisation des plans d'action. Or, on ne peut plus attendre trente ans, soit le laps de temps nécessaire pour relever le niveau de qualification générale par la seule formation scolaire de la génération montante. C'est maintenant, au sein de la génération adulte, que nous avons besoin d'une population plus qualifiée. Ce sont les adultes d'aujourd'hui tout comme ceux de demain qui ont besoin d'accroître leur capacité d'action individuelle et collective : le développement économique durable le requiert, tout comme l'aspiration de ces femmes et de ces hommes à se doter des moyens pour améliorer leurs conditions de vie et de travail. Enfin, dans ces débats de l'Après-2015, on oublie trop souvent la nécessité d'accroître l'accès à l'enseignement postsecondaire et universitaire. Selon mon expérience, le rôle des cégeps a été fondamental au Québec et c'est une piste qui doit être explorée, sinon l'accès aux études postsecondaires demeurera limité et théorique. Le développement endogène des pays en dépend. La dichotomie alphabétisation au Sud versus l'éducation tout au long de la vie au Nord est dépassée. La division des priorités entre la formation de base au Sud et l'excellence universitaire au Nord est intenable. Ces vues réductrices pour justifier les coupes de budget en éducation sont non seulement simplistes, mais contraires aux conditions d'efficacité d'un développement international durable.

L'éducation, l'alimentation, la santé et le travail

À ces lacunes en éducation et en formation s'ajoutent d'autres obstacles moins visibles, mais non moins majeurs, qui viennent freiner l'atteinte de l'objectif de renforcement de la capacité d'action des populations, condition essentielle à un développement durable et équitable.

La faim dans le monde. Il y a d'abord la résurgence de la faim dans le monde, un problème qu'on croyait résolu. La crise alimentaire, déjà cause d'exacerbation de la pauvreté, vient amplifier le défi de l'accès à l'éducation. Comment, en effet, demander à quelqu'un de se rendre à l'école et d'être attentif, si son ventre n'arrête pas de crier? Oui, la crise alimentaire risque de compromettre l'atteinte des objectifs du mouvement *Éducation pour tous*, et donc ceux des Objectifs du millénaire pour le développement. Plus d'un quart des enfants âgés de moins de cinq ans dans les pays dits en développement demeurent toujours sous-alimentés. Cette malnutrition est la cause directe de la mort de trois millions d'enfants et de 100 000 mères chaque année – selon les données de l'OMS et de l'UNICEF, en 2010. Paradoxalement, mais sans surprise, c'est au sein des milieux les plus démunis que l'alimentation des enfants les plus pauvres a le moins progressé au cours des dix dernières années. Peu de gens réalisent que près d'un milliard de personnes dans le monde ont faim et souffrent en silence sans faire les manchettes des journaux. La montée fulgurante et pratiquement constante du prix des denrées de base au cours des dernières années risque d'abord silencieusement et demain de façon plus provocatrice de bouleverser les attentes déjà diminuées des Objectifs du millénaire pour le développement. Cette hausse, loin d'être un accident de parcours, est attribuable à la promotion de *l'agrobusiness* aux dépens de l'agriculture familiale. Ce phénomène contribue à la marchandisation du secteur de l'alimentation alors que celle-ci devrait constituer un droit. Il y a aussi la croissance des biocarburants qui transforment les aliments en carburant!

Oui, un ventre creux n'a pas d'oreilles pour apprendre. Comment atteindre cet objectif d'accès universel à la formation de base alors que plus d'un enfant sur trois aura probablement souffert tout au long de sa prime enfance de malnutrition, et ce, avant même d'entrer à l'école… si toutefois il y parvenait! Comment, je vous le demande, pouvons-nous espérer que les petits enfants apprennent à l'école, alors que leur estomac n'arrête pas de crier?

D'ailleurs, cette crise alimentaire engendre des conséquences néfastes sur la santé. Comment espérer une participation éducative accrue, lorsque le paludisme, la diphtérie, le choléra ne cessent de se répandre ainsi que la tuberculose, autrefois contrôlée, qui risque à nouveau de devenir une pandémie? Et que dire de l'industrie pharmaceutique qui est dominée par la loi du marché privilégiant ainsi les maladies rentables? Pourquoi tolérer l'administration de ces médicaments, entre autres, les médicaments rétroviraux, par des administrateurs d'entreprises? Comment assurer l'*Éducation pour tous* dans les pays où le tiers des enfants, en raison de la sous-alimentation de leurs mères, auront déjà souffert d'un retard de croissance intra-utérine?

L'enjeu ici, encore plus important pour l'avenir du développement, concerne la crise généralisée des systèmes publics de santé. Les conséquences de cette crise: la diminution des services de santé, la distribution inéquitable des équipements et des médicaments ainsi que la réduction substantielle du temps alloué au patient par le professionnel de la santé.

Les gens aux prises avec une maladie doivent recourir à leur jugement quant au détail des soins, à la gestion quotidienne de la posologie de leurs médicaments, à la mise en garde des effets secondaires associés ainsi qu'à la responsabilité de s'informer sur la prévention.

Dans ce contexte, la compétence de base en santé de la population est devenue, et cela partout dans le monde, une condition essentielle de relèvement des conditions de santé. Et réciproquement, les faibles compétences de base en santé deviennent un facteur silencieux et donc caché de l'inégalité des soins de santé.

L'eau

LE PROBLÈME de l'eau potable qui est devenu un enjeu de santé crucial reconnu mondialement.

L'eau potable, qui est reliée étroitement à la santé. Cette question est devenue cruciale partout dans le monde. Sa gestion passe par des politiques nationales et transnationales certes, mais sans l'action de citoyens informés et compétents en la matière, ces politiques et dispositifs ne seraient ni adoptés, ni mis en pratique de façon efficace. Je vous le disais dès le départ. Le renforcement de la capacité d'action et d'information est une condition d'un développement équitable et durable. Sans cela, la réalisation des objectifs de la Santé pour tous demeure compromise.

Le développement économique. En ce qui concerne le développement économique, la rencontre dirigée par le Bureau international du travail (BIT) à Tokyo dans le cadre de l'après-2015 et ayant eu lieu les 15 et 21 mai 2012, démontre que les ODM ne sont pas parvenus à une croissance économique et à la création d'emplois décents.

Si l'économie financière a progressé, l'économie réelle vécue au quotidien par les hommes et les femmes non seulement a stagné, mais a diminué. Voilà pourquoi des inégalités persistent dans l'échelle salariale. Cette consultation après-2015 du BIT souligne également l'enjeu de la désindustrialisation, non seulement en Europe et en Amérique du Nord, mais aussi en Afrique et en Amérique latine. Or, on le sait, on ne peut accroître la productivité économique, sans accroître la productivité des travailleurs et des travailleuses futurEs et actuelLEs, ce qui n'est possible qu'en leur permettant d'acquérir ou de perfectionner leurs qualifications professionnelles et techniques. Rappelez-vous ce que j'avais souligné au début à propos du silence entourant les formations professionnalisantes des jeunes hors école et des contribuables.

La paix

IL EN EST DE MÊME DE LA PAIX DANS LE MONDE. La paix repose toujours sur deux grandes bases et, premièrement, sur un développement équilibré et donc moins inégal entre les pays. Sans la satisfaction des besoins fondamentaux dont l'éducation fait partie, il n'y a pas de paix solide. L'eau potable, le riz, le pain, le sucre et le lait, tout comme l'éducation de qualité pour tous sont les outils de la paix. Deuxièmement, le dialogue entre les grands décideurs et dans le respect des communautés locales contribue à la construction d'une paix silencieuse, néanmoins durable. La paix émerge de l'échange avec l'autre, de la volonté de le connaître, permettant ainsi de lutter contre l'ignorance et les préjugés. On revient toujours à cette idée directrice : le moteur-clé du développement est la capacité d'action des femmes et des hommes.

Le rôle majeur de la société civile

LES ORGANISATIONS DE LA SOCIÉTÉ CIVILE jouent un rôle crucial, au Sud comme au Nord. Les ONG au Sud, enracinées dans leurs communautés et connectées à des réseaux internationaux, offrent des visions et des pratiques alternatives de développement international. La présence de ressources humaines locales et l'établissement d'un contact direct avec la population rendent compte des actions entreprises par ces organisations dans les contextes difficiles ou des situations d'urgence, les ONG apportent une contribution unique en assurant une gestion décentralisée des services auprès des populations et avec leur participation. Par ailleurs, les ONG jouent un rôle crucial tous les jours. En effet, elles offrent, entre autres, un cadre concret et observable de coopération Nord-Sud et mobilisent des fonds importants dans la société civile.

En éducation, par exemple, les actions non gouvernementales en coopération internationale constituent un véritable incubateur. De nouvelles méthodes sont expérimentées, que ce soit par rapport à l'éducation de base, formelle ou non formelle, ou alors relativement à la construction des écoles, des bibliothèques scolaires ou tout autres infrastructure. Le changement vise également les services de santé de première ligne et les cliniques communautaires quant à la prévention des maladies. Enfin, la résolution des conflits locaux interculturels ou intercommunautaires est aussi un facteur considéré.

Ensemble, au Sud et au Nord, les organisations de la société civile contribuent au fait que les populations deviennent les véritables acteurs de leur développement. Ce constat ne peut être oublié dans les débats de l'après-2015. Or, dans le débat mondial actuel, le rôle de la société civile est majeur. Sa participation aux différentes consultations menées par les agences des Nations Unies, comme l'UNESCO ou le BIT, est primordiale.

C'est pourquoi il nous apparaît essentiel que les médias s'intéressent à ce débat et en informent la population. Cela nous concerne tous. Enfin, le gouvernement canadien doit poursuivre l'implication qu'il mène depuis plus de cinquante ans déjà.

Pour conclure

DANS LE DOMAINE DE LA COOPÉRATION INTERNATIONALE, on ne doit pas attendre l'avènement d'une catastrophe ou d'un tremblement de terre pour réveiller les gouvernements du Nord et l'opinion publique des pays riches. D'ailleurs, ce réveil, si vibrant soit-il, ne dure que le temps d'un tremblement de terre, le temps d'une secousse, l'espace d'un jour.

Malgré ce climat inquiétant, il faut franchir les frontières du territoire canadien, s'extirper de l'individualisme et du mode de consommation effrénée. Il faut questionner une fois de plus le « pourquoi » et le « comment » de la coopération internationale.

Il en va de la survie de la planète, mais d'abord de la dignité de notre espèce, l'espèce humaine, et donc de notre fierté de citoyenNE du monde. Vous savez, la coopération internationale c'est comme les nuages sur nos têtes. Ces cumulus nimbus ne connaissent pas les frontières, ni dans les pluies bénéfiques qu'ils procurent aux terres agricoles de la planète, ni dans les pluies acides qu'ils déversent sur les forêts du monde.

On ne peut laisser passer l'occasion des consultations de l'après-2015. La faible participation de notre pays jusqu'à maintenant m'inquiète. Est-ce possible de parler un peu plus du Canada? Le Canada, depuis Lester B. Pearson, s'est fait une réputation de pays solidaire. On ne peut laisser s'étioler cet acquis que nous avons tous construit au cours des sept dernières décennies.

La coopération internationale, c'est aussi une question éthique qui a d'ailleurs marqué toute l'histoire de nos relations internationales. L'action solidaire des missionnaires, femmes et hommes du XIXᵉ siècle, en témoigne. Plus encore, le rôle des Nations unies quant à l'adoption des chartes de droits politiques, économiques et sociaux, s'inscrit dans nos valeurs, sans oublier la création des ONG de coopération et de solidarité ainsi que l'instauration des tribunaux internationaux pour veiller à l'application des droits de la personne (appuyés d'expertEs engagéEs comme Louise Arbour).

Cette exigence éthique est fondamentale, aussi bien pour l'économie que pour la politique ou la coopération internationale. Elle est bien sûr indispensable pour notre survie, mais elle est tout simplement requise par notre dignité humaine.

Les ONG de coopération internationale au Nord exercent aussi un rôle important dans l'éveil de la solidarité par l'information et la sensibilisation du grand public. Il faut que nos gouvernements reconnaissent plus sérieusement le rôle crucial des ONG de coopération internationale et des organisations de la société civile au Nord comme au Sud, et cela tant dans la répartition des allocations budgétaires que dans la participation au processus de décision politique. Réciproquement, les ONG ont le devoir impérieux de la transparence et de la gestion saine de leurs fonds dans le sens de la Charte de responsabilité adoptée récemment par plusieurs organisations internationales non gouvernementales.

Ensemble au Sud et au Nord, les organisations de la société civile contribuent à ce que les populations deviennent les véritables acteurs de leur développement. Ce constat ne peut être oublié dans les débats de l'après-2015.

Or, dans le débat mondial actuel sur l'après-2015, le rôle de la société civile est majeur, d'abord en participant aux différentes consultations menées par les diverses agences des Nations unies, comme celles de l'UNESCO et du BIT, auxquelles j'ai fait allusion. Il y a plus, il faut que les médias s'intéressent à ce débat et informent la population. Cela nous concerne tous. Il est de la plus haute importance enfin que le gouvernement canadien y joue un rôle visible et actif comme notre pays l'a fait en pareille occasion depuis plus de cinquante ans.

Gervais L'Heureux et Amélie Nguyen

Les défis de la coopération et de la solidarité internationale

La coopération et la solidarité internationale, voire la coopération solidaire, sont dans une période critique de leur existence. Depuis quelque temps, les orientations données à la politique étrangère et à la politique de coopération internationale au Canada heurtent de plein fouet les principes dont se sont dotés les organismes de coopération internationale (OCI) afin de guider leur action. Cependant, ces OCI ne bénéficient pas de l'autonomie nécessaire pour se dissocier du financement étatique.

Il n'existe en ce moment pas de solution facile. Rejeter ce financement peut signifier fermer ses portes, licencier une bonne partie de son personnel, limiter drastiquement ses activités, fragiliser les organisations partenaires. D'un autre côté, sans un changement fondamental de la politique actuelle, accepter le financement pourrait vouloir dire perdre son intégrité et contribuer à reproduire une dépendance des pays du Sud et de ses partenaires. Enfin, laisser tomber, c'est donner raison au gouvernement Harper, qui compte bien affaiblir la société civile par tous les moyens pour mettre en valeur « ses nouveaux meilleurs amis » du secteur privé, en particulier les entreprises minières.

Les défis sont énormes, mais la crise peut être bénéfique si interviennent de profonds changements.

L'aide d'urgence doit tracer la voie vers le développement !

La catastrophe qui s'est abattue sur la perle des Antilles le 12 janvier 2010 à 16 heures 53 minutes a ravagé ce pays déjà malmené par toutes sortes de fléaux depuis de nombreuses décennies. Dans les jours qui ont suivi ce tremblement de terre, le peuple haïtien a vu déferler sur son territoire toute une machine, celle de l'aide humanitaire, que l'on nomme aide d'urgence, et celle qui chaque fois l'accompagne, la vague médiatique. Ces interventions de première ligne, si nécessaires lorsqu'un tel malheur arrive, se déroulent souvent pendant de longs mois, voire des années, lorsque le désastre a l'ampleur de celui qu'a connu Haïti. Certes, aucun doute ne subsiste, il faut alors parer au plus pressant, apporter vivres, médicaments et abris. Puis l'éternel débat refait surface : urgence ou développement ? La question n'est pas de déterminer si l'un vaut mieux que l'autre, mais quand et comment l'un succède à l'autre. Or, si elles souhaitent tracer la voie vers le développement, les organisations humanitaires doivent intégrer une démarche réfléchie vers cet objectif dès le début des opérations de secours. Par nature, les secours d'urgence s'inscrivent plus facilement dans une logique de compassion immédiate, alors que l'aide au développement poursuit une logique de long terme, dont la ligne de force est l'auto-organisation des populations. Au contraire, pour reprendre l'exemple d'Haïti, le travail d'urgence planifié à travers le système des « clusters[1] » qui regroupent une foule d'intervenantEs tant du côté des bailleurs de fonds, des nombreuses agences des Nations unies et des ONG, a été fait de telle manière que la plupart des HaïtienNEs invitéEs à participer se voyaient refouléEs à l'entrée. Et que dire du fait que la langue d'usage dans les clusters était l'anglais ?

Acteurs locaux : partenaires incontournable !

Si l'on pense que cette transition vers le développement ne sera possible qu'en intégrant les acteurs locaux comme l'État et les différentes organisations de la société civile, non seulement on s'explique alors aisément le cafouillage de l'urgence pendant de longs mois, mais aussi la lente et difficile étape de reconstruction qui a tardé à donner des résultats probants (on est toujours devant la situation haïtienne). Mais que signifie au juste tracer la voie du développement dès le début des opérations d'urgence ? Les actions d'urgence et de reconstruction nécessitent une bonne connaissance de la situation, des intérêts en place, des besoins, des capacités et des contraintes, d'où la nécessaire et réelle implication des acteurs locaux. Bien que ces derniers se retrouvent parfois, comme ce fut le cas pour l'État haïtien en 2010, touchés de plein

---

1. Quand il y a une catastrophe humanitaire, les Nations unies mettent en œuvre les « clusters » – lesquels regroupent des agences de l'ONU, des ONG et d'autres organisations internationales autour d'un secteur ou d'un service fourni au cours d'une crise humanitaire

fouet par la catastrophe, ils doivent être des partenaires incontournables pour définir les choix organisationnels et techniques les plus appropriés aux contextes et favoriser l'émergence de solutions innovantes qui seront déterminantes pour l'avenir de leur communauté. Les situations de crise sont des moments où les autorités et décideurs locaux peuvent acquérir, avec l'appui des aides extérieures, des savoir-faire nouveaux, et se faire reconnaître ou confirmer dans leur rôle de leaders dans des contextes d'instabilité. Les approches participatives sont cruciales, en particulier lorsque des interventions civiles et militaires sont menées en parallèle par des forces armées internationales.

Militaire et humanitaire : deux voies distinctes

Depuis la fin des années 1990, on assiste à un phénomène où l'on incorpore des actions humanitaires dans les missions des forces armées. Ainsi, militaires et humanitaires se retrouvent souvent sur le même terrain d'action, avec des mandats fort distincts. Pour les organisations humanitaires, cette cohabitation pose fréquemment un sérieux problème de crédibilité auprès des populations. Pour que l'action humanitaire repose sur une plus grande efficacité et s'appuie sur la confiance des populations, elle ne doit pas être perçue comme étant partie prenante des conflits. Elle doit toujours défendre l'indépendance de ses actions à l'égard de l'action militaire. Les forces militaires, même lorsqu'elles sont sous un mandat des Nations unies, sont perçues la plupart du temps, soit comme une force partisane, ou comme une ingérence étrangère. Bien qu'elle pose de sérieuses difficultés, il faut cependant reconnaître que cette cohabitation est devenue inévitable dans des zones de conflits puisque militaires et humanitaires sont amenés à se croiser, voire à communiquer entre eux. Il faudra cependant, tôt ou tard, éclaircir ces flous dans la définition des rôles respectifs. Les ressources militaires peuvent être utilisées dans l'action humanitaire à des fins très précises et pour une période de temps très limitée, uniquement lorsqu'aucune autre ressource civile équivalente ne peut être fournie. Nous avons vu dans les interventions en Afghanistan, en Irak, en Haïti ou en Libye, que la confusion sur les actions humanitaires et militaires a eu de lourdes conséquences, non seulement sur la livraison de l'aide aux populations, mais sur la mise en place d'un processus de développement à long terme.

Aide d'urgence / aide au développement : l'une sans l'autre ?

Il est indéniable que l'action humanitaire est une des composantes de l'aide au développement. Or, elle l'est d'autant plus lorsque l'aide humanitaire (aide alimentaire, médicaments, premiers soins…) répond aux problèmes de survie. Parallèlement, l'aide au développement agit sur la réduction des inégalités dans une perspective de moyen et de long terme. Comme le souligne François Audet et Francis Paquette de l'Observatoire canadien sur les crises et l'action humanitaire, « au niveau des enjeux strictement humanitaires, les ONG canadiennes semblent avoir développé une relation très pragmatique avec le gouvernement. Ce pragmatisme est notamment construit sur des relations contractuelles pour l'obtention de financement et sur les cadres de gestion axés sur les résultats. […] Il semble que les ONG ont plus de difficultés dans leurs relations en ce qui concerne les enjeux développementaux de leurs programmes. Plusieurs cas complexes ont été recensés ces dernières années. Par exemple, certaines organisations, telles que Kairos et Alternatives, se sont simplement vues couper leur financement parce qu'elles n'étaient pas alignées sur la politique d'aide du gouvernement canadien[1] ». Le défi est donc de maintenir cet équilibre entre ces deux actions dans le continuum « urgence-reconstruction-développement ». Dans le contexte actuel cependant, l'intervention du gouvernement canadien nous semble de plus en plus tentée de reléguer le développement à long terme au second plan.

Retrouver une unité perdue pour contrer la division : l'interprétation et la mise en œuvre des principes

EN SITUATION DE CRISE, les ONG ou les OCU (Organisations pour une citoyenneté universelle) appellent à prendre la parole d'une seule voix mais, dans un réseau aussi varié, le consensus est difficile à obtenir. Étant donné le grand écart entre les positions exprimées, cela tend à créer des insatisfactions de toutes parts.

Dans une recherche exploratoire réalisée en collaboration avec l'Association québécoise des organismes de coopération internationale (AQOCI)[2], Paul Cliche présente certaines lignes de faille qui sillonnent le réseau de la coopération internationale. Selon le chercheur, plusieurs des organisations se perçoivent comme uniques, même si, dans la réalité, elles ont plusieurs caractéristiques communes. Elles souhaitent se distinguer de la masse et cela peut nuire à une plus grande cohésion. Aussi, le réseau est caractérisé par

1. François Audet et Francis Paquette, *Les relations entre les ONG et le gouvernement canadien : entre pragmatisme et idéologie*, Grotius international, novembre 2011, < www.grotius.fr/les-relations-entre-les-ong-et-le-gouvernement-canadien-entre-pragmatisme-et-ideologie/ >.
2. Paul Cliche, *Où va la coopération solidaire québécoise ?*, décembre 2012, < www.aqoci.qc.ca/IMG/pdf/ou_va_la_cooperation_solidaire.pdf >.

une division entre les grandes organisations d'une part, et les plus petites d'autre part, tant par la diversité des thématiques abordées que par le type d'actions entreprises. Dans les dernières années (mais la tendance avait commencé avant l'arrivée des conservateurs au pouvoir), la volonté de l'Agence canadienne de développement international (ACDI) et du gouvernement canadien de rendre l'aide « plus efficace » s'est traduite en un alourdissement du mode de gestion et de reddition de compte et en une réorientation des financements vers des organisations spécialisées et d'aide humanitaire. Sur le terrain par contre, l'efficacité linéaire et gestionnaire prônée par le gouvernement cadre mal avec la complexité du processus de changement social au sein d'une communauté. De plus, contribuant d'autant plus à la dépolitisation de la coopération internationale, l'ACDI a remis en question l'efficacité, voire l'utilité des actions d'éducation du public. À cause de ces changements, dans un contexte de vulnérabilité, causé en outre par l'identité propre de chacunE, l'approche du plaidoyer et de l'engagement du public diffèrent grandement d'une organisation à l'autre. Certaines OCI voient la dénonciation des politiques de coopération actuelles comme une priorité. D'autres souhaitent faire comprendre au public en général l'efficacité des actions de coopération. Dans ce contexte, les sources de division dans le réseau pourraient être nombreuses.

Par ailleurs, les organisations membres disposent déjà de principes communs qu'elles se sont engagées à respecter en devenant membres de l'AQOCI[1], comme la *Déclaration du Québec* adoptée en 2006. Or, comme dans plusieurs chartes et déclarations du droit international, les principes dont on se dote sont sujets à l'interprétation, d'autant qu'ils ne sont en ce moment pas accompagnés d'un suivi formel et systématique.

En effet, la nécessité de survivre peut parfois entrer en contradiction avec la mise en œuvre des principes fondateurs du réseau. Cette tendance risque de s'accentuer avec les prochaines orientations de la politique canadienne de coopération internationale. Faire partie du réseau donne accès à certains financements, à des formations, à un lieu de concertation, de partage et de réflexion. Le réseau bénéficie aussi de l'apport de membres diversifiés et l'accès à un membre de plus permet dans une certaine mesure aux membres et à l'AQOCI de s'influencer entre eux afin d'améliorer leurs pratiques. Cette influence positive dépend aussi, bien sûr, de la volonté politique de changement au sein des organisations et donc, des objectifs de ces dernières en entrant dans le réseau de l'AQOCI.

---

1. *Déclaration du Québec. Responsables aussi du monde* (2006), *Charte de principes pour un développement solidaire* (1987), *Charte de principes pour un développement basé sur les droits humains* (1992), accessibles sur le site < www.aqoci.qc.ca >.

Au cours des prochaines années, les organisations de coopération internationale québécoises auront à renforcer leur identité commune autour de leurs principes fondateurs afin d'arriver à être collectivement des acteurs d'un changement social vers un monde plus juste, plus égalitaire, plus pacifique et plus écologique, que ce soit au Québec ou à l'étranger. Il s'agit à la fois de maintenir une capacité d'autocritique et d'adaptation dans les organisations, de défendre et de maintenir la coopération solidaire ancrée dans des actions politiques ici et ailleurs, de se réapproprier collectivement le discours en ce moment malmené de la solidarité internationale et de sensibiliser le public aux enjeux de la coopération et de la solidarité internationales de manière originale, transparente et ouverte.

Les défis du financement de la coopération solidaire

La première conclusion ressortant de la recherche exploratoire évoquée plus haut établit le financement comme principal défi se posant aux organisations de solidarité du Québec dans le contexte de crise d'aujourd'hui. Bien que le financement autonome semble crucial dans les conditions actuelles où le gouvernement canadien assèche de plus en plus les organisations de la société civile, les CanadienNEs sont en droit de réclamer que leurs impôts servent les fins auxquelles l'argent de l'aide devrait être consacré.

Combattre la pauvreté
ou faire la promotion des intérêts canadiens?

Après l'entrée en vigueur des nouvelles orientations et de nouveaux mécanismes de financement par l'ACDI en juillet 2010, un grand nombre de groupes ont perdu en totalité ou en partie leur financement. Dans bien des cas, les coupes découlaient de la vision économique et politique du gouvernement fédéral. En tant qu'acteurs engagés et compétents de l'aide au développement depuis plus de cinquante ans, les OCI peuvent légitimement réclamer le droit à leur juste part des fonds publics, d'autant que leur mission première est d'agir pour la construction d'un monde plus juste et plus équitable. Cet objectif passe avant tout par la lutte contre les causes de la pauvreté et les inégalités, tant au Nord qu'au Sud. La nouvelle tangente que prend l'aide internationale canadienne depuis quelques années est perçue par les OCI comme un détournement de sens et de fonds. Détournement de sens, puisque selon les dires mêmes du ministre canadien de la Coopération internationale, l'ACDI concentre dorénavant ses efforts dans des activités qui profitent aux intérêts canadiens[1], alors que la mission première de l'Agence doit être de mener l'effort international du Canada dans la lutte contre la pauvreté. Détournement de fonds, car en vouant une partie des cinq milliards de dollars des impôts payés par les contribuables canadienNEs pour aider les entreprises canadiennes, ces contribuables sont en droit de réclamer la preuve que cette orientation combat la pauvreté dans le monde.

Une piste de solution : l'Agence québécoise de solidarité internationale

LA MARGINALISATION de la solidarité internationale de plus en plus remarquée au sein de l'ACDI force les organisations québécoises à entrevoir des solutions de rechange. L'imprévisibilité et l'importante diminution du financement par l'ACDI sont ni plus ni moins en train de déstabiliser le réseau au Québec. Devant une telle situation, une majorité des membres de l'AQOCI revendique la création d'une Agence québécoise de solidarité internationale, dont le financement serait assuré par la portion des impôts du Québec actuellement versés pour la coopération internationale à Ottawa. Il faut souhaiter que la mise en place de cette agence se fasse dans le dialogue et dans le respect des valeurs de solidarité promues par le réseau québécois, telles que contenues dans la *Déclaration du Québec* de 2006[2]. Cet exercice, qui a réuni plus de 250 personnes, représente la contribution de la société civile québécoise à la solidarité internationale. Fondée sur des valeurs de respects des droits, de l'égalité entre les femmes et les hommes, sur des notions de justice économique, la *Déclaration du Québec* est en quelque sorte pour ces organisations la vision commune servant de base à la mise en place d'une éventuelle agence québécoise. Le comité conjoint pour la mise sur pied de cette agence, dont la formation a été annoncée en mars 2013, sera composé de représentantEs de l'AQOCI et du ministère des Relations internationales de la francophonie et du Commerce extérieur du Québec. Pour la réalisation de son mandat, le comité rencontrera d'autres acteurs de la solidarité internationale, comme les syndicats, les universités, les municipalités, les coopératives ainsi que différentEs expertEs dans le domaine. Conscient que les sommes actuelles que le gouvernement du Québec consent à son action internationale représentent bien peu et que la négociation du rapatriement avec le gouvernement fédéral peut être longue et ardue, les organisations de coopération recommandent le renforcement immédiat de la capacité d'action du Québec en la matière.

---

1. Notes d'allocution du ministre Fantino à l'Economic Club of Canada, *Réduire la pauvreté – Bâtir les marchés de demain*, 23 novembre 2012.
2. *Déclaration du Québec. Responsables aussi du monde, op. cit.*

La recherche de Paul Cliche identifie, à juste titre, le renforcement des liens entre les organisations de coopération solidaire au Québec et la population comme un défi important. C'est un enjeu de taille depuis fort longtemps, mais dans le contexte actuel, la survie de plusieurs OCI en fait un enjeu existentiel. Il s'agit avant tout d'assurer la mobilisation nécessaire du public pour réclamer au gouvernement fédéral la conformité des orientations de l'ACDI avec les valeurs de coopération à l'origine de sa création. Or, en amputant presque tous les programmes de sensibilisation du public, l'ACDI rend encore plus difficile le lien avec cette population. Afin de plaider pour une amélioration des orientations de l'aide canadienne, la concertation avec les organisations touchées à travers le Canada demeurera aussi un aspect important des actions à mener en parallèle avec les démarches entreprises auprès du gouvernement québécois, ce qui exige notamment de préciser les motivations de cette démarche auprès de ces acteurs.

En second lieu, l'appui du public sera primordial, tant dans cette bataille pour la mise sur pied d'une nouvelle agence québécoise que pour convaincre le gouvernement québécois qu'en attendant, il faut investir plus d'argent pour la solidarité internationale.

Enfin, il apparaît de plus en plus évident que l'autonomie des organisations passe par une collecte de fonds auprès du public beaucoup plus importante qu'elle ne l'est à l'heure actuelle pour la majorité des OCI au Québec. Le défi est d'autant plus grand que l'histoire nous montre qu'il est plus difficile de le faire pour des projets de développement que pour des catastrophes. Or, les principales organisations se définissant comme humanitaires au Canada et au Québec sont des filiales d'organisations étrangères, soit américaines (CARE, Vision mondiale), britanniques (OXFAM, Save the Children, etc.), ou françaises (Médecins sans frontières, Médecins du monde, Action contre la faim, etc.). Il convient donc de mettre urgemment à l'agenda le renforcement de cette activité qui sera la pierre d'assise du travail des OCI, tant pour leur survie à court terme que pour leur autonomie politique.

À plus long terme, décloisonner l'« international » en l'ancrant dans les luttes nationales

FORCE EST DE CONSTATER que dans certains grands forums internationaux où se discutent les enjeux de la coopération internationale (comme le Forum sur l'efficacité du développement des organisations de la société civile), les organisations de coopération internationale tissent des liens avec des organisations locales de pays du Sud (syndicats, groupes de femmes, communautaires, etc.). Ce « deux poids deux mesures » met en évidence une segmentation entre le travail local et le travail à l'international, qui nuit à la capacité des organismes de coopération internationale et aux organismes locaux d'œuvrer à un réel changement social, changement qui ne peut se faire qu'au Nord et au Sud à la fois. Il souligne aussi une certaine distanciation des organismes de coopération internationale des préoccupations locales de leur base d'appui québécoise et une interprétation parfois différente d'enjeux parce qu'ils se présentent au Nord plutôt qu'au Sud.

Pour la coopération internationale, la nouvelle légitimité à bâtir auprès de la population québécoise (qui est aussi, comme nous le disions, une question de survie) nécessite cette cohérence globale entre les actions et prises de position ancrées dans les principes, au-delà d'une catégorisation des juridictions ou des spécialisations entre organisations de coopération et de solidarité internationale, tout comme entre celles-ci et les autres composantes de la société civile. Cela permettrait aussi de sensibiliser la population de manière plus approfondie, à partir d'exemples concrets de leur quotidien, en mettant en valeur l'interdépendance des populations du Nord et du Sud et la portée globale des problématiques actuelles. Par exemple, comment travailler à l'adaptation des populations aux changements climatiques à l'étranger si on ignore le rôle central du Canada dans le démantèlement des cibles de réduction des gaz à effets de serre dans le cadre des forums de négociation internationaux ? Les orientations de la politique de coopération internationale canadienne rendent certes de plus en plus difficiles les liens entre les activités sur le terrain et les actions de plaidoyer au Québec ou au Canada. C'est en voyant l'interdépendance des populations dans l'analyse des problématiques mondiales (par exemple, la consommation à bas prix et le quasi-esclavage dans certaines grandes usines du Sud) que les relations structurelles, qui en sont la source, pourront être mises en lumière et modifiées. Et il est essentiel d'utiliser à notre tour, en coopération internationale, cette interdépendance comme levier de changement.

Comme le rappelle Lorraine Guay dans le texte publié dans cet ouvrage, il reste fondamental de « penser le monde commun ». Elle rappelle avec justesse, citant le CETIM, qu'il « n'y a pas un monde "développé" et un monde "sous-développé" ». Il n'y a qu'un seul monde mal-développé. Il faut dans ce sens remettre en question cette division entre les actions au Nord et au Sud et entre les actions qui visent le changement sur le plan national et sur le plan international. Comme on le sait, il existe assez de ressources et de richesses sur la Terre pour que chacun mange à sa faim. Comme on le sait aussi, des rapports de force internationaux font en sorte que ces ressources sont distribuées injustement à travers le monde. Chaque lutte sociale contre l'injustice, la violence, pour le respect de l'environnement ou des droits de la personne, peu importe où elle se déroule, en est en fait une lutte pour l'ensemble de l'humanité, en vertu de notre commune dignité. La solidarité internationale passe indubitablement par une remise en question de ce que nous percevons comme l'altérité et ce que devraient être les biens communs de l'humanité.

Abri international
Bureau du Québec
Casier postal 67023 Lemoyne,
Saint-Lambert (Québec) J4R 2T8
450.671.1245
abri@vl.videotron.ca
www.abri.ca

**Action-Haïti de
St-Jean-sur-Richelieu**
C.P. 192,
St-Jean-sur-Richelieu (Québec)
J3B 6Z4
450.460.3188
action.haiti.sjsr@gmail.com
www.action-haiti.netc.net

AFS Interculture Canada
1425, boul. René-Lévesque Ouest
Bureau 1100,
Montréal, (Québec) H3G 1T7
514.288.3282
1.800.361.7248
info-canada@afs.org
www.afscanada.org

**Agence consultative en éthique de
la coopération internationale**
600, av. Wilfrid-Laurier, app. 309,
Québec (Québec) G1R 2L5
418.524.7648
438.822.0632
info@aceci.org
www.aceci.org

Aide internationale pour l'enfance
150, rue Grant, local 314,
Longueuil (Québec) J4H 3H6
514.871.8088
info@aipe-cci.org
www.aipe-cci.org

Aide médicale pour la Palestine
5722, rue Saint-André,
Montréal (Québec) H2S 2K1
514.843.7875
info@mapcan.org
www.ampcan.org

Alternatives
3720, avenue du Parc, bureau 300,
Montréal (Québec) H2X 2J1
514.982.6606
alternatives@alternatives.ca
www.alternatives.ca

Architectes de l'urgence Canada
4000, rue St-Ambroise, suite 278,
Montréal (Québec) H4C 2C7
514.868.1767
info@architectes-urgence.ca
www.architectes-urgence.ca

**Association internationale pour le
partenariat entreprises-ONG, section Canada (AIPEO Canada)**
2301, 1re avenue,
Québec (Québec) G1L 3M9
418.524.5609
info@aipeo.org
www.aipeo.org

Association mondiale des radiodiffuseurs communautaires (AMARC)
2, rue Sainte-Catherine Est, suite 102,
Montréal (Québec) H2X 1K4
514.982.0351
secretariat@si.amarc.org
www.amarc.org

Association québécoise pour l'avancement des Nations unies (AQANU)
473, rue de Cannes, app. 304,
Gatineau (Québec) J8V 4E6
819.568.7462
info@aqanu.org
www.aqanu.org

Avocats sans frontières Canada
825, rue Saint-Joseph est, bureau 230,
Québec (Québec) G1K 3C8
418.907.2607
info@asfcanada.ca
www.asfcanada.ca

CARE Canada
Succursale St-Jacques,
CP 114, Montréal (Québec)
H3C 1C5
514.458.0057
info@care.ca
www.care.ca

Carrefour de solidarité internationale – Sherbrooke (CSI-Sherbrooke)
165, rue Moore,
Sherbrooke (Québec) J1H 1B8
819.566.8595
info@csisher.com
www.csisher.com

Carrefour international
3000, rue Omer-Lavallée, bur. 126,
Montréal (Québec) H1Y 3R8
514.528.5363
quebec@cintl.org
www.cintl.org

Carrefour Tiers-Monde (CTM)
365, boulevard Charest Est,
Québec (Québec) G1K 3H3
418.647.5853
info@carrefour-tiers-monde.org
www.carrefour-tiers-monde.org

CASIRA – Centre Amitié de solidarité internationale de la région de l'amiante Inc.
37, rue Notre-Dame Ouest,
Thetford Mines (Québec) G6G 1J1
418.338.6211
amistad@bellnet.ca
www.amistadcasira.com

Centre d'étude et de coopération internationale (CECI)
3000, rue Omer-Lavallée,
Montréal (Québec) H1Y 3R8
514.875.9911
info@ceci.ca
www.ceci.ca

Centre de solidarité internationale Corcovado inc
83, rue Gamble Ouest,
Rouyn-Noranda (Québec) J9X 2R3
819.797.8800
csi@csicorcovado.org
www.csicorcovado.org

Centre de solidarité internationale du Saguenay-Lac-Saint-Jean (CSI-SLSJ)
640, rue Côté Ouest, bureau 002,
C.P. 278,
Alma (Québec) G8B 5V8
418.668.5211
info@centresolidarite.ca
www.centresolidarite.ca

Centre international de solidarité ouvrière (CISO)
565, rue Crémazie Est, bureau 3500,
Montréal (Québec) H2M 2V6
514.383.2266
ciso@ciso.qc.ca
www.ciso.qc.ca

Collaboration Santé internationale
1001, chemin de la Canardière,
Québec (Québec) G1J 5G5 CA
418.522.6065
csi@csiquebec.org
www.csiquebec.org

Comité de jumelage Des mains pour demain
2270, rue Principale,
Centre communautaire
Saint-Élisabeth
Sainte-Élisabeth (Québec) J0K 2J0
450.759.2875
info@desmainspourdemain.org
www.desmainspourdemain.org

Comité de solidarité / Trois-Rivières
942, rue Sainte-Geneviève,
Trois-Rivières (Québec) G9A 3X6
819.373.2598
comitedesolidarite@cs3r.org
www.cs3r.org

Comité pour les droits humains en Amérique latine (CDHAL)
1425, boulevard René-Lévesque
Ouest, 3ᵉ étage,
Montréal (Québec) H3G 1T7
514.257.8710 poste 334
info@cdhal.org
www.cdhal.org

Comité régional d'éducation pour le développement international de Lanaudière (CRÉDIL)
200, rue de Salaberry,
Joliette (Québec) J6E 4G1
514.387.5550
info.credil@gmail.com
www.credil.qc.ca

Cuso International
1001, rue Sherbrooke Est, bureau 500
Montréal (Québec) H2L 1L3 CA
514.276-8528
quebeconnect@cuso-vso.org
http://www.cusointernational.org/fr

Cyclo Nord-Sud
C.P 36, succursale R,
Montréal (Québec) H2S 2R0
514.843.0077
info@cyclonordsud.org
www.cyclonordsud.org

Développement et paix
1425, boulevard René-Lévesque
Ouest, 3ᵉ étage,
Montréal (Québec) H3G 1T7
514.257.8711
info@devp.org
www.devp.org

Développement, expertise et solidarité internationale (DESI)
2330, Notre-Dame Ouest
Montréal (Québec) H3J 2Y2
514.904.3093
info@ong-desi.qc.ca
www.ong-desi.qc.ca/

Enfants entraide
1, Place Ville-Marie, 11ᵉ étage, aile
ouest, Montréal (Québec) H3B 2A7
514.878.3733
info@enfantsentraide.com
www.enfantsentraide.org

Equitas
666, rue Sherbrooke Ouest, bureau
1100, Montréal (Québec) H3A 1E7
514.954.0382
info@equitas.org
www.equitas.org

Équiterre
50, rue Sainte-Catherine ouest, bur.
340, Montréal (Québec) H2X 3V4
514.522.2000
info@equiterre.org
www.equiterre.org

FEM international
6050, rue St-Hubert,
Montréal (Québec) H2S 2L7
514.656.6929
info@feminternational.org
www.feminternational.org

Fondation One Drop
8400, 2ᵉ Avenue,
Montréal (Québec) H1Z 4M6
514.723.7646
www.onedrop.org

Fondation Paul Gérin-Lajoie
465, rue Saint-Jean, bureau 900,
Montréal (Québec) H2Y 2R6
514.288.3888
gdery@fondationpgl.ca
www.fondationpgl.ca

Groupe d'économie solidaire du Québec (GESQ)
Case postale 357, succ. Place d'Armes, Montréal (Québec) H2Y 3H1
450.743.6821
renelachapelle@videotron.ca
www4.uqo.ca/ries2001/gesq/

Handicap international Canada
1819, boulevard René-Lévesque Ouest, bureau 401
Montréal (Québec) H3H 2P5
514.908.2813
info@handicap-international.ca
www.handicap-international.ca

Infirmières et infirmiers sans frontières
370, rue Caouette,
Rouyn-Noranda (Québec) J9X 3X3
819.762-.0971, poste 2615
1.877.870.8728, poste 2615
info@iisf.ca
www.iisf.ca

Ingénieurs sans frontières Québec
Pavillon A de l'École de technologie supérieure, bureau A-2416,
1100, rue Notre-Dame Ouest,
Montréal, (Québec) H3C 1K3
514.754.8383
courrier@isfq.qc.ca
www.isfq.qc.ca

Inter Pares
221, avenue Laurier Est,
Ottawa (Ontario) K1N 6P1
613.563.4801
1.866.563.4801
info@interpares.ca
www.interpares.ca

Jeunesse Canada monde (JCM)
2330, rue Notre-Dame Ouest,
3ᵉ étage,
Montréal (Québec) H3J 1N4
514.931.3526
communication@cwy-jcm.org
www.jeunessecanadamonde.org

L'AMIE – Aide internationale à l'enfance
840, rue Raoul-Jobin, bureau 300,
Québec (Québec) G1N 1S7
418.653.2409
amie@amie.ca
www.amie.ca

L'Entraide missionnaire (L'EMI)
433 boul. Saint-Joseph Est
Montréal (Québec) H2J 1J6
514.270.6089
emi@web.ca
www.web.net/~emi/

L'Oeuvre Léger
130, avenue de l'Épée,
Montréal (Québec) H2V 3T2
514.495.2409
sylvain.sicotte@leger.org
www.leger.org

Le Comité pour la justice sociale
1857, boulevard de Maisonneuve Ouest
Montréal (Québec) H3H 1J9
514.933.6797
info@sjc-cjs.org
www.sjc-cjs.org

Les YMCA du Québec – Initiatives internationales
1435, rue Drummond
Montréal (Québec) H3G 1W4
514.849.5331, poste 1221
info.international@ymcaquebec.org
www.ymcaquebec.org

Managers sans frontières
2325, rue de la Terrasse, bureau 1661
Québec (Québec) G1V 0A6
418.656.2131, poste 6513
administration@mngsf.org
www.mngsf.org

Médecins aux pieds nus – Canada
6510, rue de St-Vallier,
Montréal (Québec) H2S 2P7
514.271.8176
info@mapn.ca
www.mapn.ca

Médecins du monde
338, rue Sherbrooke Est,
Montréal (Québec) H2X 1E6
514.281.8998
info@medecinsdumonde.ca
www.medecinsdumonde.ca

Mer et Monde
340, rue St-Augustin,
Montréal (Québec) H4C 2N8
514.495.8583
info@monde.ca
www.monde.ca

Micro-Recyc-Coopération
7000, avenue du Parc, local 103,
Montréal (Québec) H3N 1X1
514.227.5776
info@microrecyccoop.org
www.microrecyccoop.org

NAVTI Fondation Canada
110, 10ᵉ Rue, bureau 3,
Limoilou (Québec) G1L 2M4
418.955.4104
info@navtifondationcanada.org
www.navtifondationcanada.org

Oxfam-Québec
2330, rue Notre-Dame Ouest,
Montréal (Québec) H3J 2Y2
514.937.1614
info@oxfam.qc.ca
www.oxfam.qc.ca

Partenariat pour le développement des communautés (PARDEC)
5722, rue Saint-André,
Montréal (Québec) H2S 2K1
514.690.5222
info@pardec.org
www.pardec.org

Projet Accompagnement Québec-Guatemala (PAQG)
660, rue Villeray, bureau 2.115,
Montréal (Québec) H2R 1J1
514.495.3131
paqg@paqg.org
www.paqg.org

Regroupement des missionnaires laïques (RML)
25, rue Jarry Ouest,
Montréal (Québec) H2P 1S6
514.282.2282
info@rmlaiques.org
www.rmlaiques.org

Résultats Canada
40, Promenade du Portage,
P. O. Box 1485
Gatineau, (Québec) J8X 3Y3
819.770.9240
www.results-resultats.ca

SACO – Service d'assistance canadienne aux organismes
1001, rue Sherbroke Est, bureau 500,
Montréal (Québec) H2L 1L3
514.875.7226
quebec@saco-ceso.com
www.saco-ceso.com

Solidarité Laurentides Amérique centrale (SLAM)
712, rue Saint-Georges,
Saint-Jérôme (Québec) J7Z 5C6
450.569-6470
info@slamlaurentides.org
www.slamlaurentides.org

Solidarité Montérégie Amérique centrale (SMAC)
200, boulevard Richelieu,
Richelieu (Québec) J3L 3R4
450.447.9591
smac-monteregie@hotmail.com
www.smacsolidarite.org/index.php

Solidarité Nord-Sud des Bois-Francs (SNSBF)
59, rue Monfette, local 106,
Victoriaville (Québec) G6P 1J8
819.758.9928
819.758.8270
snsbf@cdcbf.qc.ca
www.solidaritenordsud.org

Solidarité Sud, Québec
C.P. 9267, Succursale Sainte-Foy,
Québec (Québec) G1V 4B1
418.925.SOLS (7657)
solsud2006@hotmail.com
www.solsud.com

SUCO – Solidarité union coopération
1453, rue Beaubien Est, bureau 210,
Montréal (Québec) H2G 3C6
514.272.3019
montreal@suco.org
www.suco.org

Terre sans frontières (TSF)
399, rue Des Conseillers, bureau 23,
La Prairie (Québec) J5R 4H6
450.659.7717
tsf@terresansfrontieres.ca
www.terresansfrontieres.ca

Tous les enfants de l'autre ponde (TEAM)
2500, boul. Mascouche, local 214
Mascouche, (Québec) J7K 0H5
450.729.0917
enfantsdumonde@team-monde.org
www.team-monde.org

UPA Développement international (UPA-DI)
555, boulevard Roland-Therrien,
bureau 020,
Longueuil (Québec) J4H 4E7
450.679.0530
upadi@upa.qc.ca
www.upadi-agri.org

Les auteurɛs

- Aurélie Arnaud est agente de communication pour l'Association des femmes autochtones du Québec.
- François Audet est professeur au département de management et technologie à l'École des sciences de la gestion de l'UQAM.
- Pierre Beaudet est professeur à l'École de développement international et de mondialisation de l'Université d'Ottawa.
- Louise Beaudoin a été députée à l'Assemblée nationale et ministre des Relations internationales du Québec.
- Marie-Ève Bertrand est directrice du développement pour CARE Canada.
- Katina Binette est responsable des stages de Québec sans frontière à l'AQOCI.
- Raphaël Canet est professeur à l'École de développement international et de mondialisation de l'Université d'Ottawa.
- Éric Chaurette est co-gestionnaire à Inter Pares.
- Stéphan Corriveau a été l'animateur du projet « Un bateau pour Gaza ».
- Anne Delorme est agente d'éducation avec l'AQOCI.
- Louis Favreau est professeur en sciences sociales à l'Université du Québec en Outaouais.
- François Gérin-Lajoie est président de la Fondation Paul Gérin-Lajoie.
- Paul Gérin-Lajoie a été président de l'Agence canadienne de développement international et fondateur de la Fondation Paul Gérin-Lajoie.
- Hélène Gobeil est consultante en développement international.
- Lorraine Guay est infirmière et militante de la Coalition pour la justice et la paix en Palestine.

- Nathalie Guay est adjointe au comité exécutif à la CSN.
- Christian Guiollot est responsable du commerce équitable au Carrefour de solidarité internationale de Sherbrooke.
- Frédéric Hareau est directeur des programmes chez Equitas.
- Jean-Claude Icart est chercheur sur les questions d'immigration.
- Gaëlle Janvier est agente d'information à Alternatives.
- Annie Lafontaine est membre du Comité de solidarité de Trois-Rivières.
- France-Isabelle Langlois est directrice des communications au Centre d'étude et de coopération internationale.
- Marie-Dominik Langlois est coordonnatrice du Projet Accompagnement Québec-Guatemala.
- Gervais L'Heureux est directeur général de l'AQOCI.
- Carminda Mac Lorin est chercheure à l'Université de Montréal.
- Amélie Nguyen est analyste à l'AQOCI.
- Josée Roy est adjointe au comité exécutif à la CSN.
- Marcelo Solervicens est président de l'Association mondiale des radios communautaires.
- Claude Vaillancourt est président d'Attac-Québec.
- Richard Veenstra est agent d'éducation avec SUCO.

Liste des cartes, des encadrés, des graphiques, des illustrations et des tableaux

Cartes

1. Les principaux conflits en Afrique dans les années 1990, famines et populations réfugiées 16
2. La richesse des nations 20
3. Indicateurs internationaux de développement humain 33
4. Concentration de l'aide bilatérale canadienne dans 20 pays ciblés 58
5. Le Brésil 82
6. L'Inde 93
7. Le monde arabo-persan 105
8. La Palestine : rétrécie comme une peau de chagrin 112
9. La Bolivie 117
10. Le Mali 129
11. Crise alimentaire et productivité agricole, en 2009 241

Encadrés

1. On se souvient de Louis Riel (1844-1885) 12
2. Le Québec doit prendre sa place 13
3. L'État-providence 22
4. L'agriculture 26
5. Développement : un concept contesté 34
6. Les Objectifs du millénaire pour le développement 36
7. Non à la ZLÉA! D'autres Amériques sont possibles! 55
8. Dérapage dans l'aide internationale. Le CISO, la FTQ, la CSN et la CSQ interpellent le gouvernement Harper 59

9. L'impact des dispositions antiterroristes 61
10. L'altermondialisation,
    une mondialisation fondée sur la justice sociale 62
11. « La mondialisation se heurte à l'obstinée désobéissance
    de la réalité » 71
12. Inégalités 83
13. Le Sommet des peuples de Rio + 20 88
14. Une société divisée 94
15. Le maheur des paysanNEs 95
16. Trois femmes exceptionnelles 99
17. Pour un Maghreb des peuples 110
18. Simón Bolívar 118
19. La soumission des paysanNEs 118
20. La « guerre de l'eau » à Cochabamba 121
21. Quelques réalisations du gouvernement Morales depuis 2005 .. 122
22. Le gouvernement des mouvements sociaux 122
23. La privatisation : pour qui et pourquoi ? 130
24. Catastrophe humanitaire 130
25. L'assaut contre l'agriculture 131
26. La course aux ressources 132
27. Repenser la démocratisation 133
28. L'exploitation des ressources naturelles doit bénéficier
    aux populations africaines 134
29. Que faire ? 145
30. L'espace humanitaire 151
31. Le GESQ en un coup d'œil 157
32. La nécessaire transition écologique 158
33. Questions-clés d'une analyse « genre et développement » 181
34. Le Comité québécois sur les femmes et le développement 183
35. Un après-midi à Port-au-Prince 208
36. Comment s'impliquer dans les stages ? 216
37. Qu'est-ce que QSF ? 217
38. Un manuel de formation pour les paysanNEs 220
39. Témoignage de Malia Jean Louis 221
40. Témoignage de Véronica Vivanco 223
41. Le Collectif Échec à la guerre 231
42. L'agriculture urbaine, défis et espoirs 243
43. Sherbrooke équitable 261

Graphiques

1. Augmentation des revenus après impôts, États-Unis, 1979-2007 (en pourcentage) 40
2. Part de la production de maïs des États-Unis utilisée pour la production d'éthanol, 1995–2010 45
3. Évolution des dépenses militaires du Canada, 1980-2010 (milliards de dollars) 56
4. Taux de chômage et taux de chômage des diplôméEs en Tunisie, par gouvernorat, 2012 106
5. Pourcentage du revenu par personne du Nord 142
6. Aide publique au développement nette des pays du CAD/OCDE en proportion du revenu national brut des donateurs, 1990-2011 143
7. Aide publique au développement en 2011, en pourcentage du RNB 144

Illustrations

1. DirigeantEs du BRICA 48
2. Bataille à Seattle 72
3. Le Forum social mondial 2013 75
4. Occupons Montréal 77
5. Les deux Brésils 81
6. Occupation par le MST de la Fazenda Cedro 84
7. Manifestation contre le projet de barrage de Belo Monte ... 87
8. Labour d'un champ 96
9. L'Inde se mobilise contre le fléau du viol 98
10. Grève en Inde contre l'amiante d'Asbestos 101
11. Élections en Égypte, 28 novembre 2011 107
12. Cochabamba: marche en 2000 contre l'opérateur privé à l'origine de «la guerre de l'eau» 120
13. RéfugiéEs du Nord-Mali, dans le camp de M'béra, en Mauritanie 135
14. Camp de réfugiéEs à Dadaab, au Kenya 152
15. Manifestation à Seattle en 1999 163
16. Le Tahrir 173
17. Le Tahrir, retour forcé à Agios Nikolaos 176
18. Agricultrices Hmong au marché de Bac Ha, Viêt-nam ... 182
19. Résistance de femmes mayas (de langue tzotzil) de la communauté déplacée de Xoyep (Chiapas, Mexique), 1998 186
20. Fini l'inaction (*Idle No More*) 190

21. Manifestation de ¡Democracia Real Ya!
(Une vraie démocratie maintenant!) 194
22. Manifestation pour Gaza, à Montréal, le 18 novembre 2012 199
23. Camp pour les sans-abri à Haïti 210
24. Expo-caricatures du Comité de solidarité de Trois-Rivières 233
25. Manifestation à Ciudad de Guatemala 285

Tableaux
1. Les chiffres de la dette extérieure des pays d'Afrique (en dollars) .. 23
2. Manquements aux engagements d'aide des donateurs du
Comité d'aide au développement de l'OCDE, 2010 et 2011 .. 37
3. De moins en moins… L'aide au développement du Canada 57
4. Le Brésil en bref 80
5. L'Inde en bref 92
6. Le monde arabe en bref 104
7. La Bolivie en bref 116
8. Le Mali en bref 128

Remerciements

Comme l'indique la liste des nombreux et des nombreuses auteurᴇs
qui ont contribué, ce livre a été écrit à plusieurs mains.
Ces auteurᴇs sont liéᴇs à des mouvements, des organisations et des réseaux
qui ont également indirectement appuyé le projet.

Sans l'appui de l'Association québécoise
des organismes de coopération internationale (AQOCI),
cet ouvrage n'aurait pu être produit.

Merci à toutes et à tous !

Achevé d'imprimer en juin 2013
par les travailleuses et les travailleurs
de l'imprimerie Gauvin
Gatineau (Québec)